le Dessin d'architecture à main levée

Titre original en langue espagnole
DIBUJO A MANO ALZADA PARA ARCHITECTOS

Traduction
PASCAL TORRES

Adaptation française
PHILIPPE ROLLET

Révision technique
CHRISTIAN TACHA

Conception graphique
JOSEP GUASCH, S.L.

Mise en pages et adaptation couverture
ISABELLE CHANDON

Photographies
NOS & SOTO, MAGALI DELGADO YANES ET ERNEST REDONDO DOMÍNGUEZ

61, boulevard Saint-Germain
75240 Paris Cedex 05
ISBN : 978-2-212-11543-7
www.editions-eyrolles.com

le Dessin d'architecture à main levée

Magali Delgado Yanes
Ernest Redondo Domínguez

Quatrième tirage 2010

EYROLLES

Sommaire

Préambule

« Le dessin est un langage, une science, un moyen de transmission de la pensée. En vertu de son pouvoir à perpétuer l'image d'un objet, le dessin peut devenir un document qui contient tous les éléments nécessaires pour évoquer l'objet dessiné, en l'absence de ce dernier. »

Le Corbusier,
Suite de dessins.

L'architecte développe et concrétise ses projets au moyen du dessin, son outil de base. Grâce à ce dernier, il fixe sur le blanc du papier, à partir de quelques premiers traits diffus mais suggestifs, les idées que son esprit élabore. Il parvient à la dernière phase du processus créatif en dessinant les plans définitifs, sur lesquels apparaissent les instructions nécessaires à la construction d'un édifice.
Dans ce livre, fruit d'une ample expérience dans le domaine de l'enseignement du dessin d'architecture, qui fait à la fois appel au dessin technique et au dessin artistique, nous traitons exclusivement du dessin à main levée, que nous considérons comme le plus substantiel, le plus indispensable à notre discipline. Notre souhait est de mettre à la disposition du lecteur un ouvrage pratique, proposant des méthodologies simples mais rigoureuses et offrant une introduction aussi complète que possible aux concepts fondamentaux du dessin et de la géométrie. Qui souhaite étudier l'architecture doit s'efforcer d'en dominer l'ensemble des disciplines graphiques, en commençant par le croquis de relevé, un dessin rapidement exécuté, à main levée et avec un outil conventionnel (crayon, crayon-feutre…), qui permet précision et finesse de tracé. Son objectif est de définir géométriquement les caractéristiques de chaque forme, par l'application d'une série de conventions graphiques et la mise en pratique de systèmes de représentation adéquats. Ce type de dessin permet au débutant de fixer et d'analyser, selon des vues différentes, tous les types d'architecture construite. Le croquis peut être aussi utilisé dans la phase d'avant-projet. Réalisé à l'aide d'instruments variés (crayon plus tendre, barre de graphite, plume…), il y conserve un caractère à la fois agile et expressif. Les dessins d'avant-projet sont soit synthétiques et schématiques, servant à clarifier une idée, soit très détaillés.

Dans ce second cas, ils précisent davantage la définition des arêtes, le traitement des ombres et des textures. Ces croquis respectent de toute façon les proportions et suggèrent l'apparence volumétrique, la texture ainsi que la manière dont la lumière s'introduira dans des espaces à construire.
En dernier lieu, l'architecte a besoin de posséder des notions de dessin proprement artistique, pour réaliser un dessin dit d'observation ou à vue, hautement expressif et très rapidement exécuté. Ce genre de dessin lui sert à transcrire avec une plus grande liberté l'ambiance et les proportions qui constituent pour lui tout l'attrait d'un ouvrage déjà construit, ou d'un fragment de cet ouvrage, d'un paysage urbain ou de l'environnement naturel d'un édifice. Ces impressions sont « notées » avec la plus grande économie d'intentions et de moyens, car ici le dessin sert aussi d'aide-mémoire. Cette démarche est très formatrice pour l'architecte, qui enrichit ainsi son expérience au profit de la qualité de ses projets. Le lecteur pourra ensuite aborder, une fois ces techniques dominées, la réalisation de plans à l'échelle. Il pourra également progresser dans l'apprentissage de l'usage de la couleur dans le dessin d'architecture.
Aujourd'hui, bien sûr, on réalise aussi ces dessins techniques au moyen de l'outil informatique, mais les méthodes traditionnelles persistent.
Nous espérons que cet ouvrage pourra satisfaire le lecteur désireux de se former au dessin et à l'architecture, que sa sensibilité et son langage graphique s'en trouveront enrichis, tout en sachant que seule une pratique assidue du dessin permet d'acquérir de l'aisance, de rendre fluide la communication entre le geste et l'esprit, entre un individu et l'autre.

Magali Delgado Yanes

Née à Santa Cruz de Ténérife, Magali Delgado Yanes obtient en 1970, année où elle débute dans le libre exercice de la profession, le titre d'architecte de l'université Polytechnique de Catalogne, dans la spécialité Construction. Elle est professeur titulaire de ladite université et enseigne depuis 1980, à l'Ecole technique supérieure d'architecture de Barcelone, diverses disciplines graphiques, fondées tant sur les méthodes traditionnelles que sur l'outil informatique. Auteur de plusieurs ouvrages, parmi lesquels des manuels à l'usage des étudiants, elle participe régulièrement à des congrès nationaux et internationaux.

Ernest Redondo Domínguez

Né à Girona, Ernest Redondo Domínguez est docteur en Architecture, diplômé et professeur titulaire de l'université Polytechnique de Catalogne, dans la spécialité Projets, Urbanisme et Histoire. Depuis 1982, il enseigne également les arts graphiques à l'École technique supérieure d'Architecture de Barcelone. Directeur du département d'Expression graphique architecturale de 1996 à 2002, il a publié et exposé un très large œuvre graphique, ainsi que des illustrations de divers projets (personnels ou d'autres auteurs) lors de manifestations nationales et internationales.

les Matériaux, outils et techniques graphiques

« L'APPRENTISSAGE, C'EST-À-DIRE L'ACQUISITION DE LA CAPACITÉ À APPRENDRE CONSTAMMENT L'ART DE L'ARCHITECTURE, S'APPUIE TOUJOURS, SELON MOI, SUR LA CAPACITÉ À APPRENDRE À VOIR, À COMPRENDRE, À EXPLIQUER. »

Álvaro Siza, *Essai sur le dessin et sur la construction.*

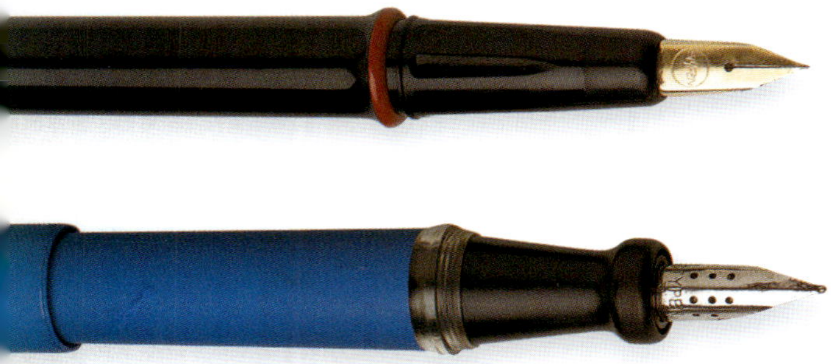

les Instruments

Álvaro Siza.
Esquisses au stylo plume.

et accessoires

Dessiner consiste à laisser une empreinte ou trait sur un support au moyen d'un instrument, pour y transcrire une idée.

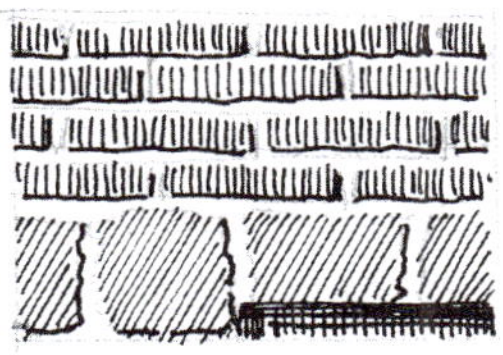

Ces deux éléments de l'art du dessin, l'outil et le support, fonctionnent de manière complémentaire. Il importe d'en connaître les caractéristiques, et de vérifier leur compatibilité avant de commencer tout travail.
L'évolution des divers matériaux graphiques a été constante au fil de l'Histoire, depuis l'humble morceau de bois brûlé jusqu'au stylo indélébile des plus sophistiqués, depuis le papyrus jusqu'à l'acétate. Au moyen de ces matériaux et instruments, de nombreux artistes sont parvenus à fixer les sentiments les plus divers.
Le dessinateur dispose aujourd'hui de nombreux outils aux caractéristiques très variées. Tous offrent des qualités, mais pour exprimer des concepts proprement architecturaux par le rendu de la lumière, de la texture, des contours, des arêtes…, rien ne surpasse la subtilité et les nuances du fusain sur papier Ingres, la délicatesse des lignes du crayon noir sur un papier à esquisses ou le trait flexible de la plume sur un support satiné.

le Graphite, trait et intention

Nous avons une prédilection pour le graphite en raison de sa légèreté, de sa simplicité, et de sa souplesse d'emploi. Le graphite permet en effet les corrections, et la réalisation simultanée des traits les plus fins comme des à-plats très étendus, en jouant sur la dureté, la grosseur et la position des pointes des mines. Il s'agit probablement de l'outil le plus sensible de l'art du dessin.

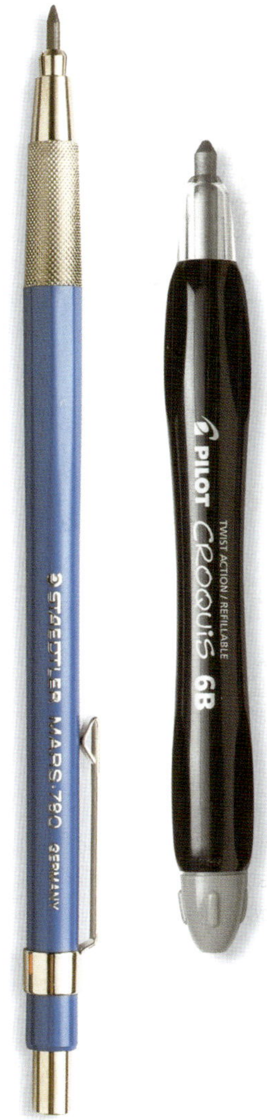

Deux exemples, parmi les plus utilisés, de porte-mines dont les mines peuvent être taillées.

QUALITÉ ET DURETÉ DES MINES

Les mines sont constituées d'un mélange de graphite (une variété particulière de carbone) et d'argile. Elles sont soit recouvertes par le bois du crayon, d'ordinaire en cèdre, soit placées à l'intérieur d'un porte-mines. Plus elles contiennent de charbon, meilleure est la qualité. La qualité de la mine est très importante dans la mesure où elle influe directement sur le résultat final d'un travail, selon qu'elle est plus ou moins fidèle et sensible à l'intention et à la pression de la main. L'argile qui est ajoutée au graphite lors de la fabrication du crayon augmente la dureté du graphite. On mesure celle-ci selon une nomenclature standardisée, en partant de la dureté moyenne (HB). Le H correspond aux mines dures, le B aux mines tendres. L'échelle de la dureté est très ample, depuis le 9H jusqu'au 8B, mais nous ne sélectionnons que les duretés qui correspondent aux fins graphiques que nous nous proposons. Elles oscillent, en général, entre le 3H et le 3B.

Plus la mine est dure, plus le trait devient fin ou gris, ce qui convient pour les représentations basées principalement sur les lignes, tel le croquis. Plus le dessin est technique, plus fine et continue doit être la ligne, qui requiert dans ce cas un outil d'autant plus précis. Les lignes de mise en place, de définition des arêtes, de contour apparent, de finition et les traits auxiliaires sont à inclure au sein de ce groupe. La dureté adéquate à leur réalisation oscille entre les 3H, 2H, H, et HB. Si l'on désire un trait plus expressif, par exemple pour tracer les lignes définissant la limite entre la lumière et l'ombre, ou pour celles servant aux trames ou à noircir une surface, il vaut mieux choisir un 3B, 2B, B ou HB. En effet, plus la mine est tendre, et plus le trait est sensible, intense, ou sombre.

En général, la dureté de la mine est indiquée à l'extrémité du crayon.

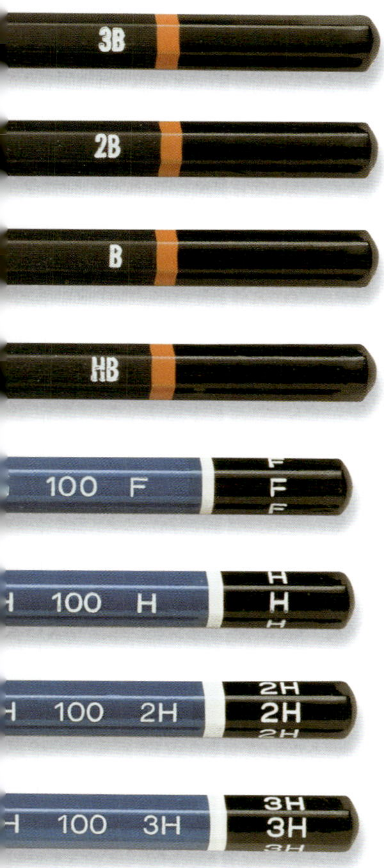

Le premier pas, pour réussir un travail, réside dans le choix correct de la grosseur et de la dureté des mines que l'on utilise.

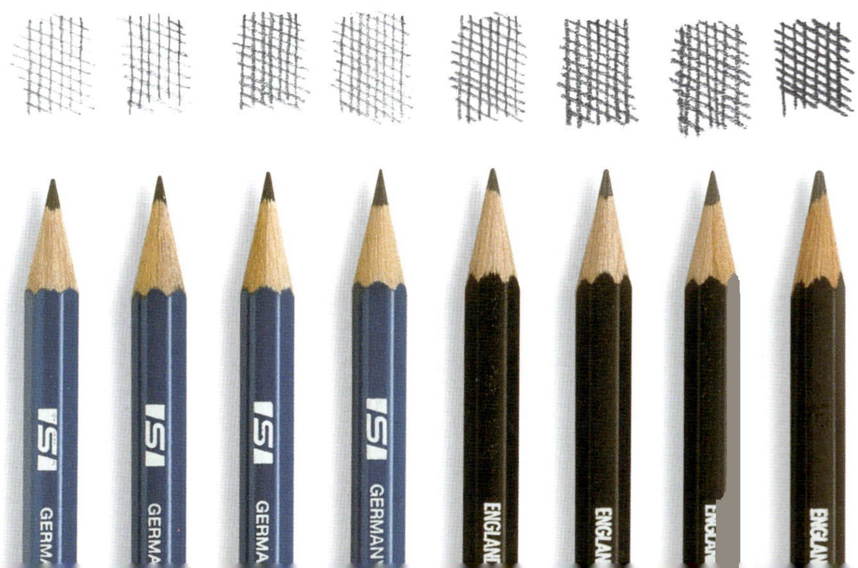

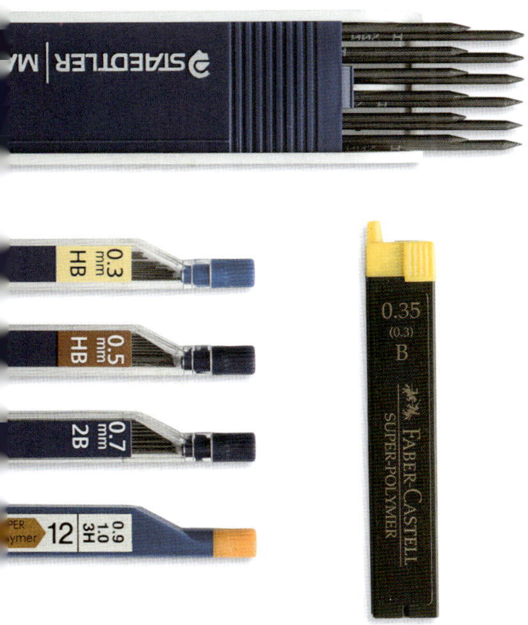

La variété de grosseur et de dureté des mines de graphite font du porte-mines l'outil le plus utilisé.

GROSSEUR DES MINES
Les mines les plus communes ont 2 mm de diamètre. Il existe aussi des mines calibrées, c'est-à-dire de diamètre normalisé compris entre 0,3 et 5 mm. Leur usage est de plus en plus répandu car il n'est pas nécessaire de tailler ces mines.

QUALITÉ DE LA LIGNE
Les lignes, ou traits, sont hiérarchisés. Elles ont chacune une valeur distincte. Cette valeur est définie à la fois par la dureté et par le diamètre de la mine. Un même dessin requiert souvent des mines de diverses duretés et grosseurs. On devra être attentif au choix du papier qui convient le mieux à la mine utilisée. Il faut sélectionner des outils et des supports graphiques compatibles. Bien évidemment, ce que nous venons d'exposer n'est dit qu'à titre indicatif : chacun possède ses préférences, qui reposent souvent sur sa propre expérience de la pratique du dessin.

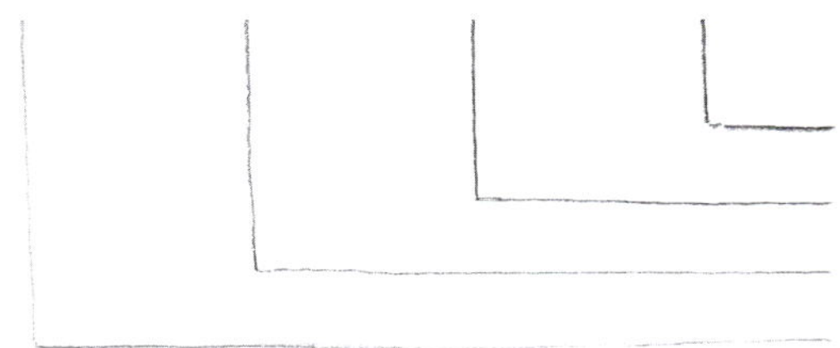

Différents diamètres de porte-mines et lignes qui en résultent.

Croquis, au crayon de graphite, représentant un fragment du plan et une coupe de la chapelle du mont Rokko à Kôbe (Japon), par Tadao Ando.

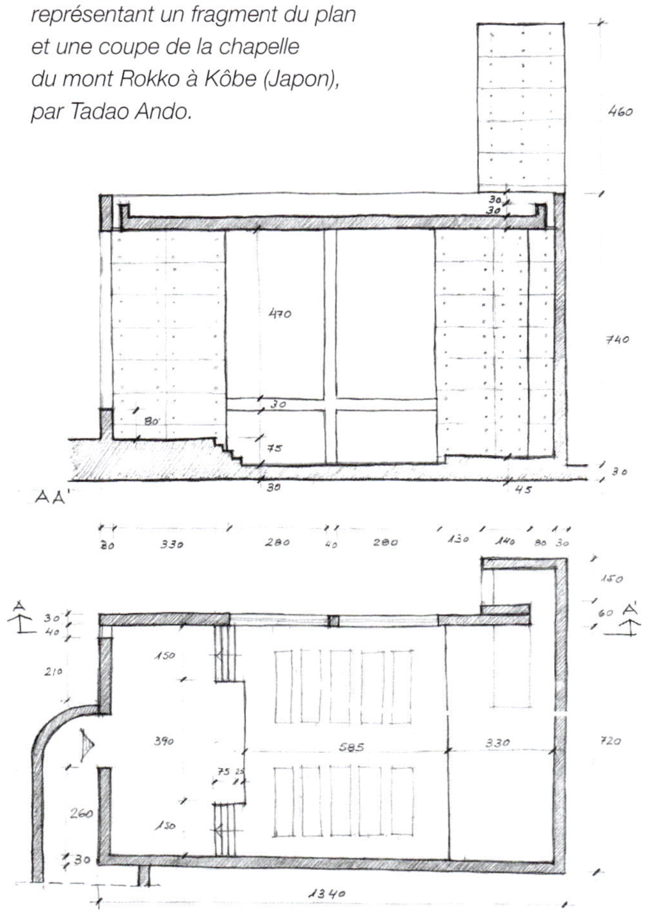

Croquis, au crayon, de la façade de la maison Hoffman, à East Hampton (New York, États-Unis) par Richard Meier. Les différentes valeurs ont été obtenues grâce à des duretés et des diamètres de mine variés.

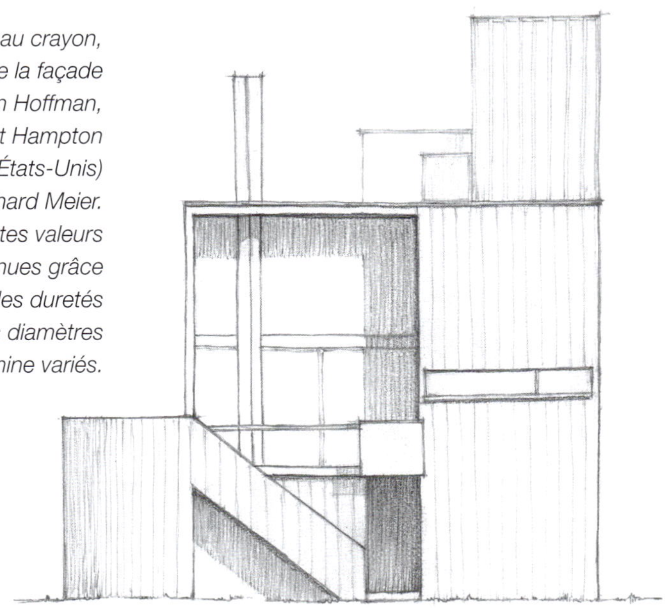

La façon de tenir la barre de graphite en forme de crayon dépend du trait que l'on veut obtenir.

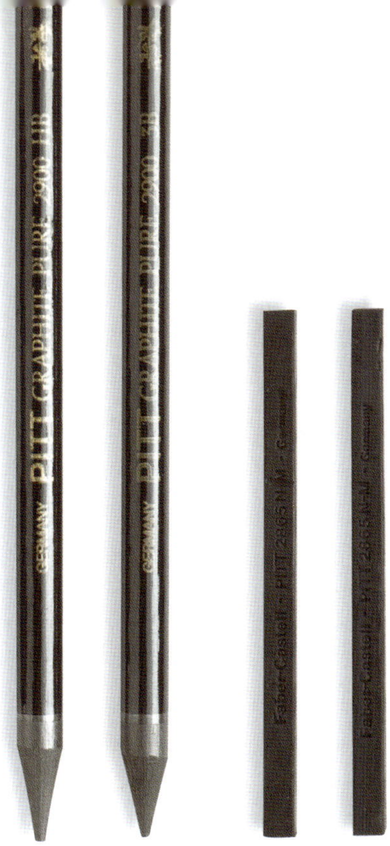

BARRES DE GRAPHITE

Le graphite se présente aussi sous forme de barres, de section carrée ou rectangulaire, ou bien hexagonale ou circulaire (forme de crayon), avec divers degrés de dureté. Ces barres sont appropriées aux tracés épais et intenses, avec des épaisseurs variables.

La principale caractéristique des barres de section polygonale est qu'il est inutile de les tailler. Leur usure progressive, les surfaces planes de leurs sections, servent à moduler les à-plats. On obtient différentes épaisseurs de traits dont l'intensité dépend de la dureté choisie. Dans le cas des barres en forme de crayon, il faut tailler la mine pour faire varier l'épaisseur du trait.

Les barres de graphite, en forme de crayon ou de section carrée ou rectangulaire, constituent le principal complément du crayon.

Barre de graphite de section rectangulaire. Manière de la tenir, et trait obtenu.

Croquis, à la barre de graphite, représentant une coupe du projet (non réalisé) de la villa Guardiola (Puerto de Santa María, Espagne), conçu par Peter Eisenman. Le médium choisi a permis d'ombrer facilement.

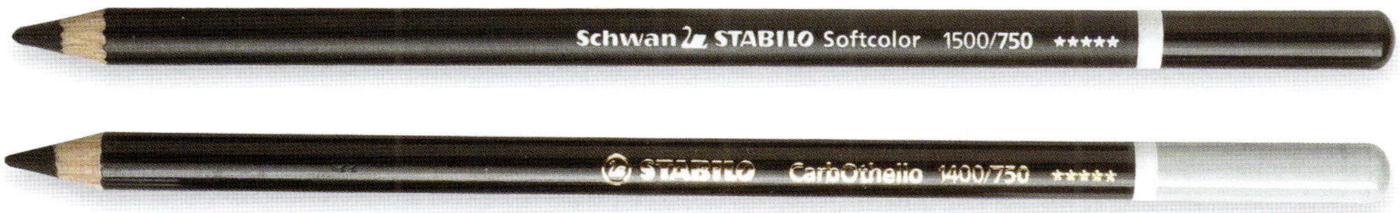

Le maniement du crayon de pierre noire ou du fusain est plus délicat que celui du graphite. Sa maîtrise exige une plus longue pratique.

FUSAIN ET CRAYON DE PIERRE NOIRE

Le crayon de fusain est formé d'une fine barre de charbon comprimé, revêtue de bois. L'appellation générique de ces crayons est « fusain ». Il existe plusieurs marques de fusain, proposant des duretés différentes. Le carbOthello®, constitue une variante, qui, de plus, existe en diverses tonalités.

La principale utilité de ces crayons est qu'ils permettent de noyer les traits des trames et de réaliser des ombres grâce à la mollesse du charbon, qui peut être estompé facilement en frottant avec les doigts.

Son usage, pour le dessin d'architecture, se limite pratiquement aux seuls ombrages, très ténus, aux fonds très estompés et, en général, à la réalisation de grands à-plats, qui demandent une certaine rapidité d'exécution. Sa gamme tonale est très différente de celle du graphite. Le fusain constitue un bon complément de ce dernier.

Le crayon de pierre noire est composé d'un noyau de pigment agglutiné avec de la colle dans de l'argile, engainé dans du bois. On l'utilise pour les dessins très contrastés car il permet d'obtenir des tons très noirs.

Exemples de traits et d'à-plats obtenus grâce au crayon de fusain, facile à estomper.

Esquisse, au crayon de fusain, du projet (non réalisé) de la villa Guardiola (Puerto de Santa María, Espagne), par Álvaro Siza. Cette technique permet d'obtenir un dessin très contrasté.

Dessin à vue, au crayon de pierre noire, d'une maison-musée, Elsa Peretti Foundation F.P. (Sant Marti Vell, Gérone, Espagne).

Le crayon de pierre noire convient à la réalisation de traits d'un noir intense.

l'Encre,
trait et précision

Le caractère indélébile de l'encre donne un air spontané au dessin. Des arêtes ou des contours dessinés à l'encre paraissent librement exécutés.
Le travail à l'encre paraît en revanche beaucoup plus laborieux lorsqu'il s'agit d'ombrer ou de traduire une texture, car on doit alors multiplier les traits, qui seront plus ou moins courts, plus ou moins rapprochés, ou superposés.

STYLO PLUME

Le stylo plume est l'instrument le plus souple pour réaliser à l'imprévu, sur des supports peu conventionnels, des dessins d'observation ou des ébauches rapides, par exemple au cours d'un voyage, ou pour expliquer sommairement à une tierce personne tel élément d'un ouvrage d'architecture. Comme on l'utilise aussi pour écrire, on l'emporte toujours avec soi. Ainsi, disponible à tout moment et en tout lieu, il est l'outil privilégié de l'architecte.
Le stylo plume possède la plupart des qualités des petites plumes traditionnelles, et deux avantages supplémentaires : la propreté et la longévité.
Sa sensibilité au geste, à la pression, sa flexibilité, permettent des traits expressifs.

Les stylos plumes sont des objets très personnels, tant dans le choix qu'on en fait que dans l'usage.

Croquis, à la plume, du quartier historique de Gérone (Espagne). La sensibilité du trait est tout à fait caractéristique des dessins réalisés selon cette technique.

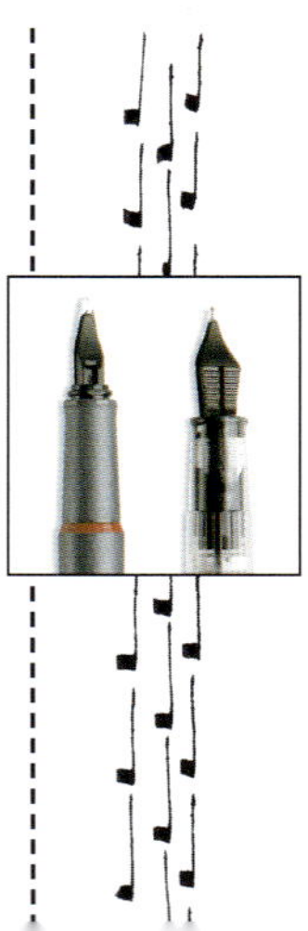

Pour obtenir un tracé plus fin, dessinez avec le revers de la plume.

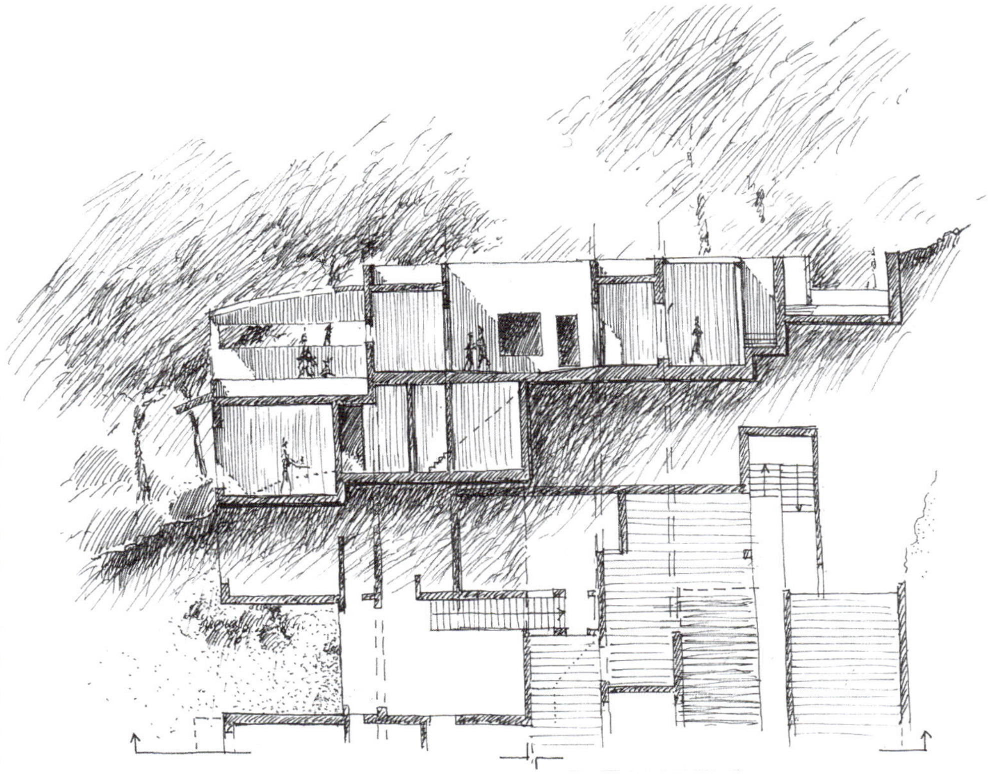

Ébauche, au crayon-feutre, d'une coupe verticale et d'une vue en plan du projet (non réalisé) de la villa Guardiola (Puerto de Santa María, Espagne), par Álvaro Siza. Ici, de larges surfaces tramées créent plusieurs zones d'ombre.

CRAYON-FEUTRE

Le crayon-feutre présente les mêmes qualités que le stylo plume. Un trait de feutre est cependant moins expressif qu'un trait de plume. C'est pourquoi il faut combiner différentes grosseurs de feutres. Les feutres à pointe flexible permettent de remédier à ce défaut. Leur prix est accessible. Divers modèles offrent une grande variété de tailles et de tons. On recommande l'encre noire, une pointe en fibre ou à bille, flexible et fine. On pourra plus exceptionnellement employer des feutres à pointe moyenne ou épaisse.

La technique est similaire à celle du stylo plume : on réalise les à-plats au moyen de trames définissant des zones d'un noir très dense.

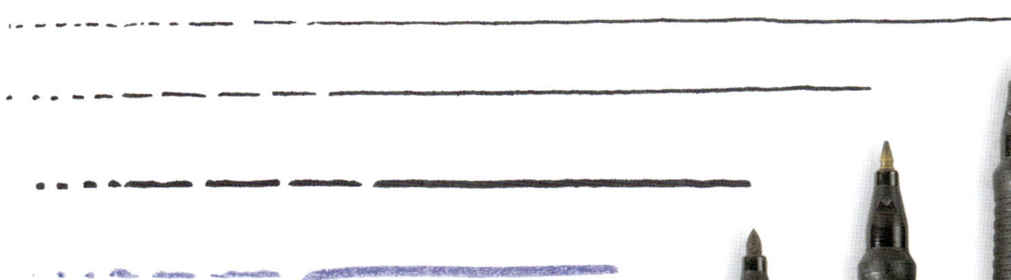

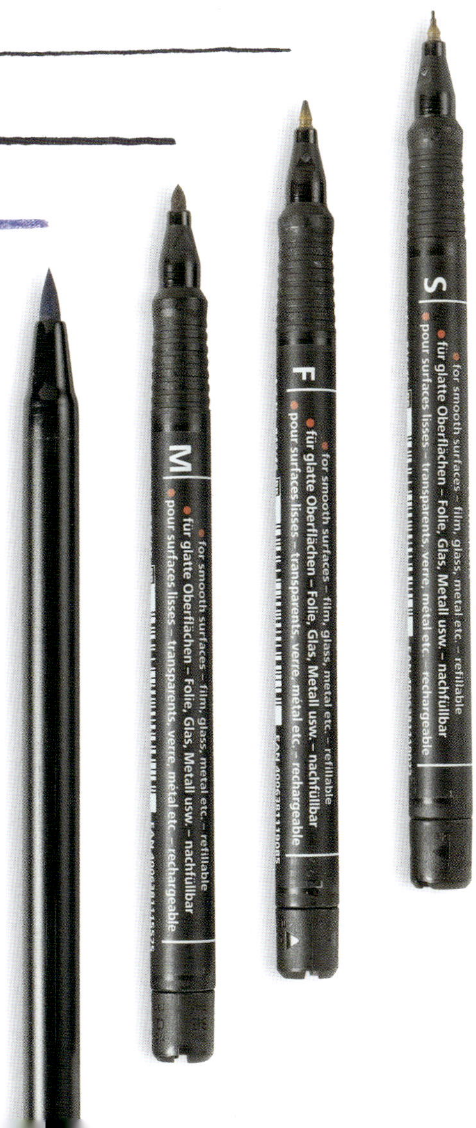

CHOISIR EN FONCTION DU TRAIT

Si le travail ne requiert que du trait, comme dans le cas du croquis, on aura recours à des feutres de diverses épaisseurs, ou bien au stylo plume. Les crayons-feutres à pointe flexible et le stylo plume sont les instruments les mieux adaptés à un trait souple, expressif, servant à ébaucher ou à dessiner à vue. On utilise la plume ou les feutres les plus fins pour réaliser des trames. Pour les pointillés et autres types de traits hétérogènes, on privilégie la pointe flexible.

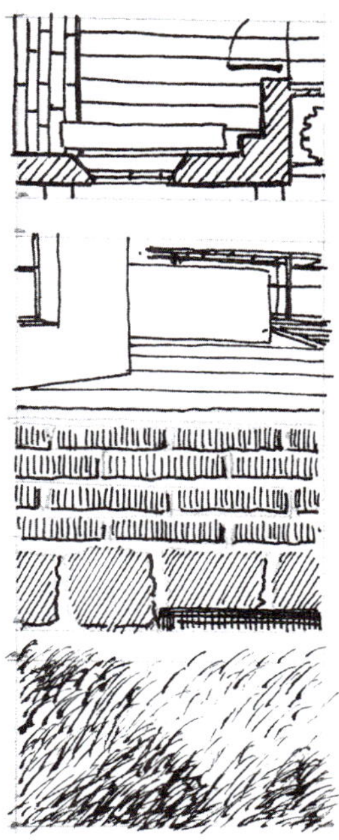

Tracez des traits discontinus au moyen de feutres déjà usés afin de mieux connaître la gamme des possibilités et enrichir vos tracés.

Ces dessins illustrent la variété des tracés à l'encre au moyen d'outils différents.

le Papier, support universel

Nous privilégions les supports les plus souples, les formats les plus maniables et les plus faciles à trouver sur le marché, et les papiers opaques.

QUALITÉ

La qualité d'un papier dépend en grande partie de son grammage, c'est-à-dire de son poids exprimé en grammes par mètre carré. Il oscille entre les 80 g/m² du papier à lettres et les 200 g/m² du Bristol. Plus le grammage est élevé, plus le papier est épais et de bonne qualité. Le choix du grammage dépend de la technique graphique utilisée.

TYPES DE PAPIERS

Les papiers sont soit transparents, soit opaques. On trouve deux sortes de papier transparent : le sulfurisé ou le végétal. Ils sont particulièrement indiqués pour la pratique du calque mais très peu utiles pour le dessin à main levée, sinon à titre complémentaire. Le papier doit être opaque, sans quoi le crayon ne ressort pas… La qualité de surface de la feuille va du satiné lisse jusqu'à un grain moyen. On trouve un papier beige d'une qualité ordinaire suffisante pour le croquis. Ce papier convient aussi parfaitement aux premiers essais.

CONDITIONNEMENT

On trouve le papier sous forme de feuilles volantes ou de cahiers de formats normalisés ou libres. Ces carnets sont parfaits pour la réalisation de croquis, de dessins à vue ou d'ébauches : ils rassembleront des dessins exécutés de façon systématique lors d'un voyage, de la visite de sites ou d'édifices qui relèvent de notre intérêt.

La variété des papiers utilisés dans l'exercice du dessin d'architecture est un peu plus limitée que dans celui du dessin artistique faisant usage de la couleur.

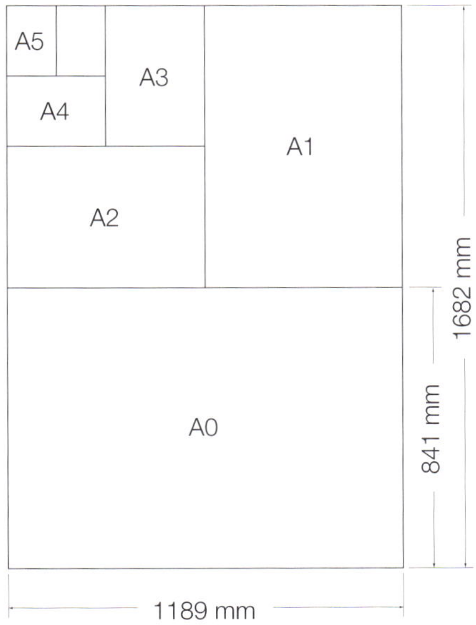

Ce schéma présente les formats DIN depuis le 0 jusqu'au 5.

FORMATS

Les normes de formats de papier les plus connues sont les normes DIN, qui s'échelonnent du 0 au 6, bien que nous n'utilisions que les formats DIN A3 et DIN A4. Il existe aussi les folios classiques, papier écolier, *letter*, *legal* et *elephant*.

Lors du choix du format du papier, il faut prendre en compte non seulement les proportions de l'objet à dessiner, qui doivent s'harmoniser avec celles du papier, mais aussi le fait que le maniement du papier doit être aisé. Par exemple, l'exercice est radicalement différent si l'on dessine assis à une table ou si l'on fait un dessin d'observation, debout, d'un édifice.

TRACÉS OBTENUS

Sur un papier satiné, le trait est lisse, uniforme et continu. Le dessin est globalement précis. Plus le grain, ou la rugosité, du papier augmente, plus la ligne perd en continuité et gagne en expressivité : le ton du dessin est plus chaud.

Tout moyen d'expression, tout type de représentation, requiert un papier déterminé. Un papier satiné, au grain fin, convient au croquis. Un papier de grain fin ou moyen est approprié à l'ébauche ou au dessin à vue. Par ailleurs, le crayon a généralement besoin d'une plus grande rugosité que l'encre. Ces quelques grandes règles respectées, le choix définitif du papier s'opère en fonction des goûts personnels du dessinateur.

Effets du grain du papier sur un même type de trait.

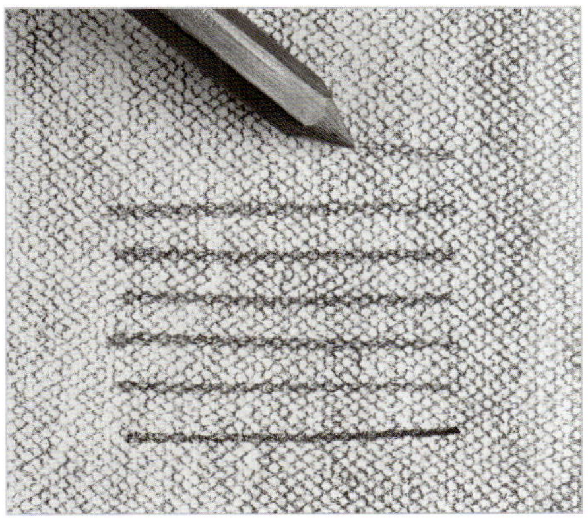

Il existe une gamme très étendue de carnets, de format et de qualité de papier différents.

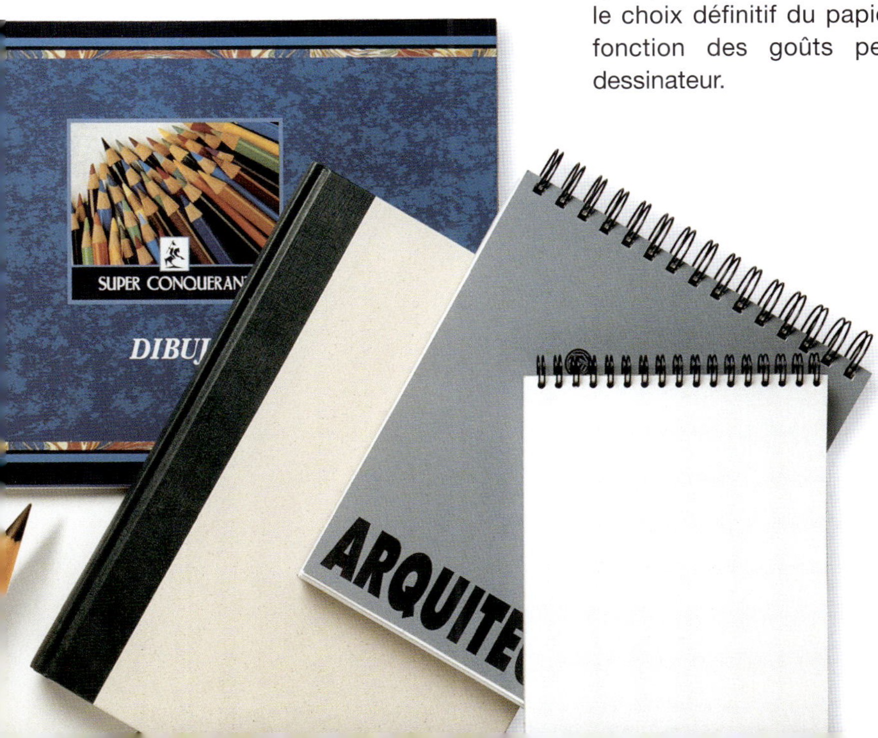

les Accessoires, compléments indispensables

Le matériel que l'on décrit ici, sans être un matériel propre au dessin, constitue le complément indispensable de tous les types de travaux d'architecte. On a délibérément réduit au minimum le nombre de ces accessoires, et sélectionné chaque fois les plus simples d'entre eux.

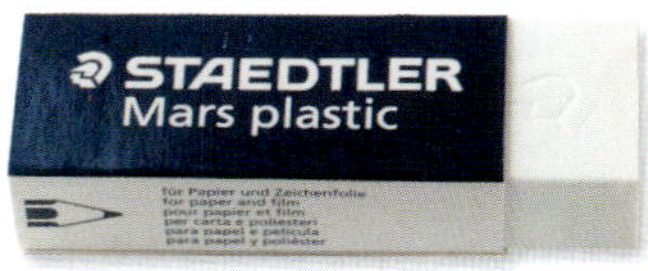

A

B

C

Différents modèles de gommes, du plus rigide au plus souple : en plastique (A), en caoutchouc (B), « mie de pain » en latex (C).

GOMMES

Dans le dessin d'architecture, à la différence du dessin artistique, la fonction de la gomme dépend de la nécessité d'effacer ou d'éliminer les erreurs et les lignes qu'il n'est plus utile de conserver. Sa capacité à modifier la qualité et le ton des traits ou des trames, comme tous les autres effets que l'on obtient au moyen de la gomme, est absolument secondaire pour l'architecte.
Parmi les variétés de gommes, on retient tout spécialement les gommes molles, très utiles pour le graphite. Les modèles classiques ont une section rectangulaire. On trouve également des gommes de forme circulaire intégrées aux porte-mines. Ces gommes s'utilisent comme des crayons. Elles permettent d'effacer de façon très précise, d'éliminer des petits détails, sans toucher aux traits les plus proches de la zone à effacer. Les gommes malléables sont adaptées au crayon de fusain.

Porte-gomme de forme circulaire, très utile pour effacer avec une grande précision.

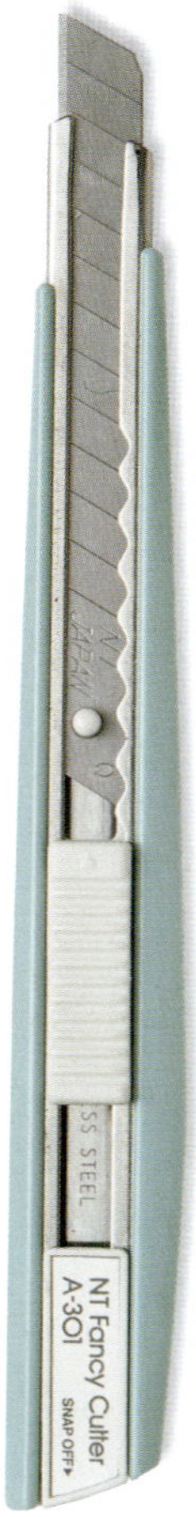

A

B

Cutter à lame rétractable et cassable (A) et cutter à lame fixe (B).

TAILLE-CRAYONS

On utilise les taille-crayons de forme conique pour les crayons en bois de cèdre et pour les porte-mines. Les cônes, plus ou moins courts, ont un diamètre de base variable. Plus ou moins sophistiqués, ces taille-crayons sont parfois conçus avec un réservoir.
On peut encore tailler ses instruments avec un couteau, une lime, ou un cutter.

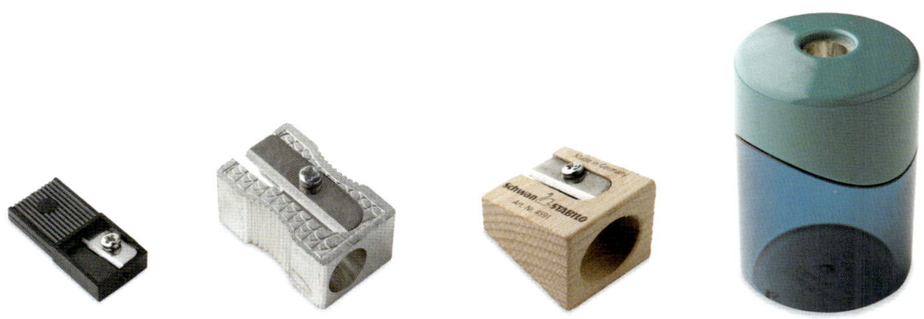

Différents modèles de taille-crayons.

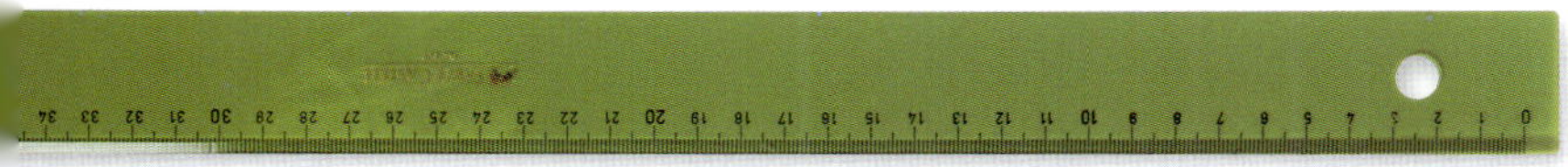

Les règles graduées aident à définir les dimensions des croquis.

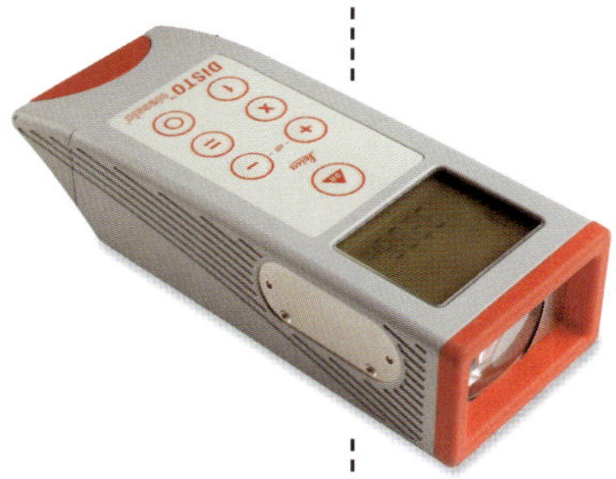

Le distanciomètre permet à une personne seule de relever de très grandes mesures en se plaçant à l'une des extrémités de la partie à mesurer. Cet appareil émet un rayon laser qui se projette jusqu'à l'autre extrémité. La lecture de la mesure se fait sur le petit écran digital.

RÈGLES ET ÉQUERRES

On utilise ces instruments de façon exceptionnelle. La règle (le double-décimètre) et un jeu d'équerres pourront servir à déterminer les principales lignes de mise en place des croquis : la règle pour le tracé et la mesure des droites, le jeu d'équerres pour placer les parallèles, les perpendiculaires et des lignes sécantes à des degrés précis (angles de 30°, 45° et 60°).

INSTRUMENTS DE MESURE

Le croquis doit rassembler les mesures, ou cotes, des éléments architecturaux que l'on veut décrire.
Ces précisions sont fondamentales. On relève ces cotes au moyen de mètres rubans dont la longueur varie de 1 à 50 m. Il en existe de plusieurs sortes.

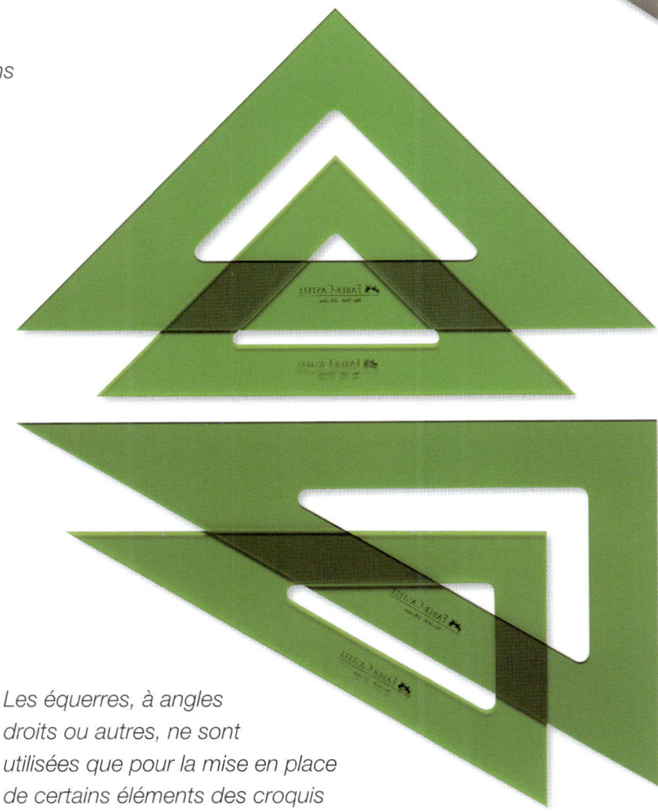

Les équerres, à angles droits ou autres, ne sont utilisées que pour la mise en place de certains éléments des croquis et pour le report précis des angles.

Pour mesurer de petites longueurs, le mètre ruban métallique est très pratique.

Pinces servant à fixer le papier sur un support.

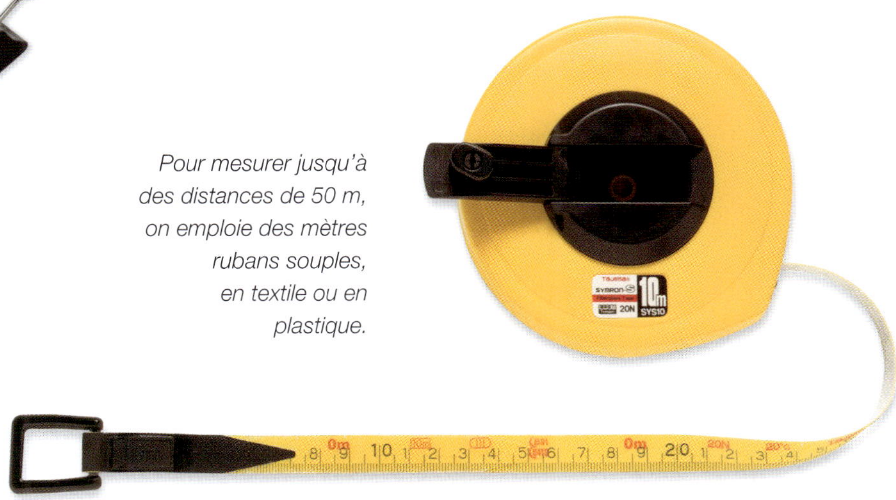

Pour mesurer jusqu'à des distances de 50 m, on emploie des mètres rubans souples, en textile ou en plastique.

Le ruban adhésif, en plastique ou en papier, permet de fixer les feuilles de papier sur la table à dessin.

la Main, le geste

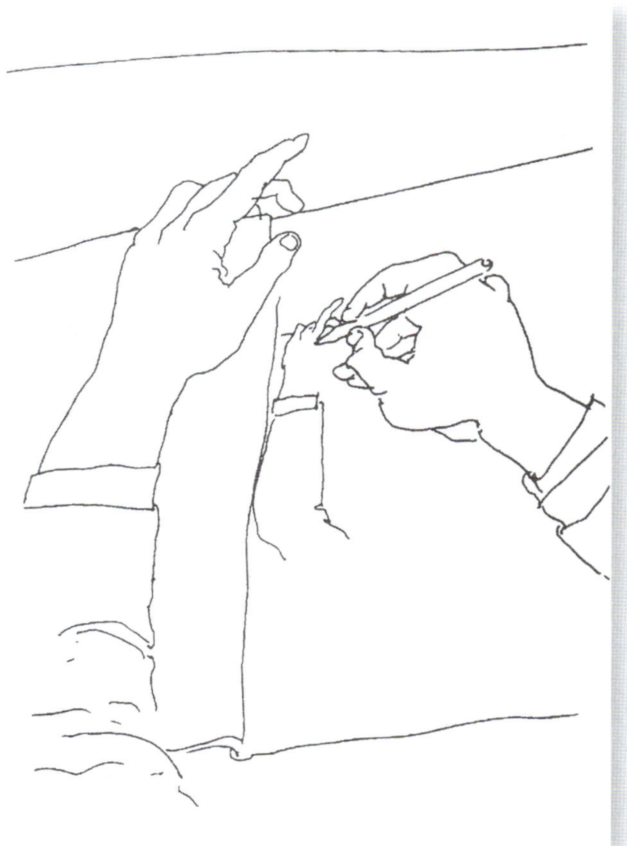

ÁLVARO SIZA.
CROQUIS DES MAINS DE L'ARTISTE EN TRAIN DE DESSINER.

et la posture

Dessiner, c'est observer, analyser puis représenter une réalité ou une idée.

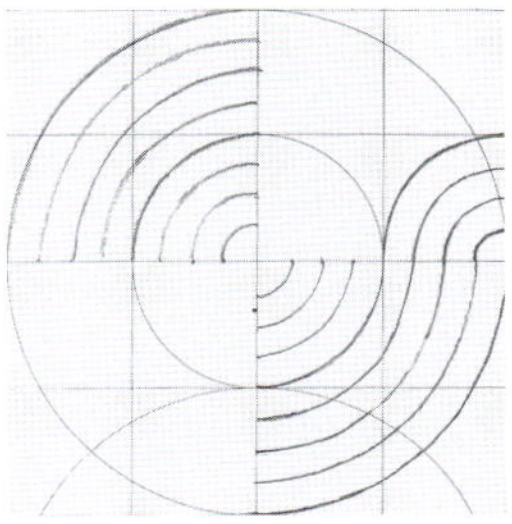

L'angle de vue, la posture d'observation, la prise en main de l'outil graphique, le geste et le mouvement du regard au cours du tracé sont autant d'éléments qui contribuent à une représentation claire et précise d'un sujet.

En premier lieu, il faut apprendre à regarder et à mémoriser les proportions de ce que l'on observe. Ensuite, il faut travailler son habileté. Le geste graphique doit dépasser la difficulté à transcrire des formes et des espaces de grandes proportions, ou celle que représente le tracé de lignes très longues et courbes, par exemple.

Pour réussir à dessiner aussi naturellement que l'on écrit, il est indispensable, d'une part, de maîtriser différentes techniques, d'autre part d'avoir une pratique assidue du dessin.

Pour que le geste du dessinateur soit aussi spontané que celui d'une personne en train d'écrire, l'outil (le crayon ou tout autre instrument) ne doit ni gêner, ni fatiguer la main. La différence principale entre l'écriture et le dessin réside dans la dimension et l'orientation des traits que l'on trace. Dans une lettre, les traits sont courts et sinueux. Dans le dessin, les traits que l'on doit réaliser sont beaucoup plus longs et d'une direction plus constante.

la Position et le déplacement de la main

Position « naturelle » de la main tenant un crayon, utilisée pour l'écriture.

PRISE EN MAIN DE L'OUTIL

Il y a diverses façons de tenir un crayon, une plume ou un stylo. Tout dépend de la ligne que l'on souhaite tracer et de sa longueur. La première technique de tenue de l'outil, qui est celle que l'on utilise pour écrire, correspond à une prise en main légère : on prend le crayon dans la main sans le serrer, en le soutenant simplement, à peine plus haut que pour l'écriture. L'index et le pouce, qui tiennent le crayon, et le majeur, sur lequel il repose, offrent une légère inclinaison par rapport à l'axe de la main. On peut tracer de cette façon des traits légèrement inclinés n'excédant pas 6 cm de long. Ces traits sont ceux que nous dessinons avec le plus d'aisance, de précision et d'intensité. Pour tracer à la suite d'un trait horizontal de ce type un trait vertical de même longueur (ou inversement), il faut repositionner l'angle que forment la main et l'avant-bras. Dans le cas des courbes, l'appui de la main sur le papier fait office de pivot naturel. Des lignes plus longues nous obligent à repositionner constamment la main sur le papier : il faut opérer ces repositionnements avec soin, sinon le trait perd son intensité et son angle de direction.

Repositionnement de la main pour le tracé de traits verticaux.

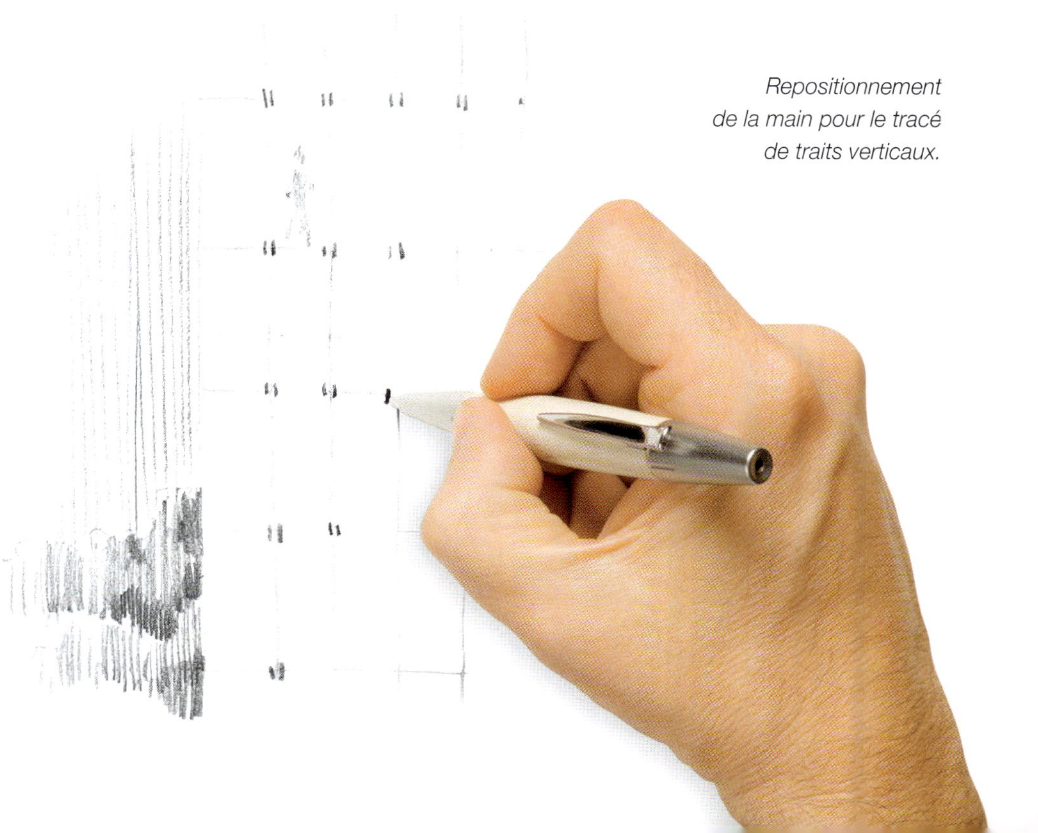

Position de la main pour le tracé de lignes horizontales (à droite) et de lignes courbes (à gauche).

La deuxième technique de prise en main de l'outil sert à tracer des lignes venant s'insérer dans les espaces laissés vierges. Il s'agit de traits de remplissage, ou traits auxiliaires. Leur longueur exige un geste plus détendu : il faut en effet déplacer la main sur tout le support avec une complète liberté de mouvement. La main ne repose pas avec la même fermeté sur le papier. Dans ce cas, comme dans le précédent, on doit lui faire adopter diverses positions pour réaliser des lignes courbes, horizontales ou verticales.

Position de la main pour les traits auxiliaires du croquis.

Position de la main pour la réalisation à la barre de graphite de lignes longues.

La troisième manière de tenir l'outil est sans doute la plus souple. On soutient ce dernier un peu plus haut que dans la méthode précédente, ce qui réduit la pression du crayon sur le papier. Cette technique sert à la réalisation des ombres et des traits répétitifs. Si les ombres ou les trames sont délimitées par des lignes de contour, la main adopte, au moment de croiser ces lignes, la même position que pour le tracé de traits auxiliaires. On peut ainsi donner à ces traits la précision souhaitée. Enfin, on adaptera la position de la main en fonction de la direction des traits, comme précisé plus haut.

Les caractéristiques de la plume conditionnent la façon de la tenir.

Les méthodes ci-dessus décrites sont appropriées pour le crayon et le stylo, qui permettent des traits d'épaisseur égale dans toutes les directions. En revanche, la plume, dont la pointe est asymétrique, requiert une position plus rigide de la main : il faut conserver l'angle de la plume par rapport à l'horizontale pour obtenir un tracé régulier.
Vous pouvez naturellement modifier l'angle de la main et la tenue de l'outil en fonction de ce qui vous paraît le plus commode, l'essentiel étant que la position adoptée n'entrave pas la liberté de mouvement requise par le trait.

DIRECTION DU REGARD

L'œil fixe toujours le point de départ du tracé. On déplace ensuite le regard vers le point où l'on prévoit de terminer la ligne, de manière à diriger le tracé : c'est la vue qui guide le geste. Si l'on fixe la pointe de l'outil, on perd toute orientation et la ligne devient sinueuse.
Avec un peu de pratique, vous pourrez enchaîner plusieurs traits de manière à réaliser des lignes très longues, avec autant de naturel que, lorsque vous lisez, vous déchiffrez à l'avance le mot qui fait suite à celui que vous êtes en train de prononcer.

Pour réaliser des ombres, qui exigent des traits répétitifs, la main doit être le plus libre et agile possible.

Lorsqu'on exécute un trait, c'est le regard qui dirige le déplacement de la main.

ASTUCES FACILITANT LE TRACÉ

Il existe diverses astuces pour tracer de très longues lignes de mise en place, verticales ou horizontales. On peut, par exemple, faire glisser le bord de la paume de la main et le petit doigt sur le champ de la feuille préalablement fixée sur un support rigide. Cette façon de procéder autorise le tracé de lignes aussi éloignées du bord de la feuille que le permet la longueur du crayon, que l'on tient alors le plus haut possible. On peut encore se servir d'une baguette comme guide.
Une autre méthode consiste à marquer les principaux points par lesquels doit passer le trait, puis, à l'aide de petites droites s'enchaînant naturellement, à suivre les principales orientations du tracé.
Enfin, il est possible de faire pivoter le support pour obtenir un angle de traçage plus commode.

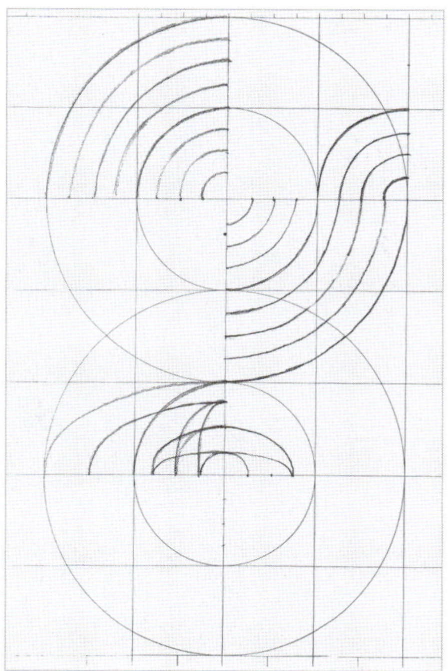

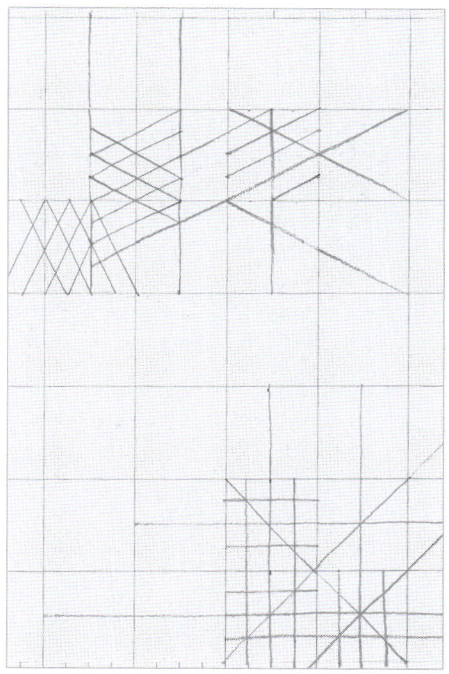

Pour dépasser toutes les difficultés du tracé, nous recommandons de multiplier les exercices d'entraînement de ce type, en variant la qualité des traits.

la Posture du dessinateur

Bien qu'il soit ici question de dessins rapidement exécutés, en une heure ou deux tout au plus, le dessinateur doit être dans une position commode et stable. Mieux vaut aussi choisir un endroit abrité.

L'idéal est de pouvoir s'asseoir. Si vous souhaitez toutefois rester debout, trouvez quelque point d'appui pour pouvoir maintenir votre bloc fermement. Le support de dessin doit être rigide. Il est donc préférable d'utiliser des carnets à couverture en carton fort. Lorsqu'on utilise des feuilles volantes, il convient de les fixer sur une tablette. Cette tablette sera soutenue par la main qui ne dessine pas, le bord inférieur venant en appui sur l'abdomen.

Dans le cas du croquis, le dessin est technique et précis. On réalise diverses projections d'un même espace, incluant du texte et des annotations chiffrées. Il s'agit donc d'un dessin tout à la fois figuratif et abstrait. Le relevé des données oblige le dessinateur à se déplacer continuellement.
Pour ce genre de dessin, il convient d'adopter une posture semblable à celle requise par l'écriture, en n'abandonnant le papier du regard que pour effectuer les vérifications visuelles indispensables.
Dans le cas du dessin d'observation, soit un dessin en perspective d'un sujet à partir d'un point de vue donné et d'après nature, il faut effectuer plusieurs mises au point : l'angle de vue choisi doit être le plus intéressant. Si le dessinateur est amené à se déplacer au cours de son travail, il devra pouvoir retrouver son exacte position d'origine. À cette fin, il est recommandé de marquer au moyen d'une craie ou d'une bande adhésive l'emplacement choisi. Pour ces dessins, il est préférable de détourner le moins possible la vue du modèle à dessiner.

Pour réaliser un croquis, la position assise est idéale.

S'il n'est pas possible de s'asseoir, il faut du moins trouver un point d'appui.

Autre exemple de position debout confortable.

Le positionnement des mains et de l'ensemble du corps doit assurer une stabilité maximale.
Pour le tracé d'horizontales ou de verticales, le plus pratique est de faire glisser la main sur le bord de la tablette ou de la couverture rigide du carnet à dessin.

Il est souvent nécessaire de se déplacer pour mieux percevoir les détails. Dans ce cas, laissez un témoin à l'emplacement choisi pour réaliser le dessin.

Lorsqu'on réalise un croquis de relevé, les déplacements sont impératifs pour la prise de mesures.

Choisissez un endroit commode et protégé.

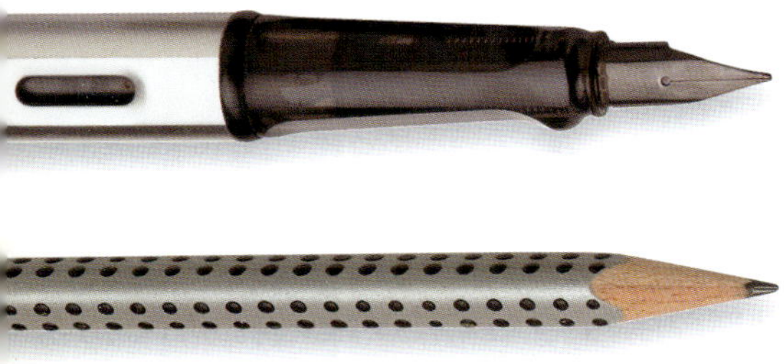

l'Alphabet graphique, richesse

ANTONIO SANT'ELIA.
Dessin à l'encre.

et complexité

La ligne constitue le signe de base de l'alphabet du dessin d'architecture.

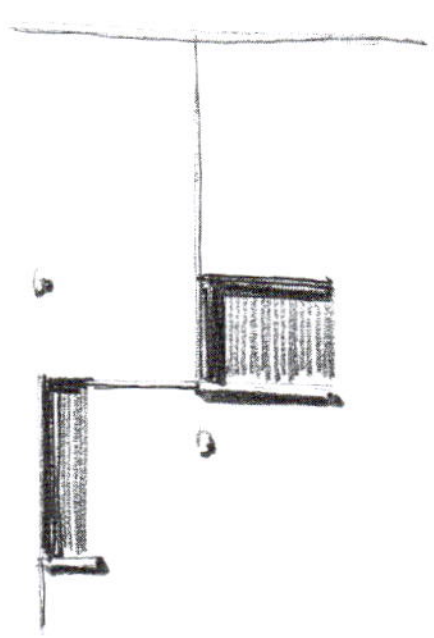

Le dessin d'architecture est la somme d'une série de traits plus ou moins linéaires tracés sur une feuille de papier pour décrire un espace ou un ouvrage construit. La ligne, entendue comme la représentation abstraite d'une arête ou de toute limite matérielle, est le signe de base de cet alphabet. Les conventions graphiques et les systèmes de projection en perspective en constituent la grammaire.
Le dessin d'architecture, mélange entre le dessin technique et le dessin artistique, offre une grande richesse de registres. Il exprime aussi bien les qualités de surface que les volumes des distinctes formes architecturales, par des effets de trame et d'ombre et le jeu des valeurs tonales. Sous la forme d'un dessin d'ambiance, il traduit, de façon symbolique ou réaliste, d'autres registres de la perception : la végétation, le mobilier, la figure humaine, etc. Enfin, comme document d'étude, il inclut cotes, textes, annotations conventionnelles, avec pour finalité la transmission de données ou d'instructions.
Le dessin d'architecture associe ainsi la convention graphique à la représentation interprétative, la rigueur à l'expressivité.

la Ligne
et l'alphabet graphique

L'emploi de lignes pour décrire la qualité formelle des objets peut être comparé à celui des lettres pour composer des mots. Dans cette « écriture », l'emplacement des lignes et les espaces qui les séparent sur la feuille de papier doivent correspondre à l'emplacement des éléments et aux espaces qui les séparent dans la réalité représentée. Un écrit est plus facilement lisible si l'on respecte quelques conventions comme les majuscules, la ponctuation, ou, pour insérer des notes, un corps de lettre réduit, etc. De la même façon, le dessin utilise des signes graphiques qui hiérarchisent l'information. Pour une lecture aisée, les lignes, comme les lettres, doivent être tracées avec soin et nettement définies.

GENRES DU DESSIN

Un document officiel, un texte en prose ou un poème : à chacun de ces trois types d'écrits correspond l'un des trois genres de dessin que nous présentons, à savoir le croquis de relevé, le croquis d'avant-projet et le dessin d'observation. Chacun d'eux met plus particulièrement en œuvre certaines valeurs et nuances de l'alphabet graphique, à partir du « tronc commun » constitué de la ligne continue et de la ligne discontinue. La ligne continue – qui sert à la mise en place générale des éléments du dessin, ou représente des arêtes et des bords –, peut être expressive ou traitée uniformément sur l'ensemble du croquis. La ligne discontinue – formée d'une succession de traits courts, ou de pointillés –, signale des arêtes et des bords cachés projetés sur le dessin, ou représente des axes de symétrie ou de composition.

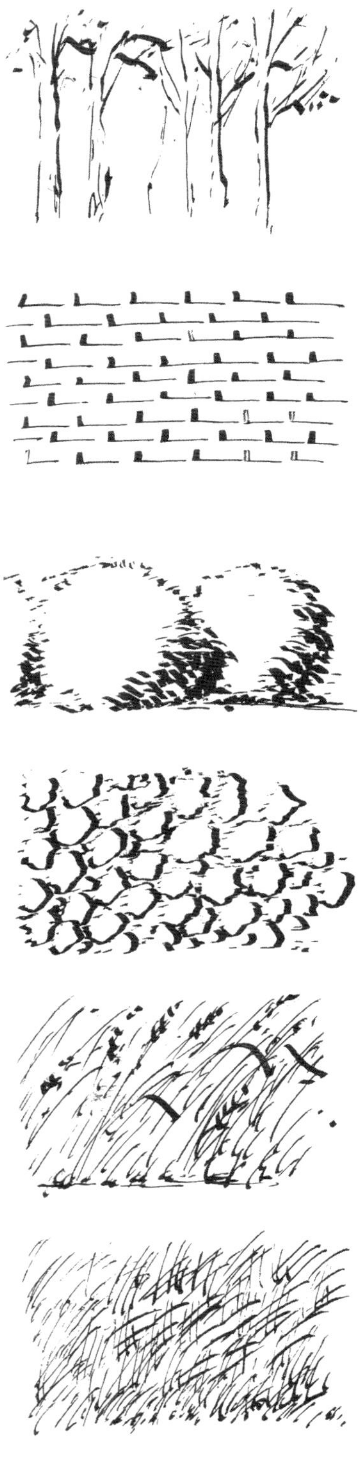

Des lignes expressives permettent la représentation de toutes sortes de motifs.

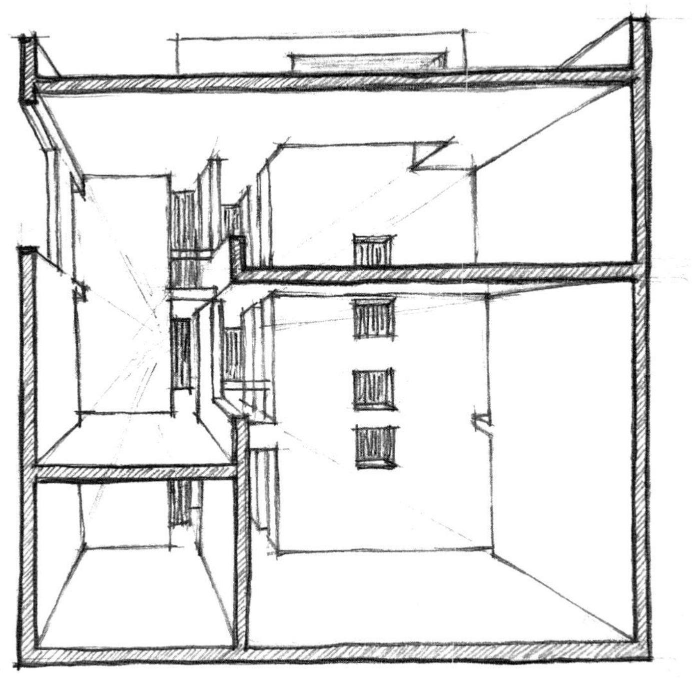

Coupe perspective, au crayon, de la maison Turégano (Pozuelo de Alarcón, Espagne), conçue par Alberto Campo Baeza. Cette ébauche au crayon utilise différentes lignes continues pour définir les contours et les arêtes et former les trames.

VALEUR DES LIGNES

L'objectif du dessinateur, quel que soit le dessin et quelles que soient les lignes qui le composent, est de faire ressortir ce qu'il y a de plus important dans sa représentation, d'en détacher les éléments essentiels des éléments secondaires ou anecdotiques. De la même façon que l'on fait varier le corps des lettres dans l'écriture, c'est l'épaisseur des traits (plus ou moins forte), et la façon de les combiner, ou bien encore l'intensité des tons employés, qui permettent de hiérarchiser les éléments d'un dessin.

La qualité du dessin se voit à son unité d'ensemble : un dessin d'architecte doit être un tout organisé.

Un certain nombre de conventions graphiques doivent être appliquées avec rigueur dans le cas du croquis de relevé, qui est un exercice très codifié : la valeur des lignes y est fixée en fonction de l'importance architectonique des éléments dessinés. Avec l'ébauche ou le dessin d'observation, le registre graphique devient plus pictural afin de suggérer la profondeur de l'espace représenté, les aspects de surface, les lumières et les ombres. Les arêtes et les limites des volumes perdent de leur importance au profit d'autres valeurs. On établit ainsi une nouvelle hiérarchie, un ordre et une unité qui s'adressent davantage à la sensibilité.

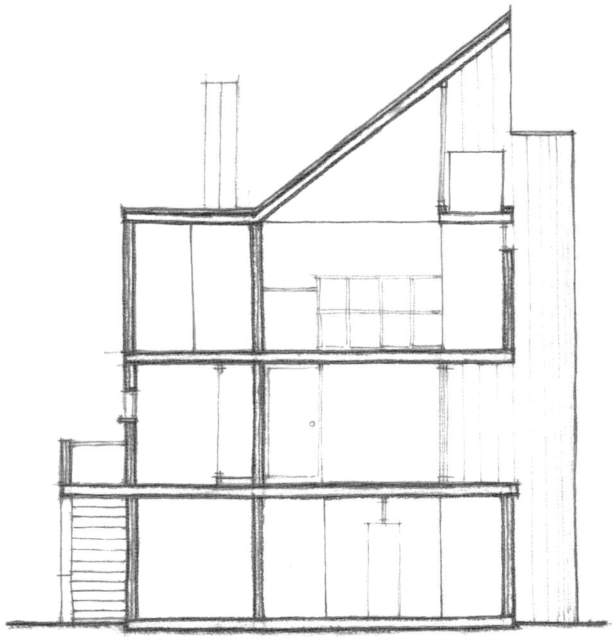

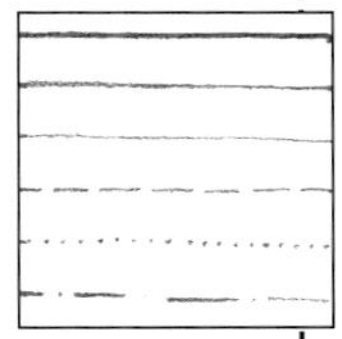

Exemples de lignes utilisées pour un dessin d'architecture. En combinant ces lignes, on peut créer des trames ou des à-plats dont le ton d'ensemble prend le pas sur les détails formés par les lignes ou les points (ou les deux à la fois) qui les composent.

Croquis, au crayon, représentant une coupe de la maison Gwathmey (Amagansett, New York, États-Unis) à l'état projeté, par Charles Gwathmey. Les différentes valeurs tonales des lignes ont ici été obtenues en utilisant plusieurs grosseurs et duretés de mines.

Ébauche, au crayon de graphite, de la maison Voladora (Vienne, Autriche) à l'état projeté, par les architectes MVRDV. La valeur de la ligne, dans les ébauches ou les croquis d'avant-projet, est définie selon une logique très différente de celle qui régit le croquis de relevé.

les Trames,
juxtaposition de lignes

Quatre éléments jouent un rôle fondamental dans notre perception de la réalité, ainsi que dans sa représentation, par-delà le contour ou les arêtes de l'objet perçu : il s'agit du ton ou de la couleur d'un objet, de sa texture ou aspect de surface, de l'ombre qu'il produit, du contraste qu'il offre avec son environnement.
Dans un dessin au trait, ces éléments sont rendus en juxtaposant ou en superposant les lignes ou les points. On forme ainsi une trame, plus ou moins dense, plus ou moins saturée selon la grosseur ou la dureté de l'instrument utilisé.

TONALITÉ
Les objets sont éclairés par des sources de lumière. Cette lumière, sous forme d'énergie, est pour une part absorbée, pour une autre réfléchie par les matériaux. L'énergie qui n'est pas absorbée par le matériau crée la couleur dans laquelle on le perçoit. C'est une valeur chromatique au sens strict. Cette couleur est caractérisée par la somme de trois attributs : la nuance ou teinte, la saturation et la luminosité. Nous ne traitons ici que des valeurs achromatiques de la lumière. Nous ne parlerons donc pas de couleur, mais de ton, c'est-à-dire de la quantité de blanc et de noir d'une nuance.
Nous distinguons le ton propre d'un corps, du ton complémentaire ou ton moyen produit par son environnement immédiat. Le premier est perçu en observant isolément un élément donné, le second en fermant les yeux à demi.

Exemples de motifs architectoniques rendus par des trames réalisées selon différentes techniques.

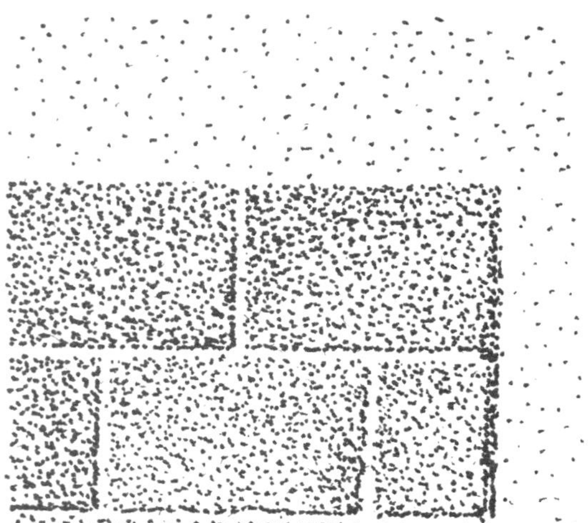

Dessin, à l'encre, du projet de la chapelle de Valleacerón (Espagne), par Sol Madrilejos et Juan Carlos Sancho.

EMPLOI DES TRAMES

En juxtaposant différents tons, on crée des zones de contraste, des contours, des discontinuités et différentes textures. Il existe plusieurs manières de représenter les différents tons. On peut choisir de traduire les contours et les arêtes des objets par des lignes, auquel cas leur dessin se différencie du dessin des trames, ou opter pour une représentation entièrement fondée sur les changements de tons. Un mode intermédiaire consiste à user des deux registres à la fois.

Dans le croquis de relevé, les trames sont toujours complémentaires : elles définissent des textures ou des zones traitées de manière uniforme, incluses dans des plans délimités par des arêtes. Dans un croquis d'avant-projet ou un dessin d'observation, on représente le ton propre d'un parement, son volume, les textures et les ombres de façon plus libre, c'est-à-dire au moyen de dégradés, sans avoir recours aux arêtes délimitant les bords.

ÉCHELLES TONALES

La réalité présente des centaines de tons différents tandis que le crayon permet, au mieux, de jouer avec une dizaine de tons. Pour définir ceux-ci, on pose pour principe que le blanc absolu, ou lumière maximale, équivaut au ton du papier (c'est pourquoi on n'utilise pas de papier de couleur) et que le noir absolu, ou absence de lumière, est le ton le plus dense et le plus sombre que l'on peut obtenir par saturation du tracé : on obtient ainsi la base et le sommet de l'échelle tonale. Entre ces deux extrêmes, il faut définir huit valeurs de gris (ce qui correspond à l'amplitude de l'échelle tonale employée pour la photographie). La valeur des intervalles entre chacun des tons doit être la même du haut au bas de l'échelle tonale, sinon de nouveaux tons intermédiaires deviennent nécessaires. Avant d'entreprendre un travail, il vous faudra tester votre instrument pour la réalisation de ces valeurs de gris, en essayant les diverses techniques de tramé que nous décrivons ci-après.

Dessin à vue, au crayon, d'un paysage urbain de Barcelone (Espagne), réalisé à partir de trames linéaires.

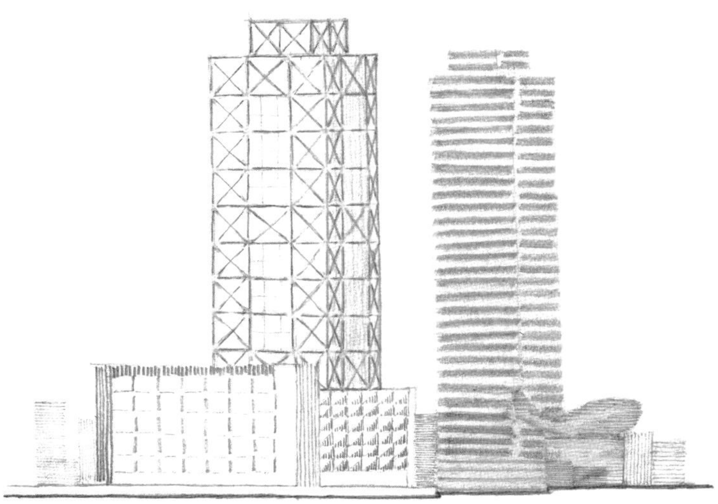

Dessin, à l'encre, du paysage précédent. Les trames réalisées à la plume, toujours très linéaires, exigent maîtrise du geste et patience.

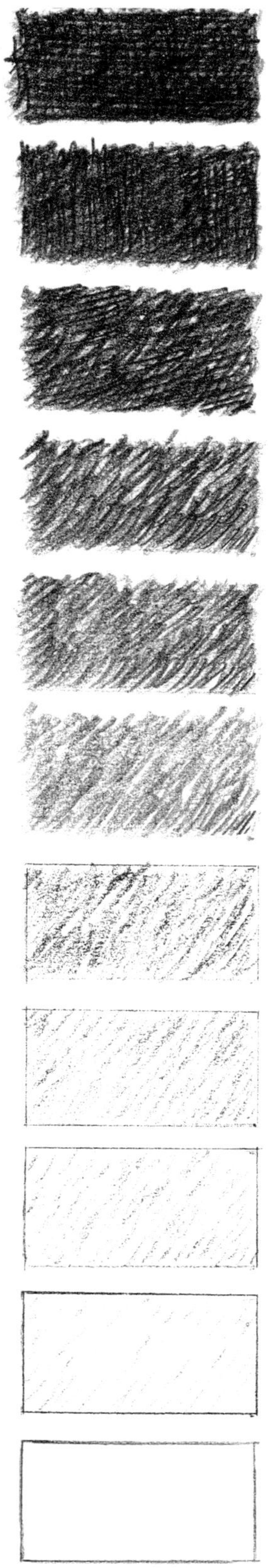

Échelle tonale de trames réalisée au crayon.

TECHNIQUES DE TRAMÉ

Il existe diverses techniques permettant d'obtenir une échelle tonale. Nous expliquerons ici les plus usitées en architecture. La technique la plus simple est celle du tramé directionnel, qui peut être unidirectionnel ou multidirectionnel. On obtient un tramé unidirectionnel en juxtaposant de manière très serrée des lignes de même valeur et de même direction (effet de tache ou à-plat), et en faisant progressivement varier l'intervalle séparant les lignes jusqu'à ce que, à la distance normale d'observation d'un dessin, on puisse distinguer ces lignes les unes des autres.

On différencie les tramés directionnels dits uniformes, dont le ton est constant, des tramés directionnels dits variables, dont on modifie le ton ou l'intensité en employant diverses duretés de mine ou en modulant la pression de l'outil sur le papier. Dans le cas d'outils ne permettant qu'un tracé uniforme, il convient de combiner diverses épaisseurs de tracés.

Le tramé multidirectionnel est obtenu par la superposition de plusieurs trames unidirectionnelles d'orientation distincte. Il faut toutefois éviter des changements de direction par trop importants : cela pourrait induire un effet de texture non désiré.

Le pointillé est un autre type de tramé, dans lequel les valeurs de gris sont composées par la juxtaposition de points ou de petites lignes plus ou moins rapprochées, selon le degré d'ombre que l'on souhaite représenter.

Enfin, le tramé dit hétérogène, composé de traits libres, est employé pour la représentation d'éléments dont la texture est très irrégulière et caractéristique.

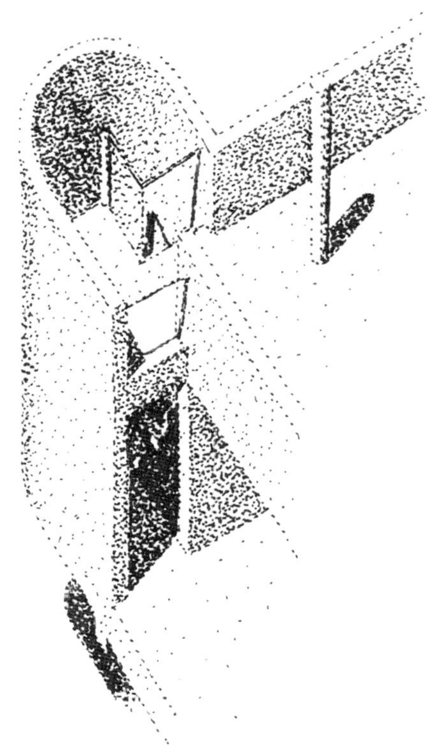

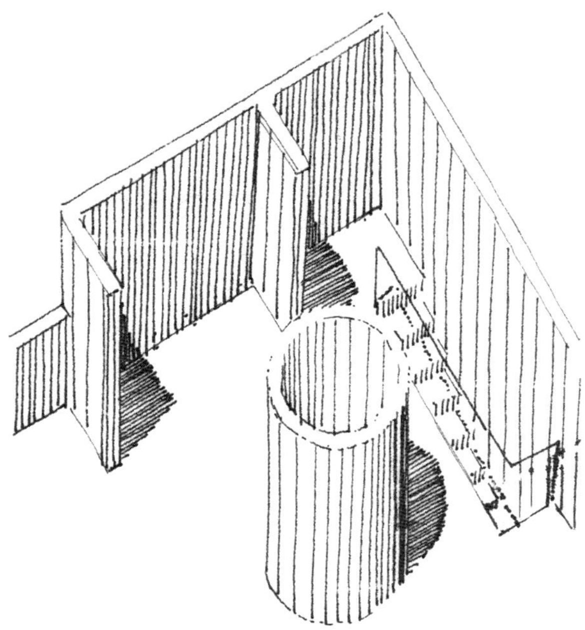

Perspectives axonométriques, réalisées à l'encre, représentant plusieurs détails d'un projet de maison individuelle, par Richard Meier. On y trouve diverses techniques de tramé. De haut en bas : tramé multidirectionnel, tramé en pointillé, tramé directionnel uniforme.

REGISTRES DE TONALITÉ

Il existe deux grands registres de tonalité : la tonalité uniforme, qui présente le même ton quelle que soit l'extension de la zone tramée, et la tonalité dégradée, qui reproduit une échelle tonale entière sur une zone déterminée.
La tonalité uniforme exige une grande pratique. Le tramage, réalisé avec un outil graphique au tracé fin, est constitué de traits très rapprochés et très réguliers. Lorsque les surfaces à couvrir sont importantes, l'exercice se révèle particulièrement laborieux.
La technique de la tonalité dégradée est plus complexe. Il s'agit de juxtaposer des zones de tons variés sur la totalité de la surface que l'on souhaite tramer, comme si l'on y représentait des courbes de niveau. On réalise des valeurs de gris intermédiaires pour ménager des transitions d'une zone à l'autre, en éclaircissant une valeur tonale plus sombre à l'origine, ou bien en en obscurcissant une plus claire.

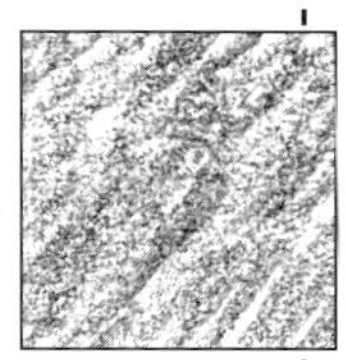

On recommande l'emploi de la technique du tracé hétérogène pour sa souplesse et sa rapidité d'exécution. Elle présente toutefois l'inconvénient de ne pas permettre une définition précise des contours. On y remédiera en cernant ces derniers ou en les mettant en évidence par un léger pointillé.

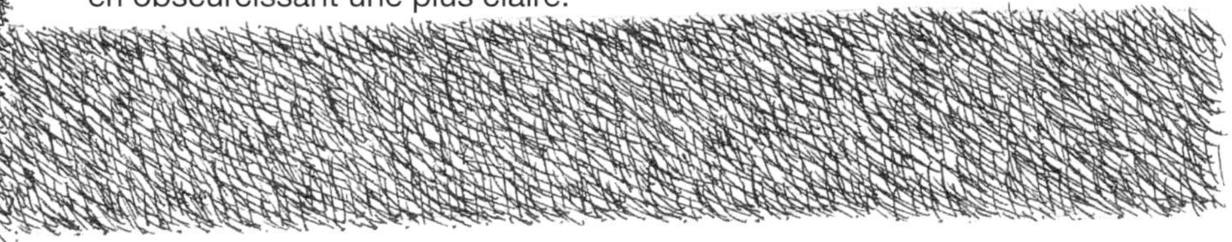

De haut en bas : dégradé réalisé à la plume. De gauche à droite : registre tonal uniforme réalisé avec la même plume.

Ébauche, à l'encre, du projet (non réalisé) du Danteum (Rome, Italie), conçu par Giuseppe Terragni. L'espace est entièrement défini par des trames de registre uniforme ou des dégradés.

la Texture, une application spécifique du tramé

Les textures correspondent à une application du tramé utilisée pour expliquer graphiquement la nature et les qualités de surface d'un matériau. La perception de la texture d'un matériau dépend en bonne partie de la distance à laquelle on observe ce dernier. Selon le champ que l'on se donne, on distingue les représentations à caractère descriptif (cas des croquis d'avant-projet et dessins d'observation) de celles qui demeurent plus abstraites (cas des croquis de relevé).

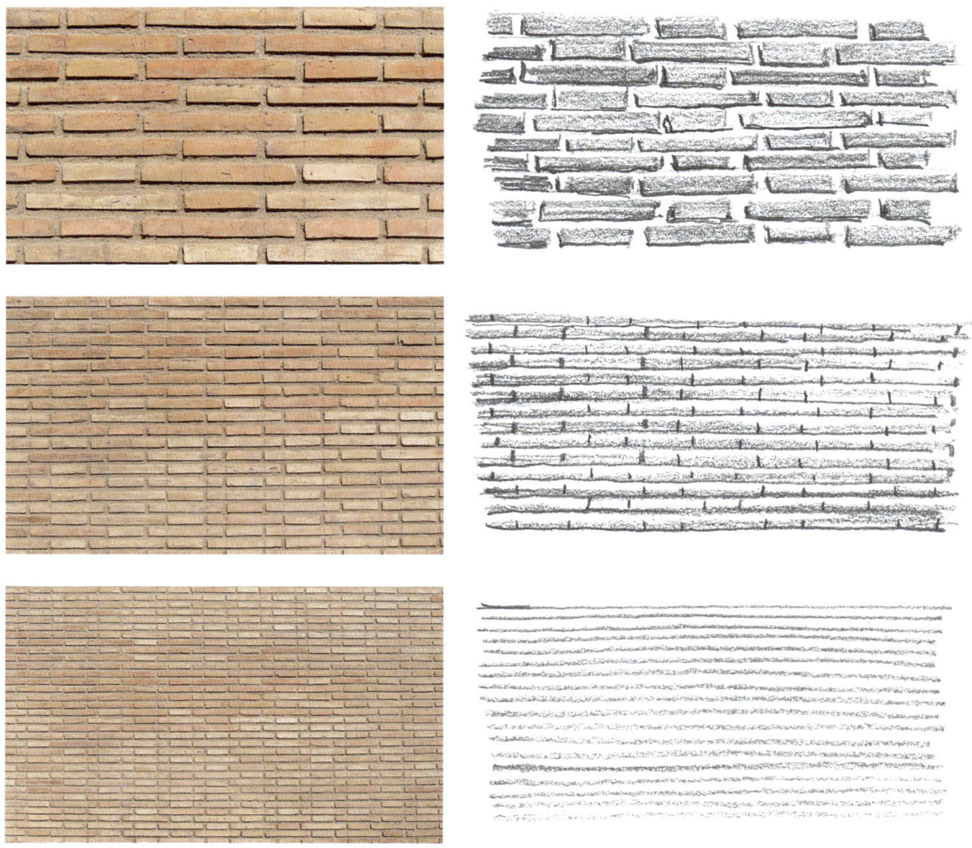

Trois photos d'un même mur de brique, à des distances diverses (à gauche) et leur traduction graphique selon différentes échelles (à droite).

REPRÉSENTATIONS SYMBOLIQUES

Dans un croquis, on ne décrit pas les valeurs tonales de la texture d'un matériau, mais on représente cette texture en décrivant sa structure d'une manière symbolique et simplifiée, en fonction de l'échelle du dessin. Plus la distance d'observation est grande (ce qui implique une échelle de plus en plus petite et de moins en moins de détails dans le dessin), et plus la représentation devient schématique. Le dessin technique de bâtiment, et certaines disciplines scientifiques et techniques, utilisent un système de conventions très rigide pour représenter les matériaux. Le dessin à main levée ne tient pas compte de ces symboles.

Les représentations de texture ci-dessous sont très fréquentes et peuvent donc servir de références. Attention, les registres graphiques auxquels on a recours pour traduire les textures doivent être de simples compléments des lignes qui définissent les éléments architectoniques. Ils ne peuvent occuper qu'une place hiérarchique mineure.

Exemples de représentation de divers matériaux et éléments.

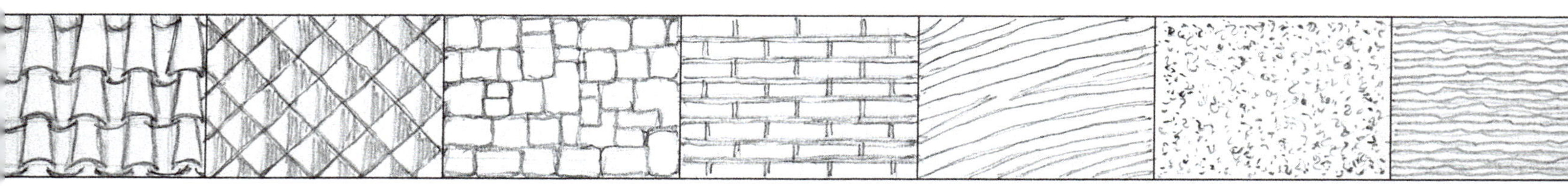

Tuiles | Carreaux de céramique | Pierres appareillées | Briques appareillées | Bois | Gazon | Eau

TRAMES ET PERSPECTIVE

Dans les dessins en perspective, la simplification des trames en fonction de la distance est réalisée de manière continue et progressive. On passe des premiers plans, qui sont très descriptifs et détaillés, à d'autres plus distants où l'on suggère à peine la texture des matériaux.

L'expression de la profondeur ou du degré d'éloignement des parements repose sur la technique de simplification du dessin des textures : lorsque le dessin associe des trames d'ombre à des trames de texture, on recommande l'emploi de registres et de procédés graphiques indépendants pour chacun des tramés.

Dans les dessins ici reproduits, on a utilisé la texture des matériaux pour représenter un espace : observez comment on y traduit à la fois l'aspect du bâtiment et la profondeur.

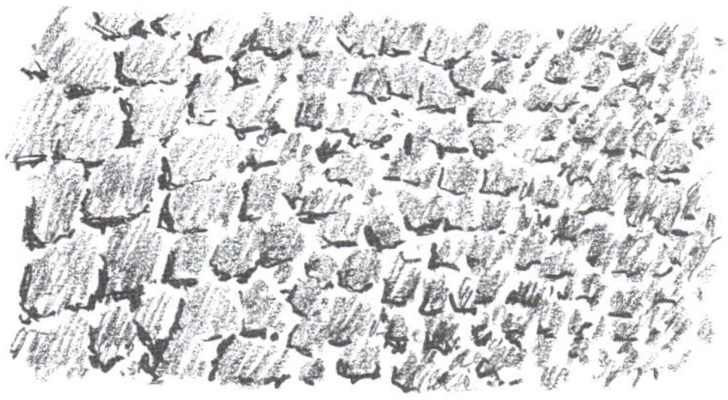

Vue en perspective d'un mur de pierre et sa représentation au crayon.

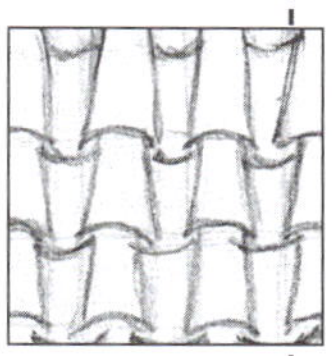

Pour vous exercer, vous pouvez reproduire les exemples de textures proposés, au bas de la page selon diverses échelles de représentation.

Dessin à vue, au crayon, de la villa Noves, Elsa Peretti Foundation FP, à Sant Martí Vell (Espagne). La texture de la pierre constitue un élément indispensable à la description de cette construction.

Ébauche, à l'encre, par Arne Jacobsen. Le rendu, au moyen de lignes continues, de la structure de la maçonnerie de brique donne une impression de profondeur.

Les ombres ont une forte incidence sur la perception de la réalité et sur la compréhension d'une représentation. On distingue l'ombre d'un objet, composée de toutes les ombres qui traduisent son volume, et l'ombre portée, qui exprime l'interrelation entre l'objet et son entourage immédiat. On reproduit ces ombres, ainsi que les zones éclairées ou brillantes, au moyen de taches tonales, ou d'un tramé.

l'Ombre et la perception de la lumière

SCHÉMA LUMINIQUE SIMPLE

Toute scène que nous percevons présente conjointement plusieurs objets éclairés, ainsi que leurs ombres, qui forment ce qu'on appelle un schéma luminique. Celui-ci se compose des sources de lumière, du ton des matériaux qui délimitent les objets, des ombres propres de ces derniers et des ombres qu'ils projettent eux-mêmes sur les autres objets.

SOURCES DE LUMIÈRE

Les sources de lumière sont classées selon leur forme et leur intensité : lumière d'ambiance ou générique, ponctuelle ou de champ étendu, orientée ou non, omnidirectionnelle, directe ou diffuse. La première source de lumière qu'il faut connaître est le Soleil. Le Soleil émet des rayons de lumière parallèles, dont la direction par rapport à la scène observée, ou « angle solaire », est variable. Celle-ci dépend de l'orientation du Soleil par rapport au Nord et de l'angle qu'il forme avec l'horizon.

Dessin à vue, au fusain, d'un espace intérieur de l'École technique supérieure d'architecture de Barcelone (ETSAB), par Josep Antoni Coderch. La technique du fusain facilite le rendu des effets d'ombre et de lumière.

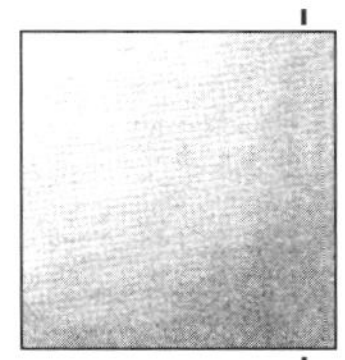

Dans le dessin d'architecture, on utilise soit l'ombre uniforme, soit l'ombre dégradée, selon qu'il s'agit d'une représentation plus ou moins picturale, et selon l'outil que l'on emploie.

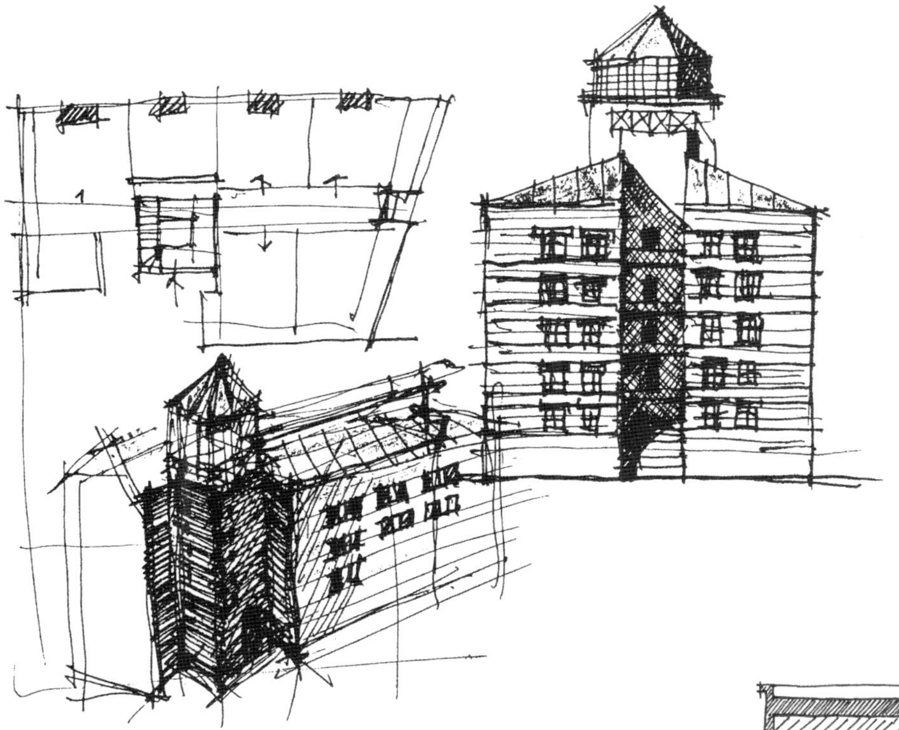

Ébauche, à l'encre, par Aldo Rossi : plan, élévation et axonométrie. L'ombre est obtenue par des trames linéaires.

Dans le croquis de relevé, la lumière solaire ne doit pas générer d'ombres très saturées ou noires qui viendraient occulter les aspects de surface. Elle ne doit pas non plus perdre de son intensité avec la distance.

Il n'en est pas de même pour les ébauches et pour les dessins à vue. Le Soleil y devient une source de lumière plus réaliste, moins uniforme, présentant des ombres dégradées en fonction de la distance, se diffusant selon la nature des parements sur lesquels ces ombres se projettent.

Les foyers de lumière ponctuels sont généralement de superficie réduite. Leur lumière, omnidirectionnelle ou dirigée, se diffuse sur toute l'étendue de l'espace représenté. La lumière omnidirectionnelle éclaire dans toutes les directions, à la façon d'une ampoule électrique. Lorsqu'elle est dirigée au moyen de panneaux déflecteurs ou d'optiques, la lumière est concentrée en un faisceau directionnel. Lorsque la source de lumière occupe une superficie importante, comme dans le cas de tubes fluorescents ou d'une fenêtre, on l'appelle source de lumière étendue ; sa qualité lumineuse est plus uniforme.

Croquis à l'encre.

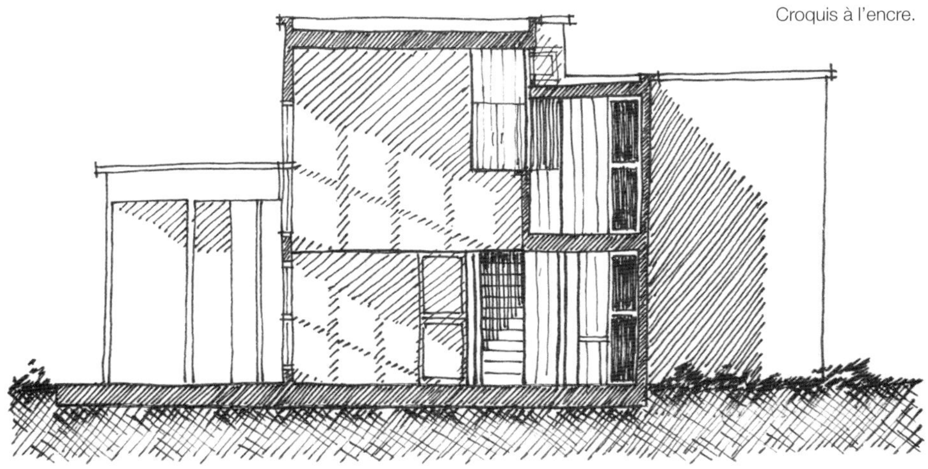

Coupes ombrées, projet de la villa Hoffman (East Hampton, New York, États-Unis), par Richard Meier. La lumière extérieure est représentée, dans ces deux dessins, au moyen de différents réseaux de hachures.

Croquis au crayon.

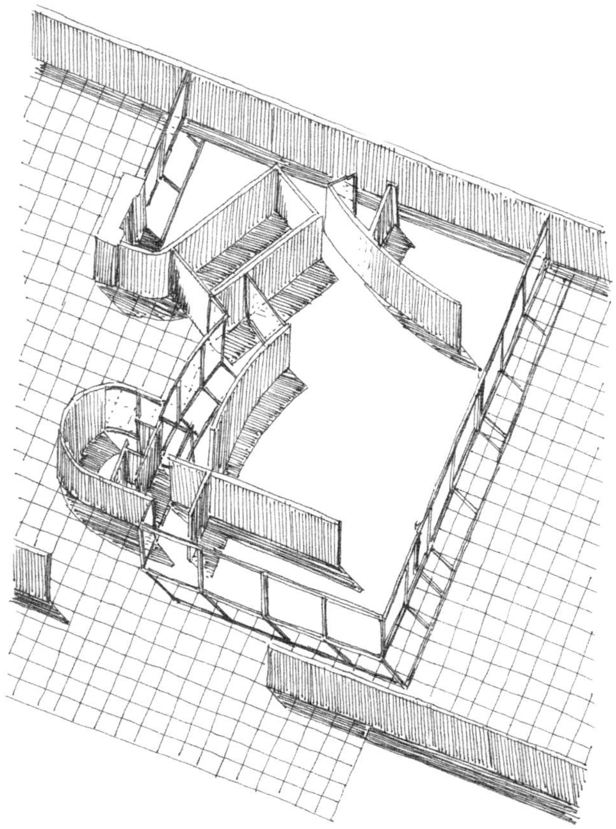

L'OMBRE PROPRE

L'ombre propre est l'ombre produite sur la zone non exposée à la lumière d'un objet ou d'une surface. La limite entre la lumière et l'ombre est définie sur l'objet par une arête ou contour. Elle correspond au point d'intersection des rayons du Soleil avec la surface de l'objet. Cette ombre est un élément primordial de perception des objets et des espaces : son absence aplatit les formes en supprimant l'effet de profondeur. Du point de vue de sa représentation, l'ombre propre est une sorte de voile d'un ton plus sombre que celui du matériau, qui se superpose à ce dernier et, le cas échéant, au ton qui représente sa texture.

L'OMBRE PORTÉE

L'ombre portée d'un objet ou d'un volume est la projection d'une zone soustraite aux rayons lumineux soit sur un autre objet ou volume situé dans son environnement immédiat, soit tout simplement au sol. Ce type d'ombre met toutes les formes en relation avec leur entourage immédiat. Sa représentation est le contrepoint qui définit la zone d'obscurité maximale. L'ombre portée d'un parement sur un autre parement réalisé dans un même matériau sera plus sombre que son ombre propre.

Ébauche, à l'encre, du projet (non réalisé) de la villa Patio, par Mies van der Rohe. Les ombres propres et portées aident à la lecture de la volumétrie.

Dessin à vue, au crayon, de la villa Petita, Elsa Peretti Foundation FP, à Sant Martí Vell (Espagne). La scène est définie par les ombres propres des édifices ainsi que par l'ombre portée de ces derniers sur le sol au premier plan.

INTERRELATION ENTRE LES OBJETS

L'interrelation entre les objets complique le schéma lumineux initial : la capacité de la surface de tous les éléments de la scène représentée à réfléchir la lumière convertit ces derniers en de multiples sources lumineuses, qui transmettent en partie leur ton aux objets qui leur sont les plus proches. Il est facile d'imaginer que, dans un espace totalement recouvert de miroirs, il n'y aurait pas d'ombres.

SCINTILLEMENTS, ÉCLATS, OMBRES ET PÉNOMBRES

Lorsqu'on représente un espace en introduisant des ombres, il faut, comme pour les trames, ordonner celles-ci selon une échelle tonale, comprenant différentes valeurs de gris.
Le ton des divers plans observés varie en fonction de l'intensité des sources de lumière et de leur orientation. Pour les représenter, on leur attribue différentes valeurs selon qu'ils sont plus ou moins exposés à la lumière. On différencie également les tons des ombres portées de ceux des ombres propres.
Les éclats et les ombres les plus intenses occupent les deux extrêmes de la gamme tonale achromatique. Au-delà de ces valeurs se situent, du côté de la lumière, les scintillements, et du côté de l'ombre, l'obscurité totale. Il convient d'éviter de représenter ces valeurs extrêmes, dans la mesure où le dessin est incapable de les reproduire.

Ébauche, au crayon de graphite, d'une vue intérieure de la villa Shamberg (Chappaque, New York, États-Unis) conçue par Richard Meier, à l'état projeté. On lit l'intention de transcrire, par-delà les ombres, les éclats (correspondant ici au ton du papier) et les scintillements.

l'Ambiance
et l'environnement

Dessin à vue, au fusain, par Mies van der Rohe.

L'ambiance, ou l'incorporation de personnages, véhicules et végétation dans une scène, est utilisée dans le dessin d'architecture pour illustrer l'utilisation des différents espaces, insister sur l'échelle humaine ou sur l'intégration de l'ouvrage au sein de son environnement naturel ou artificiel. La formalisation de cette ambiance oscille entre une représentation symbolique et schématique, employée dans les croquis de relevé, que nous exposons ici, et une autre propre aux dessins d'avant-projet ou d'observation, plus picturale et expressive et exigeant une plus grande expérience du dessin.
Certaines formes de représentation simplifiée sont appliquées universellement. Le dessin d'architecture les utilise aussi, dans la mesure où les valeurs et les intentions propres au dessin et au modèle architecturaux ne se trouvent pas reléguées au second plan.

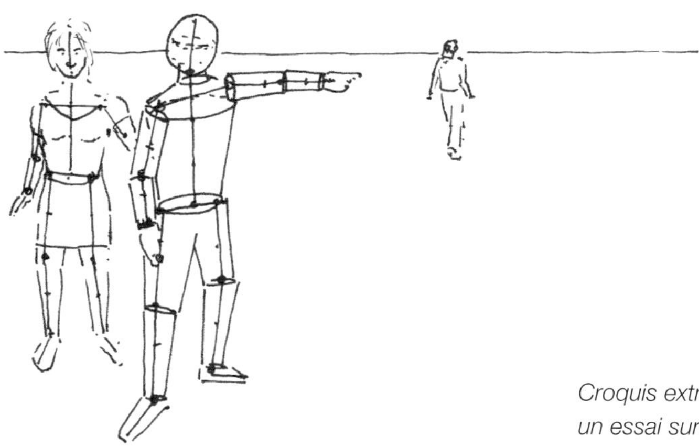

SILHOUETTES HUMAINES

On dessine d'abord le squelette, pour bien proportionner les différentes parties du corps et donner de la cohérence aux attitudes. Il est important de connaître les rapports métriques moyens existant entre chacune des parties du corps. On peut aussi se servir du canon des proportions du corps humain, établi à partir de la mesure de la tête.
Il définit pour un homme adulte un corps de 2 têtes de large et de 7 à 8 têtes de haut, de 3 têtes pour les bras, 2 pour les cuisses et 2 pour les jambes, le pubis se situant au milieu de la hauteur totale.

Canon des proportions du corps humain.

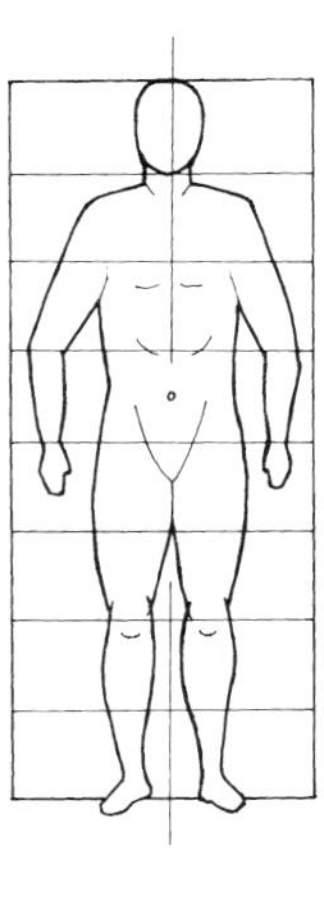

Croquis extrait du Modulor *de Le Corbusier, un essai sur un nouveau système de mesure à l'échelle humaine.*

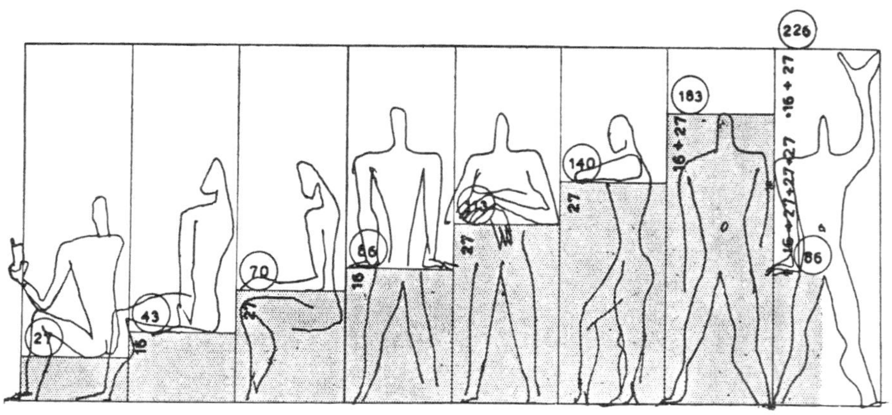

Un bon exercice consiste à copier des personnages dans des revues. On les choisit représentés selon divers points de vue, plus ou moins élevés, en étudiant leurs différences de format et d'aspect.

Une fois établi ce squelette statique, on l'articule et on lui donne une attitude. On trace ensuite les lignes enveloppantes des diverses parties du corps, en définissant des surfaces cylindriques ou sphériques que l'on recouvrira par des vêtements.
La représentation de groupes de personnages doit être plus symbolique que réaliste, car l'échelle à laquelle on travaille ne permet pas beaucoup de détails. Sauf pour des dessins d'ambiance en milieu urbain, on utilise d'ordinaire des figures stylisées ou floues dans une attitude bien définie, pour ne pas gêner la lecture immédiate de la forme architectonique.
Dans les avant-projets et les dessins d'observation en perspective, si le sol est horizontal, les yeux de tous les personnages de la scène dessinée doivent coïncider avec ceux du dessinateur sur la ligne d'horizon, et ces figures doivent être d'autant moins grandes qu'elles sont éloignées.

Exemples de personnages représentés dans des positions et à des échelles différentes, par Carlos Conesa.

Dessin d'observation, au crayon, par Carlos Conesa, représentant le Musée aérospatial de Californie (Los Angeles, États-Unis) conçu par Frank Gerhy. La figure humaine est toujours une indication d'échelle en architecture.

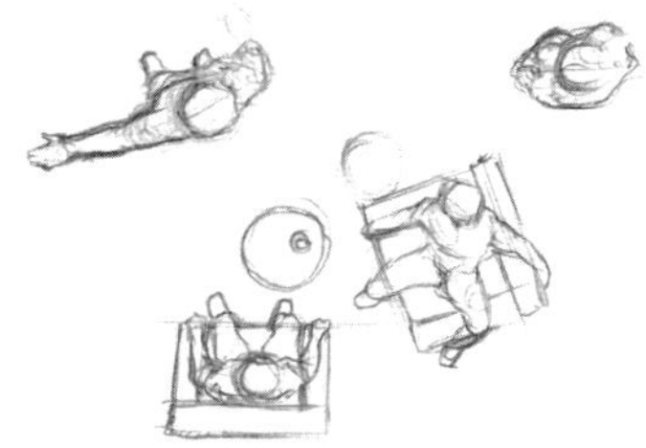

VÉGÉTATION

Selon la représentation, son niveau d'abstraction ou le type de projection, on commence par dessiner la structure de l'élément végétal, son tronc et ses branches, puis la ligne de contour du volume, enfin son feuillage ou sa masse, ainsi que la texture de ses feuilles. Comme il existe une grande variété d'arbres et d'arbustes, on apprendra tout d'abord à dessiner quelques types de base, de structure radiale ou irrégulière, de contour circulaire, pyramidal ou conique, à silhouette élancée ou trapue, au feuillage dense ou épanoui, avec une texture des feuilles appréciable ou pas.

Il faut toujours garder à l'esprit que les formes organiques croissent depuis le sol vers le haut, ce qui induit quelques règles de représentation. Ainsi les branches les plus basses, qui sont plus proches du tronc, sont aussi les plus grosses.

Enfin, lorsqu'un arbre n'est pas isolé, ou qu'il forme un groupe, comme les arbustes ou les haies, sa représentation doit être simplifiée, surtout dans le cas où les arbres et arbustes occupent le fond de la composition.

Normalement, on utilise pour les croquis de relevé et d'avant-projet des formes très simplifiées et l'on introduit la texture des feuilles avec prudence. Pour des dessins d'observation, on joue sur plusieurs registres, afin de renforcer le sentiment de la distance donné par la perspective conique par des formes détaillées (plus ou moins en fonction de la distance où elles sont situées).

On recommande de commencer par dessiner les types les plus communs d'une zone géographique donnée, en prenant pour modèles des sujets isolés. Il faut d'abord étudier les feuilles qui, par leur forme, suggèrent la texture dominante, puis dessiner les branches et enfin l'arbre complet. On essayera ensuite de représenter des groupes d'arbres, en augmentant la distance d'observation.

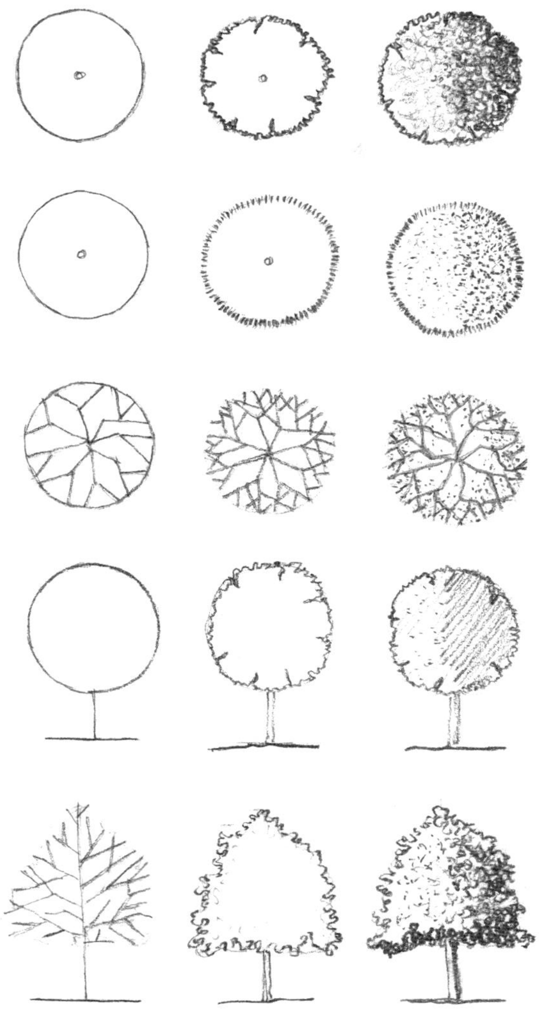

Différentes façons de représenter au crayon des éléments végétaux, en plan et en élévation.

Autres types de représentation d'éléments végétaux.

À partir de figures géométriques, principalement des cercles et des triangles, appliquez les principes ici exposés de manière à définir votre propre système de représentation de la végétation, car aucun code particulier n'est imposé dans ce domaine.

Ébauche, au crayon noir, d'un paysage rural de Sant Martí Vell (Espagne). La masse végétale est traitée au moyen de trames.

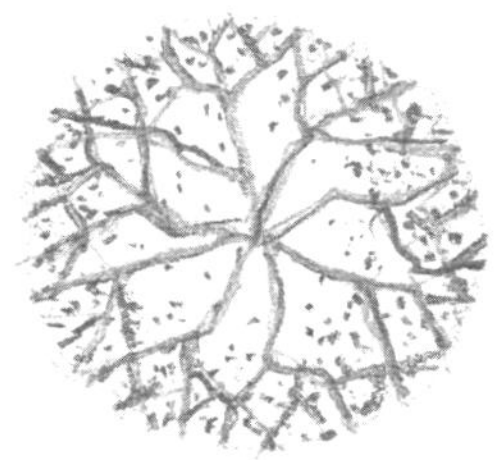

Dessin d'observation d'un olivier, à la plume. De la feuille au dessin d'ensemble.

MOBILIER ET VÉHICULES

Avec le mobilier, nous décrivons de manière symbolique l'utilisation des espaces et leurs dimensions. Il est important d'établir leur ligne de contour en évitant un excès de détail ou un emplacement inadéquat susceptibles d'étouffer les lignes qui définissent la forme architectonique. Cette ligne de contour pourra ensuite être plus ou moins détaillée selon l'échelle du dessin.
La représentation de véhicules a une fonction identique à celle du mobilier. On procède pour ceux-ci de la même façon, depuis la mise en place générale jusqu'au détail, en évitant que le réalisme de leur représentation nous distraie ou n'occulte la qualité de l'édifice ou de l'espace représenté.

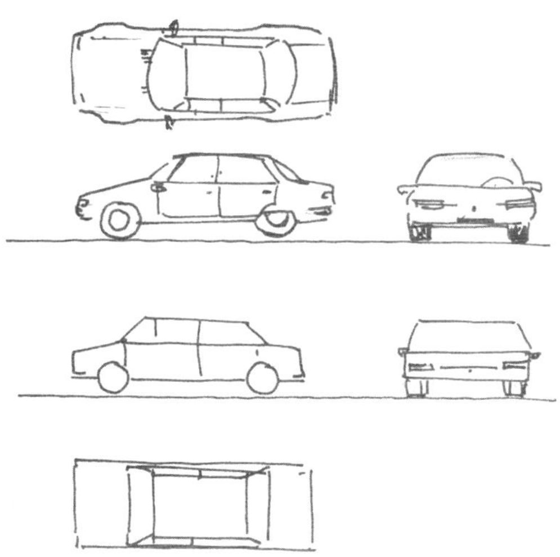

Véhicules et éléments de mobilier urbain, ici des réverbères, représentés de diverses manières.

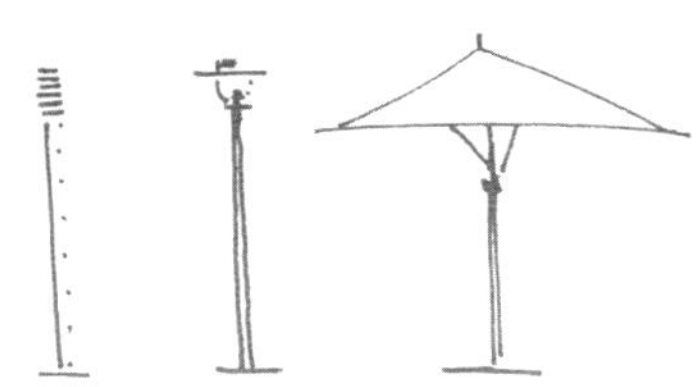

le Registre graphique de l'écrit

Comme on l'a vu, le dessin d'architecture est une représentation proportionnelle, sous différentes versions, d'une réalité ou d'un projet, dont elle décrit les qualités formelles. Lorsque le dessin constitue une représentation intermédiaire, qu'il est la base à partir de laquelle on élabore d'autres dessins ou idées, tel un croquis ou une ébauche de conception, il est nécessaire de définir de la façon la plus précise ce qui est représenté, en lien avec la réalité ou le projet. Ces précisions demandent d'autres outils que le dessin. Il ne peut en être autrement : étant par nature abstrait, ce dernier est limité dans ses capacités à décrire les qualités métriques et matérielles d'une forme. On usera donc de cotes, d'annotations, de titres et de symboles. Dans le cas des dessins à vue, leur plus grand réalisme permet de limiter le registre écrit aux titres et annotations brèves.

Croquis au crayon représentant un plan d'une maison individuelle conçue par Eduardo Souto de Moura (Maie, Portugal). Y figurent des cotes horizontales et différents symboles.

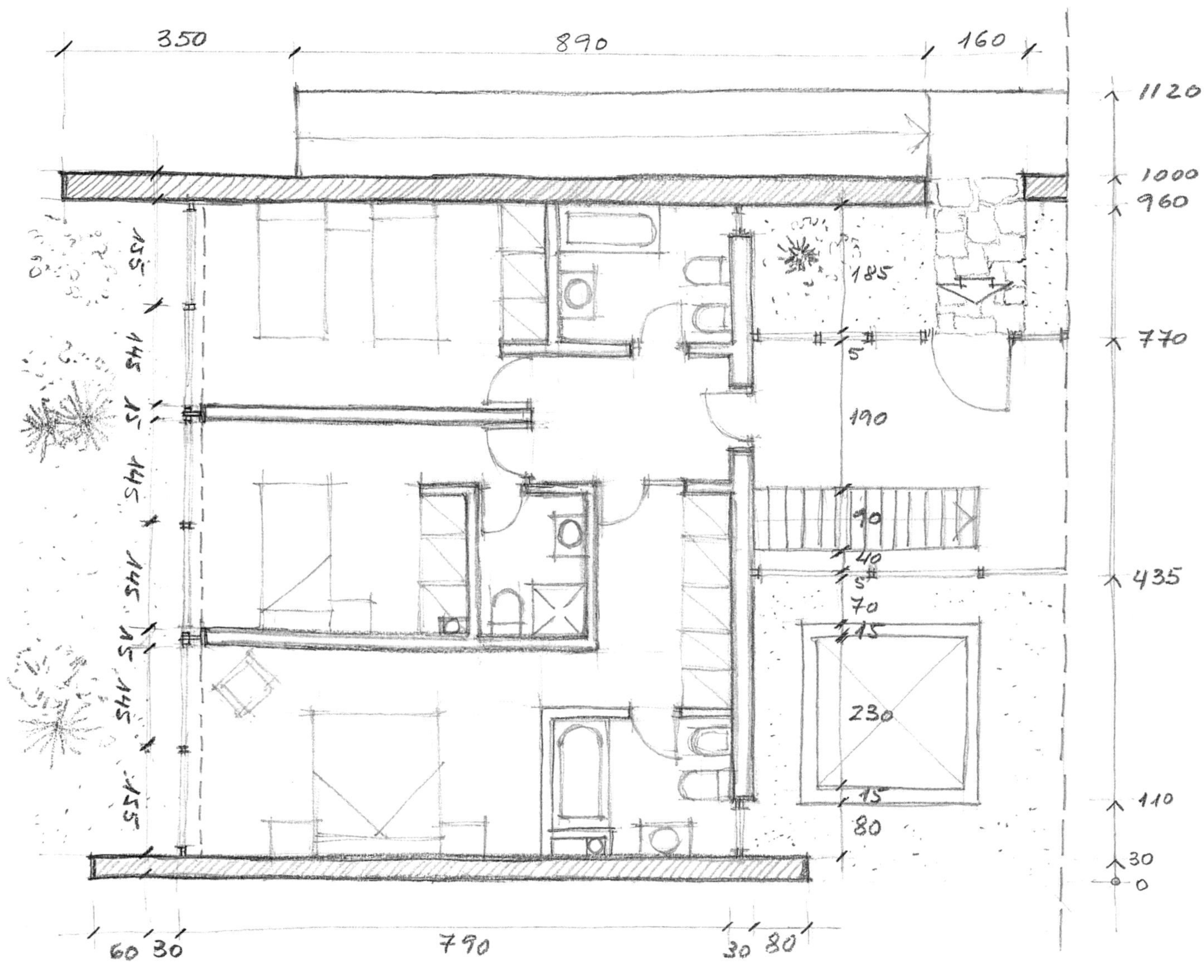

Croquis au crayon représentant une coupe de la maison individuelle conçue par Edouardo Souto de Moura. On y lit les cotes verticales.

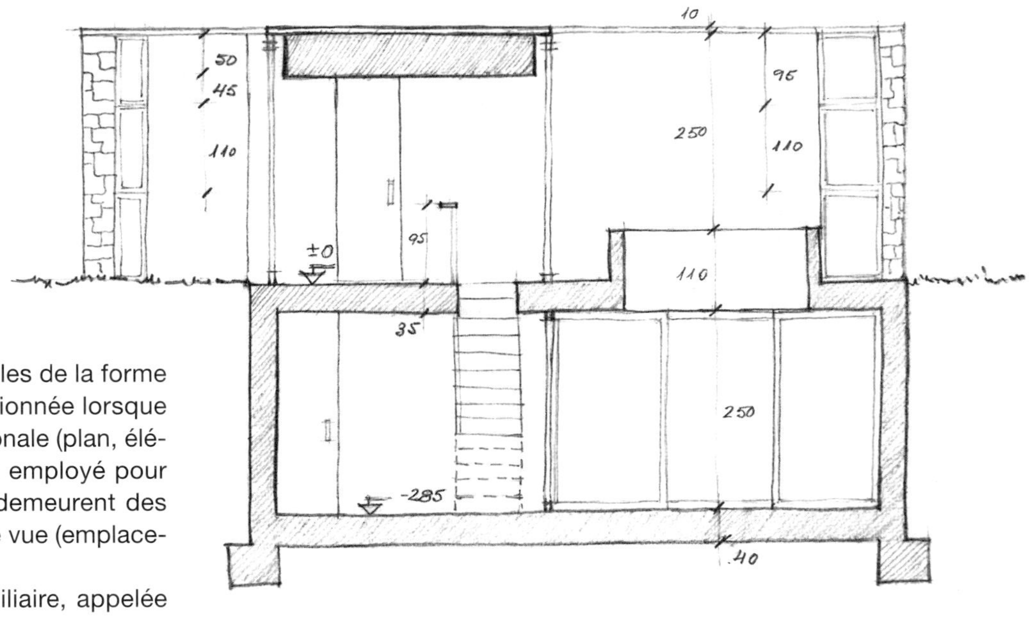

COTES

Les cotes expriment les dimensions réelles de la forme et s'ajoutent à la représentation proportionnée lorsque cette dernière est une projection orthogonale (plan, élévation ou coupe). Le registre graphique employé pour elles doit être choisi de sorte qu'elles demeurent des compléments du dessin à tous points de vue (emplacement, intensité, quantité).

Les cotes se placent sur une ligne auxiliaire, appelée ligne de cote, parallèle et de longueur équivalente au parement que l'on veut coter. Les extrémités sont mises en évidence par quelque trait ou symbole. Pour les formes curvilignes de rayon constant, la cote définit le rayon et l'angle décrit ; elle est placée à l'extérieur de la courbe représentée.

La cote générale définit la longueur totale d'une partie de la forme représentée. Des cotes partielles peuvent être ajoutées, sur une autre ligne de cote. Ce système de doubles cotes peut être remplacé par celui des cotes cumulées, par lesquelles est définie une extension complète au moyen de diverses cotes partielles qui se réfèrent à une même origine.

Quelle que soit la méthode employée, il faut veiller, si les relevés doivent servir à une tierce personne, à ce que les cotes ne donnent lieu à aucune indétermination métrique. Lorsqu'il s'agit d'illustrer l'ordonnancement général, ou différents modules d'un édifice, il est possible de coter de façon plus générique.

Exemples de symboles utilisés pour les éléments architectoniques les plus courants et pour les indications complémentaires.

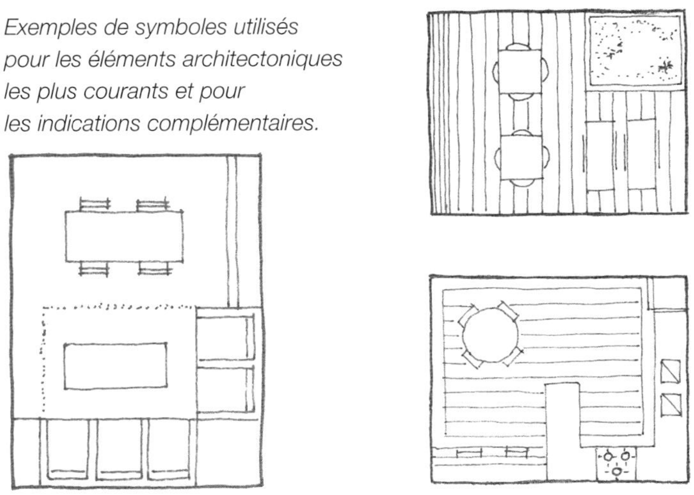

SYMBOLES GRAPHIQUES

On utilise des symboles pour indiquer la présence d'équipements techniques déterminés. Dans les croquis, ces éléments sont souvent représentés à une échelle différente, par exemple lorsque le format du croquis est petit.

Les symboles servent également à préciser les lieux d'accès, le sens de montée d'un escalier ou d'une rampe, le Nord, ou encore l'échelle graphique utilisée pour le dessin. L'emplacement et le format de ces indications doivent être en harmonie avec l'ensemble.

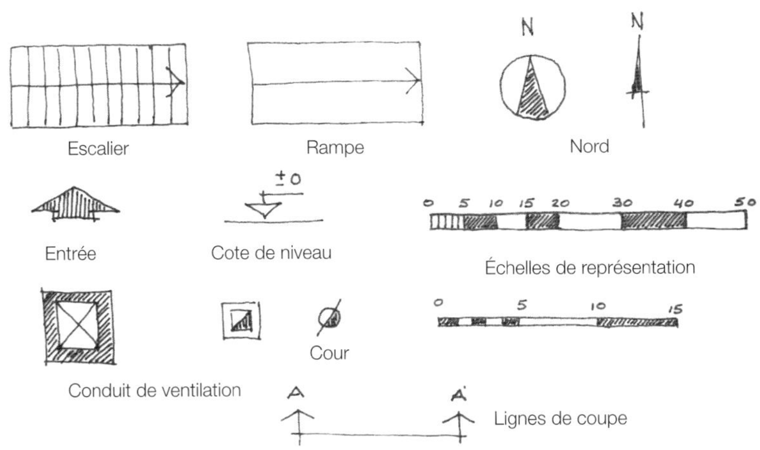

Extrait d'un catalogue de lettres romanes de l'école du Bauhaus.

Extrait du catalogue de lettres romanes de Tory.

Deux exemples montrant l'intérêt porté à la calligraphie, de la Renaissance au Bauhaus.

TEXTE

Les annotations décrivent par exemple les qualités des matériaux, ou précisent les instructions de montage. Elles énoncent aussi le type de projection choisie par le dessinateur. Les titres indiquent le genre du dessin, son auteur, le nom du modèle, la partie représentée. Ils se placent en marge du dessin de façon à ne pas créer de confusion.

Il faut concevoir ces textes comme des dessins, et non comme des écrits : l'ensemble texte/dessin doit former un tout cohérent. On doit donc les proportionner et les présenter dans un emplacement et un cadre déterminés. Leur valeur est définie en fonction de l'épaisseur du trait du dessin, plus ou moins augmentée ou réduite selon leur importance.

Utilisez une trame de lignes parallèles afin de mieux cadrer les textes. En effet, on contrôle peu le graphisme à main levée. Les lettres ne doivent pas avoir une hauteur exagérée.

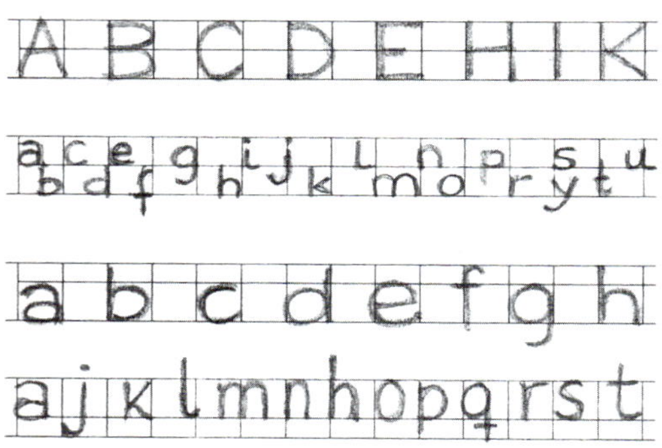

Pour dessiner ces textes, il faut d'abord tracer les lignes de pied et de tête des lettres, qui définissent leur hauteur ou corps, tant pour les capitales que pour les minuscules correspondantes, représentées en tête par une ligne intermédiaire. La position de cet axe intermédiaire varie : selon le caractère de la lettre, il est situé au-dessus ou au-dessous de la moitié de la hauteur totale de la capitale, ou correspond strictement à sa moitié.

Les lignes de mise en place verticales permettent de répartir les lettres dans l'espace réservé au texte. Il faut donc comptabiliser les espaces entre les lettres. L'espacement doit naturellement être régulier. On peut ainsi décider d'adopter un espacement proportionnel, les signes i, l, 1... et les marques de ponctuation occupant un espace horizontal plus réduit.

L'orientation d'une lettre, le rapport entre sa hauteur et sa largeur, ainsi que le rapport entre la hauteur de la minuscule et de la capitale, déterminent le style. Chaque dessinateur doit choisir celui qui lui convient le mieux et qui associe la commodité de l'écriture à la facilité de la lecture, sans étouffer (par des lettres trop hautes, par exemple) le dessin.

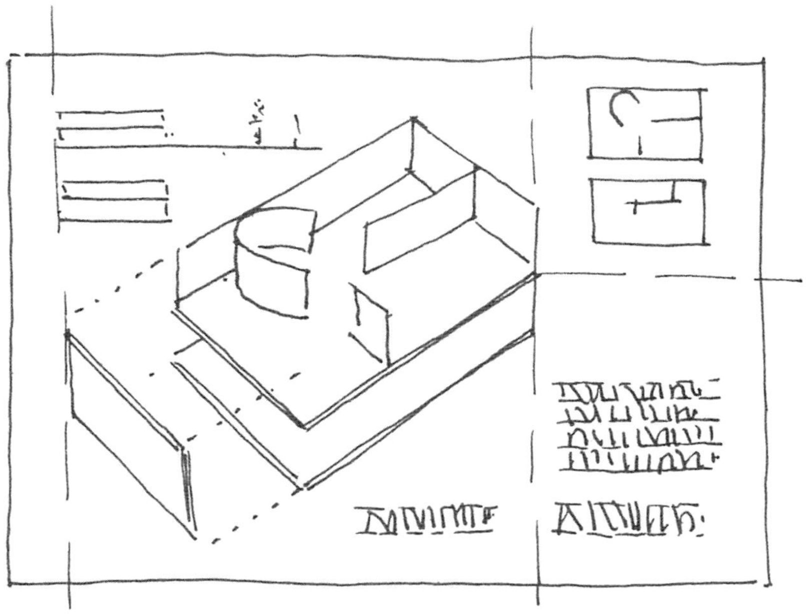

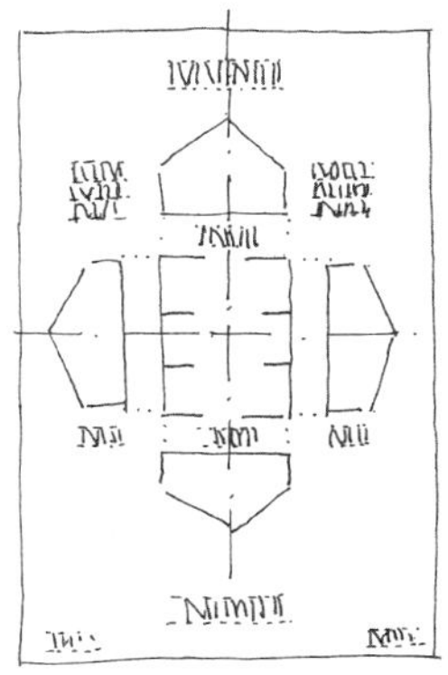

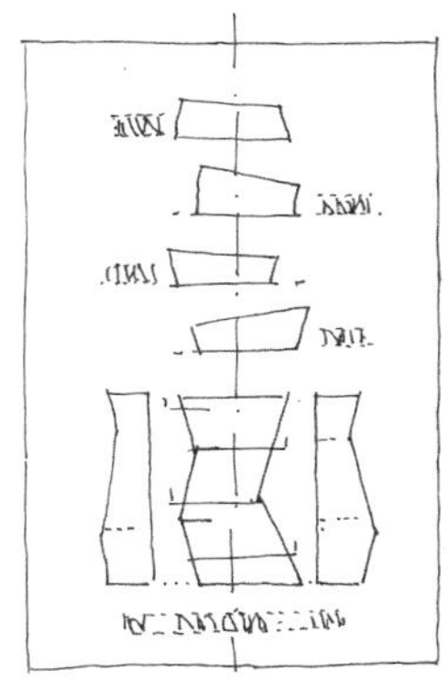

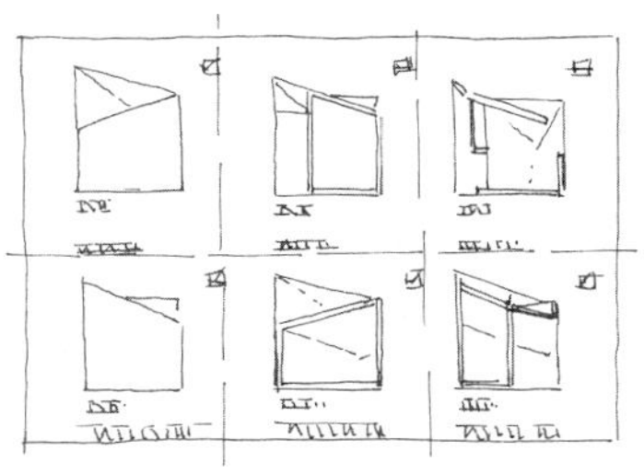

Différents exemples de dispositions des dessins et des textes concourant à l'équilibre visuel, à l'harmonie et à la lisibilité de l'ensemble.

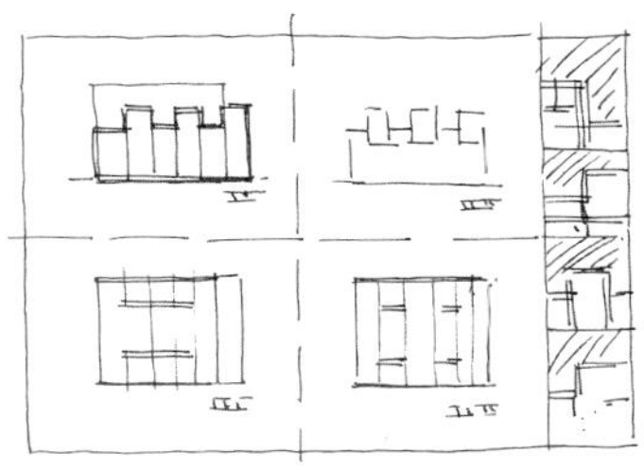

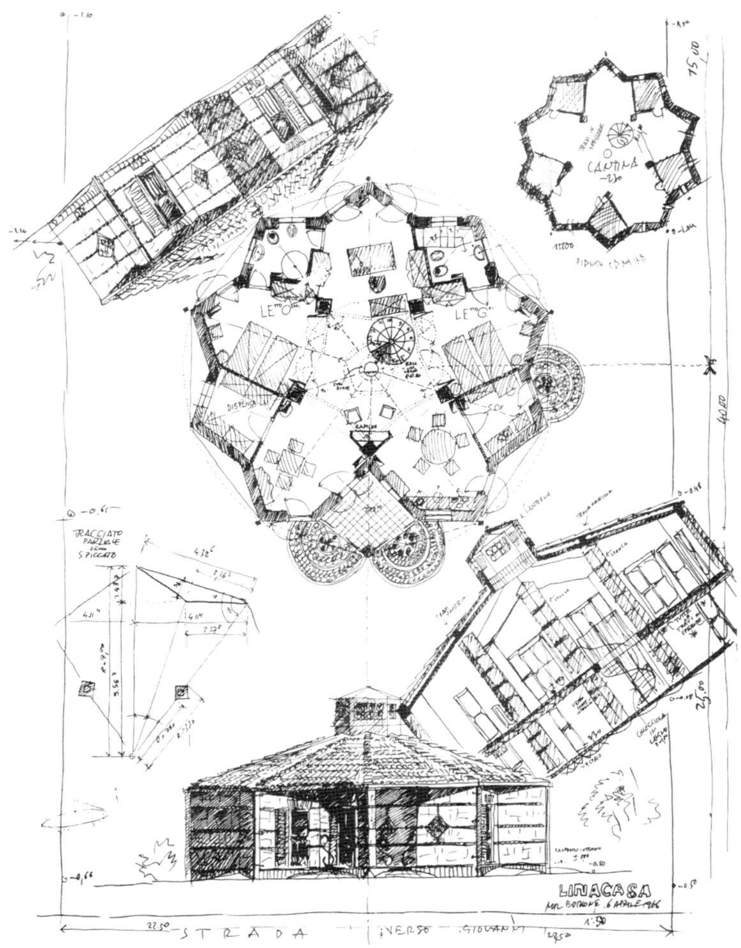

COMPOSITION

Lorsqu'il s'agit d'un croquis de relevé, le dessin dans son ensemble (sa représentation, les cotes, la composition du texte et les symboles) doit offrir une image visuelle correctement organisée sur le papier. Les textes et les symboles occuperont des espaces libres, proches des zones auxquelles ils font référence. Il en va de même pour les titres et les annotations, dans le cas des autres types de dessins. On peut disposer les titres de façon conventionnelle, en bas de page, ou bien encore adopter un critère de composition qui renforce celui de l'œuvre représentée, par exemple la symétrie, l'ordre ou au contraire la liberté de composition.

Croquis, à l'encre, par Mario Ridolfi. Ceci est un bon exemple de composition libre, en accord avec l'objet représenté.

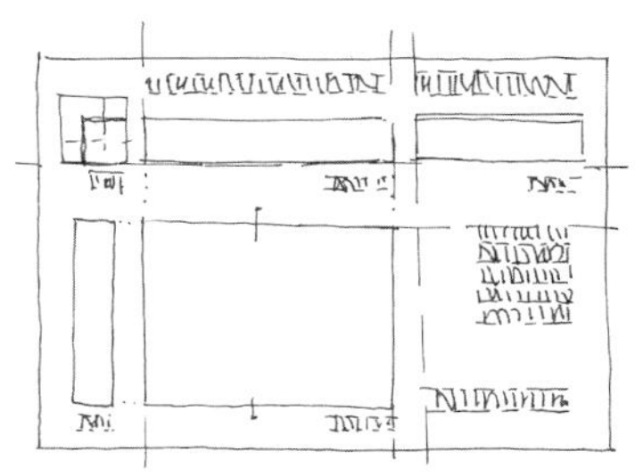

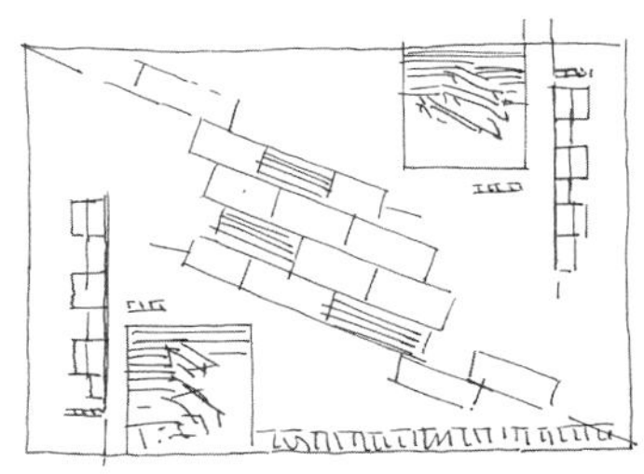

le Croquis, capter la géométrie et fixer la réalité

« TU TRACERAS UN AXE, TU INDIQUERAS UNE DISTANCE SUR CET AXE — TU TRACERAS DES PERPENDICULAIRES À L'AXE ET TU REPORTERAS D'AUTRES MESURES SUR CES LIGNES. »
Jérome Bruner, Action, pensée et langage, 2002.

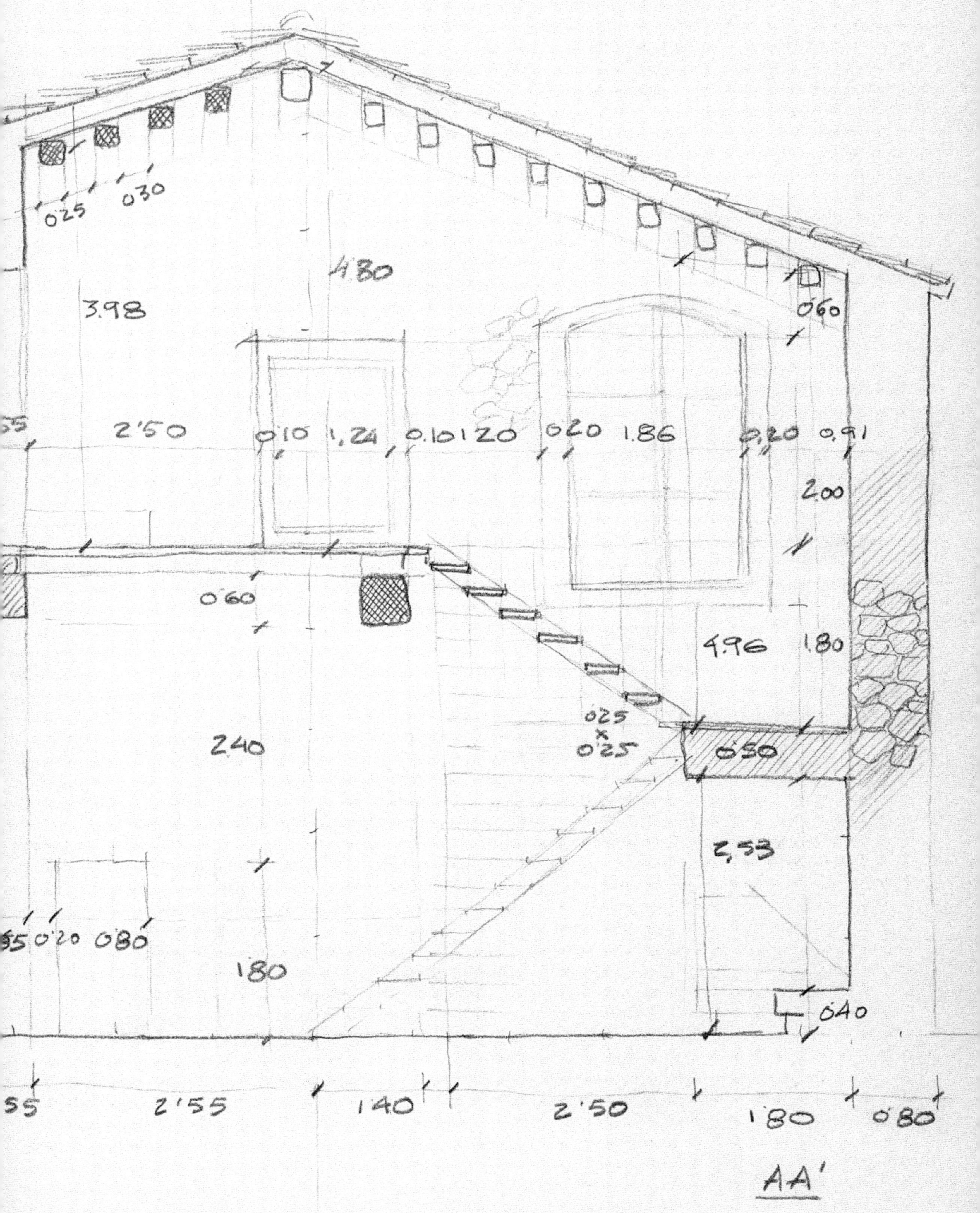

0'25
0'30
4.80
3.98
0'60
2'50
0'10
1,24
0.10
1.20
0'20
1.86
0,20
0,91
2.00
0'60
4.96
1.80
0'25 x 0'25
0'50
2'40
2,53
0'20
0'80
1'80
0'40
2'55
1'40
2'50
1'80
0'80
AA'

les Principes de base

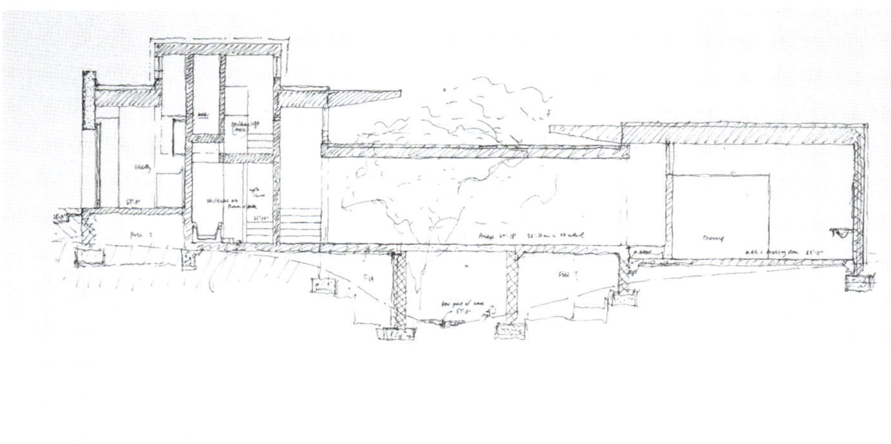

WILLIAMS TSIEN.
Vue en coupe d'une maison dans le désert de Phoenix (États-Unis).

du croquis

Le croquis réalisé à main levée est un dessin rapide mais d'une grande rigueur technique.

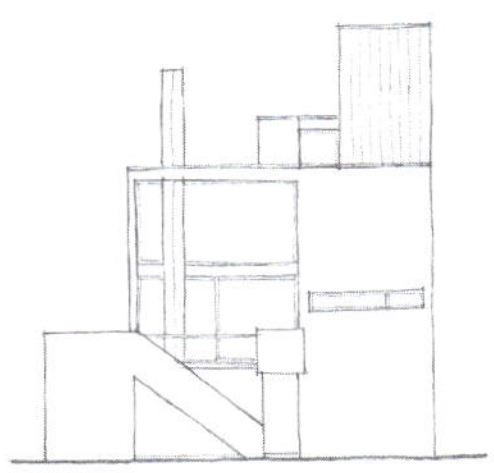

Le croquis à main levée est exécuté assez rapidement, à l'aide d'un outil répondant bien à la pression de la main et traduisant fidèlement son mouvement.
Il doit présenter une ou plusieurs caractéristiques essentielles du projet ou de la réalité architecturale que l'on souhaite décrire. Il inclut un certain nombre de données techniques, telles les mesures ou l'indication de la nature des matériaux, qui serviront à réaliser les plans à l'échelle.
C'est un dessin de plein air, mais qui utilise le registre du dessin technique, basé sur la valeur de la ligne et des trames, comprenant cotes, annotations diverses, et se présentant sous forme de plan, coupe, élévation, perspective…
Il faut être très rigoureux dans l'application des différentes méthodes de projection ainsi que dans la correspondance entre les diverses projections. Les cotes numériques doivent définir, sans la moindre équivoque, la géométrie du modèle.

la Projection orthogonale, conventions

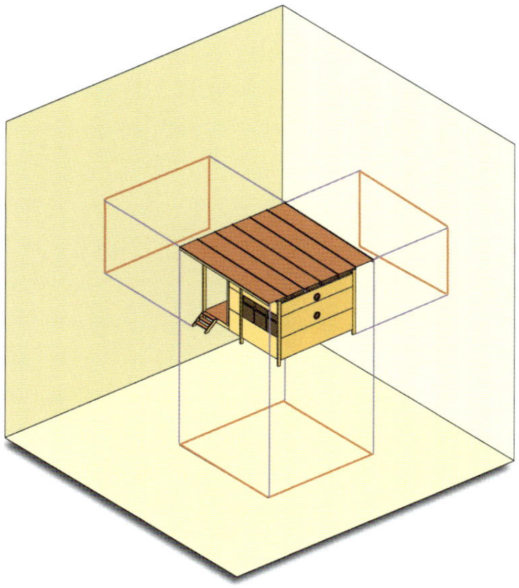

Schéma de projection orthogonale (à 90°) des points dans le système diédrique.

Tout élément d'architecture peut être dessiné en deux ou trois dimensions à l'aide de différents modes de représentation, appelés système diédrique, système axonométrique et système conique. Le système diédrique ou projection orthogonale se différencie des deux autres en ceci qu'il utilise diverses projections, ou points de vue simultanés, pour représenter des formes qu'il n'exprime pas de façon naturelle : il est nécessaire de lire tous les points de vue pour appréhender l'idée exacte du volume projeté. Les deux autres systèmes reposent sur l'unicité du point de vue, qui suffit à rendre l'apparence volumétrique de la forme. Dans le système axonométrique, les arêtes parallèles dans la réalité conservent leur parallélisme dans la projection alors que, dans le système conique, les droites (à l'exception des droites frontales, qui y conservent aussi leur parallélisme), convergent vers le point de fuite.

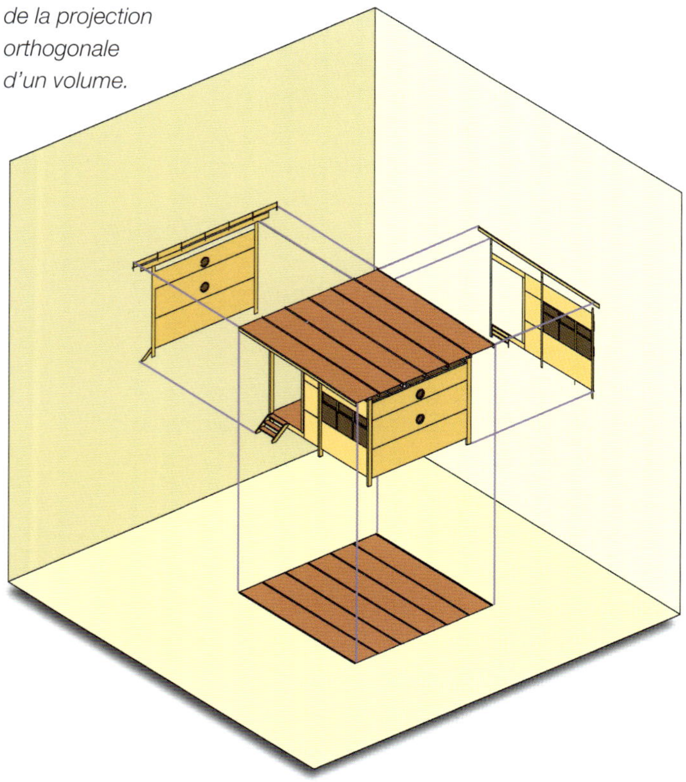

Vues résultant de la projection orthogonale d'un volume.

REPRÉSENTATION AU MOYEN DE VUES MULTIPLES

Le principe du système diédrique mis en application dans le dessin technique est que les projections des faces de l'objet à représenter ont pour origine l'infini, et se situent sur des plans perpendiculaires entre eux.

On projette ainsi les faces supérieure, principale, latérale droite, latérale gauche, inférieure, postérieure (selon le sens de leur projection), en donnant la préférence aux faces extérieures de la forme, sauf lorsqu'on projette une coupe d'une pièce.

On appelle élévations (ou façades) les vues frontales perpendiculaires entre elles, qu'elles soient principales ou latérales, ou, selon leur orientation, nord, sud, est ou ouest. Le plan de toiture (ou cinquième façade) représente la partie supérieure. L'ensemble des faces projetées définit l'apparence externe de la construction.

Toiture

Couverture / Projection verticale de la toiture de l'édifice.

Les quatre élévations ou façades obtenues par la projection horizontale du volume.

L'architecture crée des espaces. Pour les représenter, les coupes verticales et horizontales sont indispensables. Les verticales expliquent les relations visuelles entre les différents niveaux ainsi que la hauteur respective des divers espaces. Les horizontales décrivent les usages de ces derniers et la façon dont on y accède et circule.
La vue en coupe est la représentation d'une coupe verticale ou horizontale d'un édifice. Sa dénomination varie en fonction de son emplacement dans le volume. On parle ainsi de coupes transversales ou longitudinales. On réalise aussi des coupes sur certains éléments du volume revêtant un intérêt particulier. Le plan de coupe doit toujours être signalé par une indication dessinée sur le plan. Lorsque la forme générale est très symétrique, il est recommandé de réaliser les coupes suivant les axes de symétrie.
La vue en plan est la représentation, vue de dessus, d'une forme coupée horizontalement. Cette coupe sera réalisée pour chacun des différents niveaux qui composent le volume. Dans ces plans, le plan de coupe se trouve situé à 1,5 m du sol de chaque étage, afin que l'on puisse dessiner les portes, fenêtres, meubles… en les différenciant du plein des murs.

Étudiez attentivement l'ensemble des principes développés dans ces pages, en particulier les représentations résultant des différentes vues d'un même élément architectonique : elles constituent la base du mode de représentation diédrique.

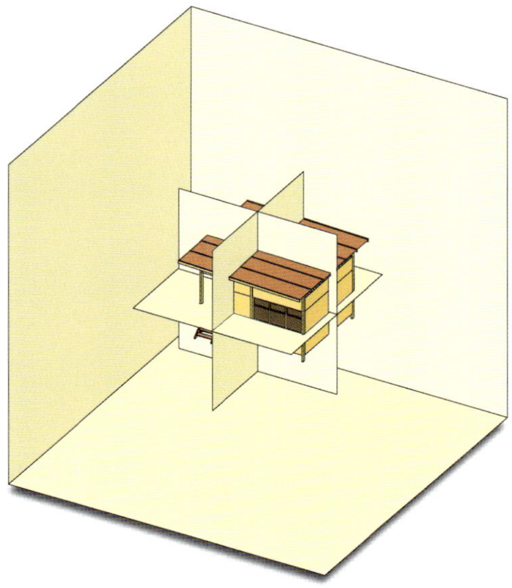

Pour représenter l'intérieur, on coupe le volume selon des plans déterminés.

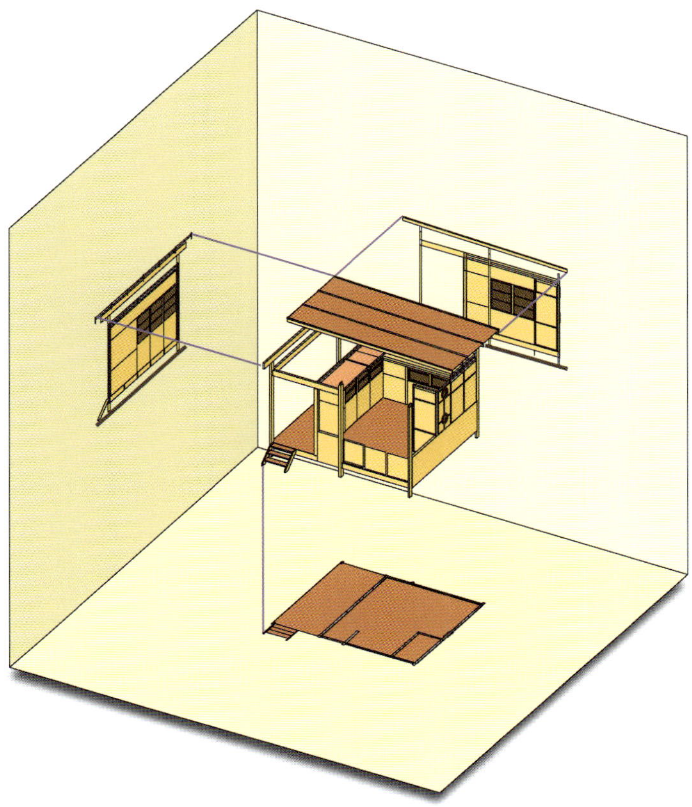

Projection orthogonale des plans de coupe intérieurs.

Plan

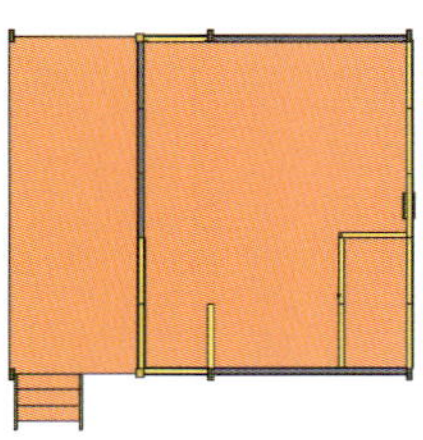

Le plan du volume est la projection verticale d'une coupe selon un plan horizontal.

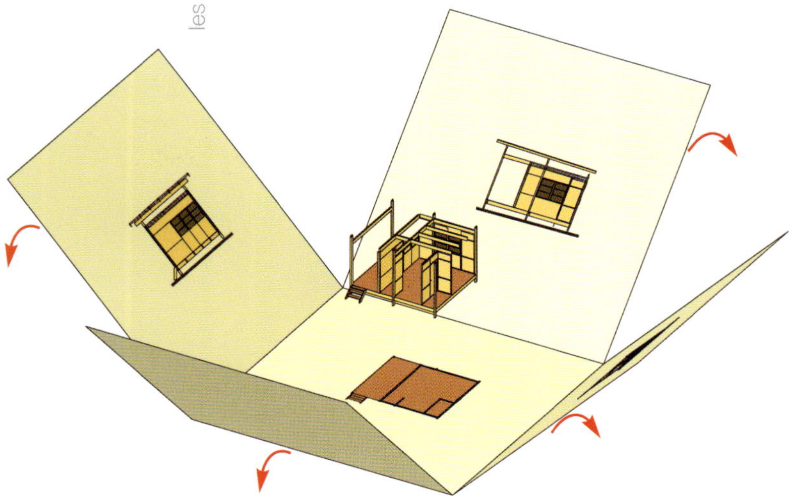

Disposition des vues obtenues en abattant les plans en forme de fleur.

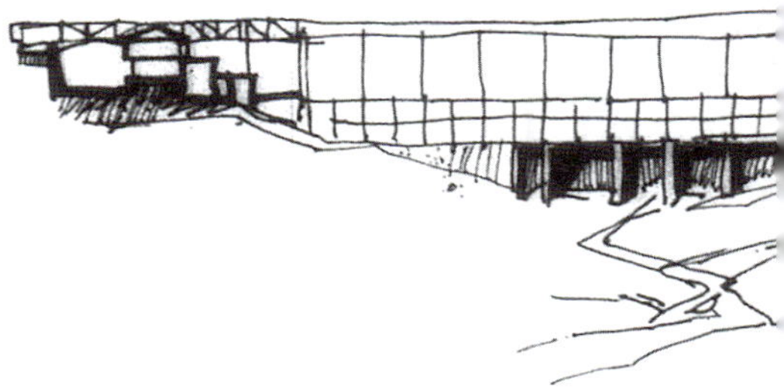

CONVENTIONS GRAPHIQUES

L'existence de conventions est justifiée par la nécessité de disposer d'un « langage graphique » intelligible par tous.

Par exemple, on admet selon l'une d'elles que l'ensemble des arêtes qui définissent les plans et les bords et sont directement visibles est dessiné au moyen de lignes continues, et que ce qui est en-deçà du plan de coupe, caché ou occulté, serait représenté au moyen de lignes discontinues.

Les lignes discontinues ne doivent être utilisées que pour décrire des parties qui demeurent cachées dans l'ensemble des représentations que l'on réalise, sinon l'excès de lignes rend la lecture confuse.

Disposition des vues obtenues en relevant les plans vers le plan de couverture.

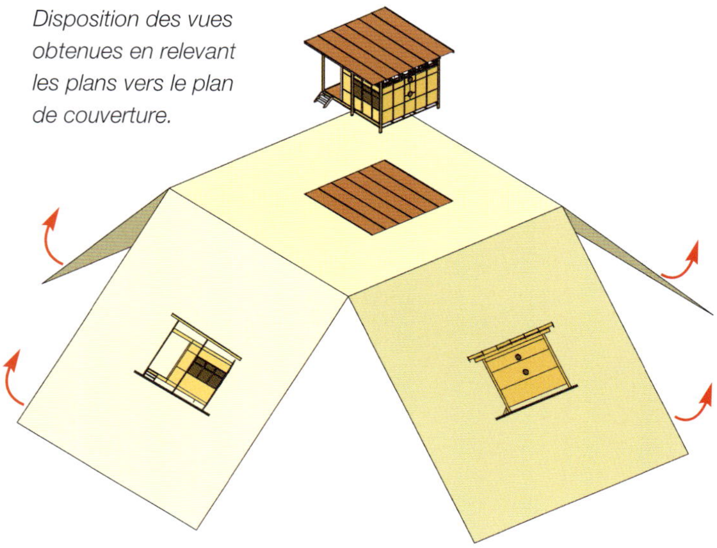

DISPOSITION DES VUES

Des principes très simples régissent les manières de disposer les différentes vues. On peut opter pour celui de la facilité du tracé : l'ordre résulte de la mise à plat, sur un même plan horizontal, celui du sol, des différentes projections, de la même façon que l'on aplanit les pétales d'une fleur autour de son cœur. Cette disposition a le défaut de présenter l'une des vues inversée, et l'on doit tourner la tête ou le papier pour la comprendre. L'inversion est impossible avec la seconde méthode, où l'on relève les faces latérales vers le plan du toit. Une des élévations est présentée tête-bêche, mais cela est moins gênant que l'inversion du cas précédent. La troisième méthode consiste à placer les vues l'une à côté de l'autre, comme si l'on déroulait une bande.

Lorsque l'ouvrage d'architecture que l'on souhaite représenter est très complexe, et tout particulièrement dans le cas de formes non perpendiculaires entre elles, on peut réaliser des vues auxiliaires ou des projections selon d'autres plans, qu'il faut alors obligatoirement définir avec clarté.

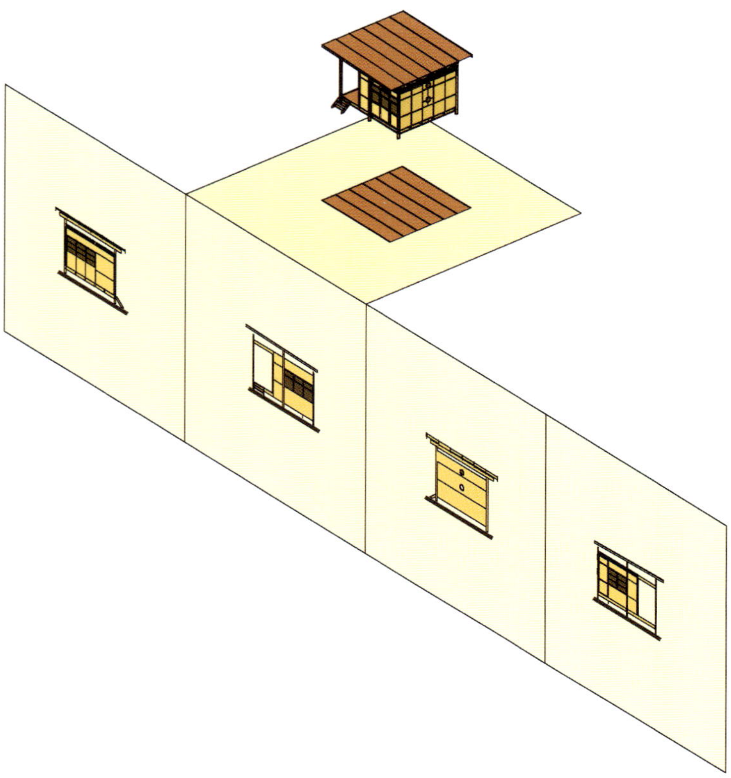

Projections placées à la suite les unes des autres.

REPRÉSENTATION DU TERRAIN

Une particularité du dessin d'architecture est que la ligne de niveau 0 du sol, axe des coordonnées horizontales du modèle spatial, correspond par principe au niveau du terrain sur lequel est implantée la construction. Ce dernier n'étant en réalité jamais horizontal, on utilise une simplification du système diédrique, appelée système de piquetage, pour en obtenir une représentation plane. Elle consiste à mettre en évidence la relation entre la hauteur de l'édifice et celle du terrain au moyen de diverses coupes verticales venant compléter des courbes de niveaux ou coupes planes horizontales du terrain à diverses hauteurs.

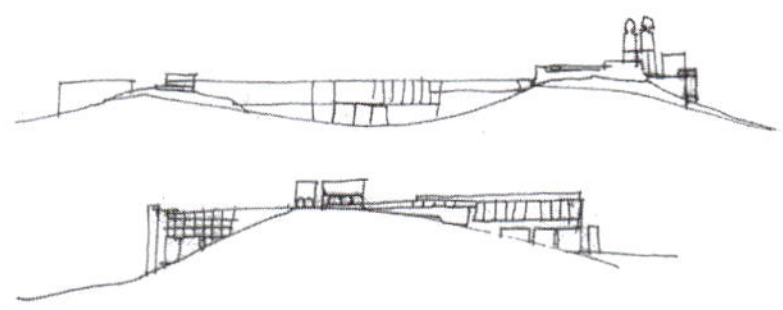

Croquis d'Emili Donato représentant des coupes du CIAC, à Saint-Jacques-de-Compostelle (Espagne), sur un terrain très dénivelé.

Représentation du relief d'un terrain par des courbes de niveau et des coupes verticales.

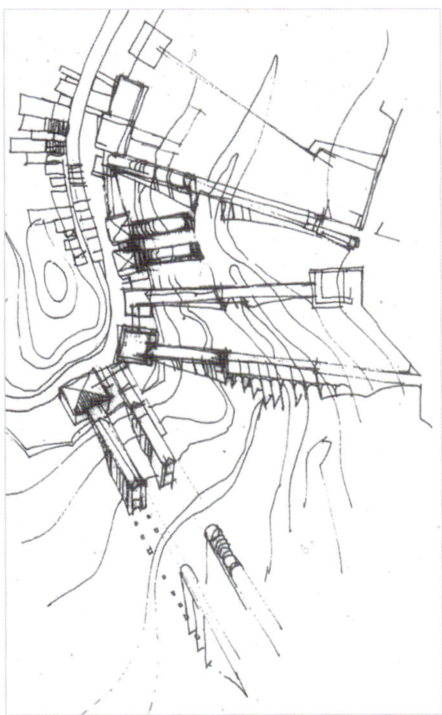

Croquis d'Emili Donato du CIAC, à Saint-Jacques-de-Compostelle (Espagne), avec indication des courbes de niveau.

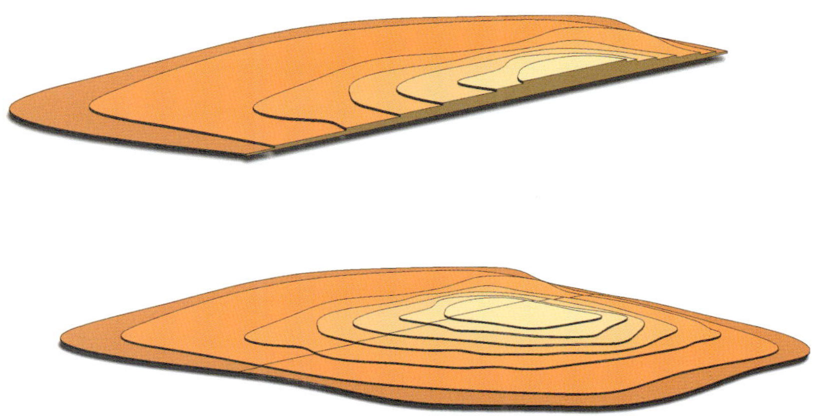

Le système axonométrique permet de représenter un volume architectonique par une vue unique. Il consiste à projeter, depuis un point de vue extérieur, ce volume selon une direction, de sorte que les lignes fuyantes soient parallèles entre elles. Si la direction est perpendiculaire au plan du dessin, on parle d'axonométrie orthogonale. Si la direction est oblique, on obtient une axonométrie oblique. La différence avec le système diédrique est que le point de vue de l'observateur ne coïncide pas avec les plans de référence de l'objet et que le nombre de vues nécessaires à la description complète de l'édifice est moindre. Le résultat est une vue dans laquelle le parallélisme entre les droites se maintient, entraînant une distorsion des angles que l'on ne peut mesurer qu'au moyen des axes de référence, lesquels en général ne conservent pas l'orthogonalité de la projection.

les Fondements de l'axonométrie

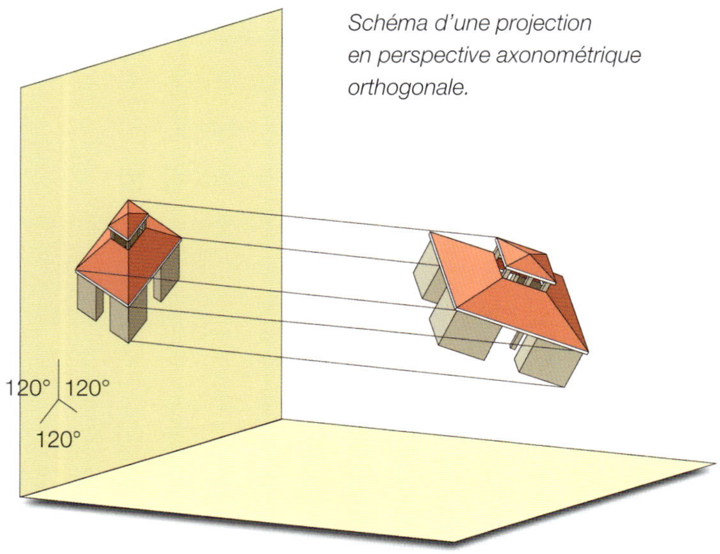

Schéma d'une projection en perspective axonométrique orthogonale.

PERSPECTIVES AXONOMÉTRIQUES ORTHOGONALES

Les plus habituelles dans ce groupe sont les perspectives isométriques, dans lesquelles l'intersection des trois axes de référence forme trois angles égaux. Les perspectives dimétriques, dans lesquelles deux de ces angles sont égaux, sont aussi assez communes. Dans la perspective trimétrique, les trois angles sont différents.

On ne travaillera, par commodité, que les projections isométriques et sans appliquer de réduction. Leur tracé part de la définition des trois axes et d'une direction. Les angles de 120°, proches de la perception de l'œil, sont assez habituels. Le seul inconvénient de ces projections est que, pour les architectures très symétriques, elles risquent d'entraîner des superpositions de traits qui peuvent rendre le dessin confus.

Schéma d'une projection en axonométrie oblique militaire.

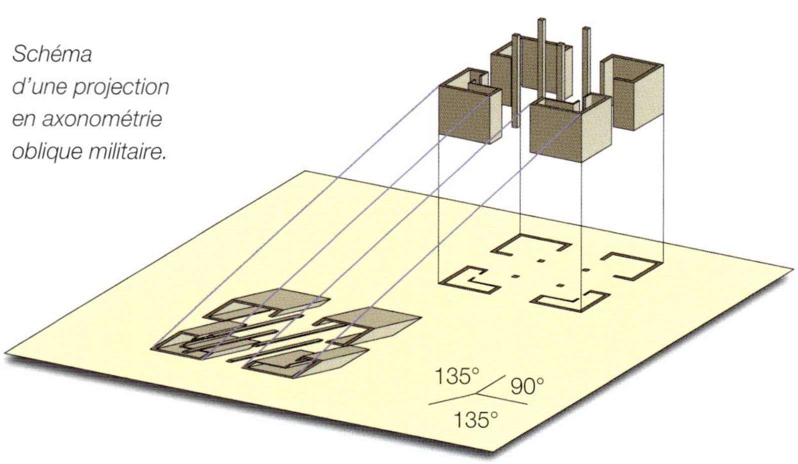

Schéma d'une projection en axonométrie oblique cavalière.

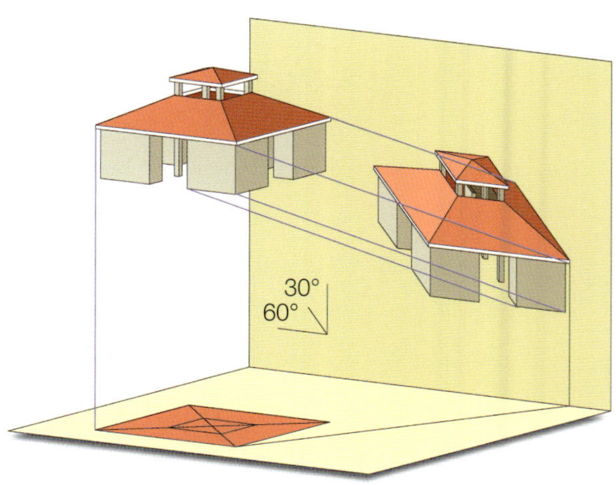

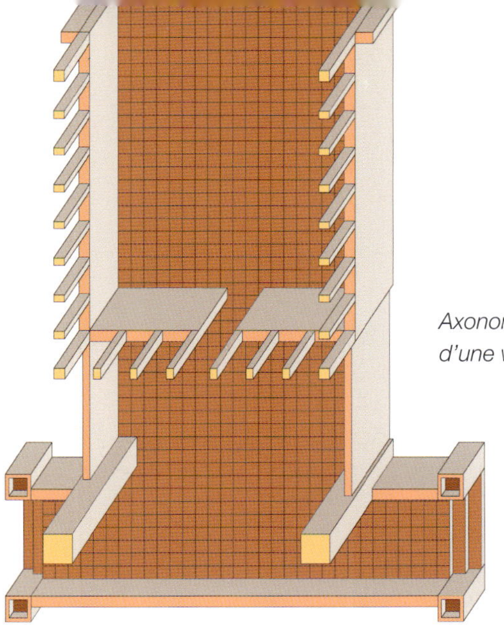

Axonométrie militaire de la terrasse d'une villa de Frank Lloyd Wright.

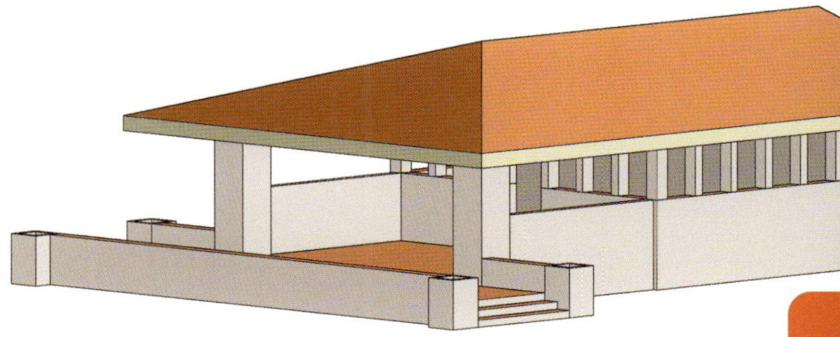

Axonométrie orthogonale de la même terrasse.

PERSPECTIVES AXONOMÉTRIQUES OBLIQUES

On ne fait ici mention que de celles où l'un des plans de référence de l'objet est parallèle à celui de l'observateur et où les fuyantes demeurent parallèles entre elles.

La perspective cavalière consiste à représenter la profondeur à partir d'une élévation ou d'une coupe ; la perspective militaire, à partir d'un plan. Les arêtes sont projetées selon un angle compris entre 30° et 60°. On peut bien sûr sortir de cette fourchette, mais les vues produites sont alors peu vraisemblables et distordues, défauts amplifiés par le caractère intuitif du travail réalisé à main levée. La pratique et l'expérience de la projection perspective sont dans ce cas déterminantes.

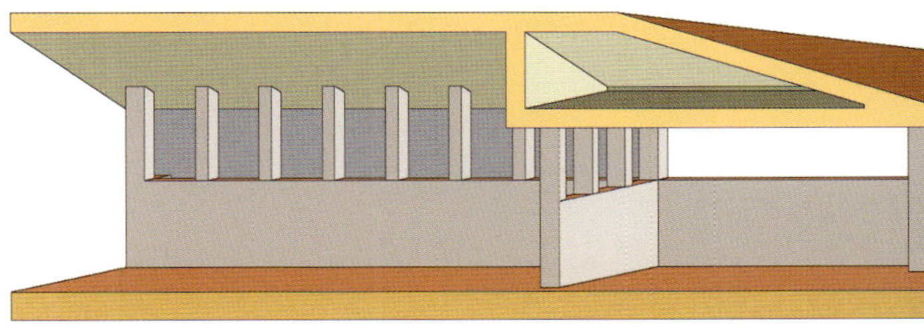

Axonométrie cavalière de la même terrasse.

Axonométrie militaire de la maison Steir, à Garches (France), par Le Corbusier.

Axonométrie isométrique d'une maison individuelle en Allemagne, par David Chipperfield.

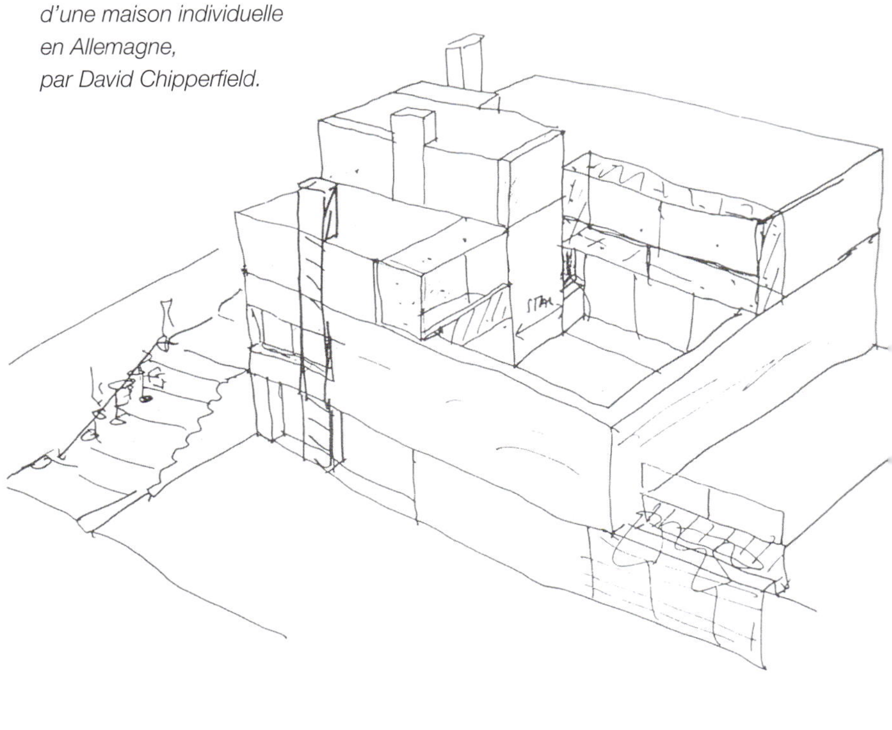

le Croquis perspectif

Fauteuil dessiné par G. Rietveld.

Croquis, au crayon, du fauteuil Rietveld, représenté en axonométrie orthogonale.

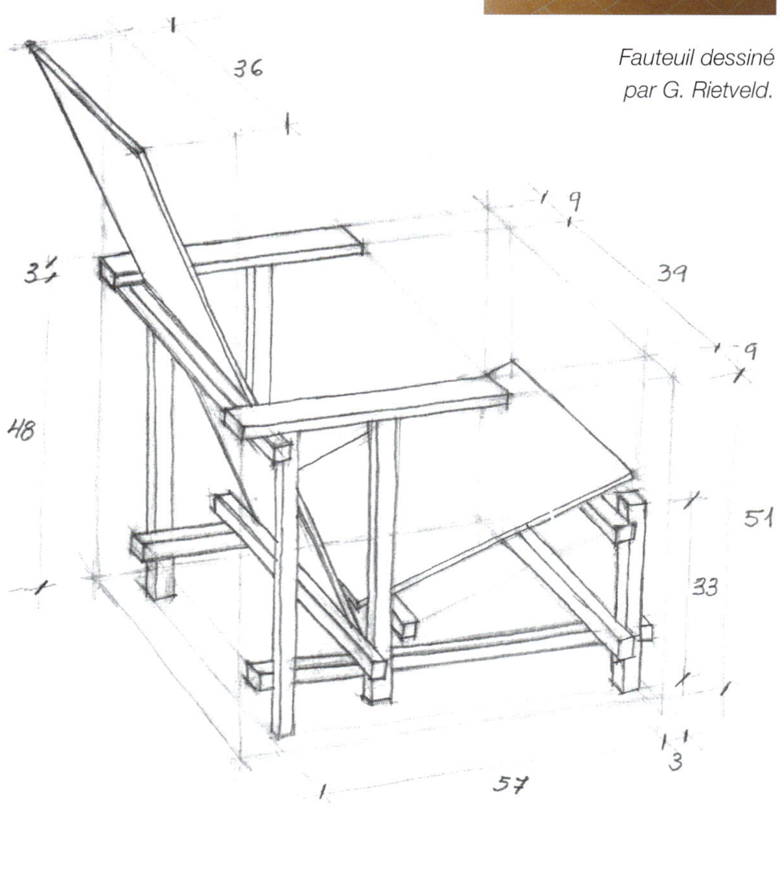

La perspective axonométrique est une représentation plus intuitive et plus simple que les projections en système diédrique puisqu'au moyen d'une seule image, on peut définir l'ensemble de la forme architectonique.
La conservation du parallélisme et du rapport d'échelle dans les trois dimensions (au prix de la modification des angles) fait qu'elle est couramment employée.
Dans un croquis, elle permet par exemple de décrire les proportions et d'indiquer les mesures d'un ouvrage observé depuis un point de vue en hauteur. Généralement, on l'utilise pour décrire des éléments de mobilier ou de décoration, ainsi que des détails constructifs déterminants dans l'agencement des parties d'un édifice, et dont on souhaite avant tout représenter l'interrelation entre les divers éléments.

TYPES D'AXONOMÉTRIES UTILISÉES

Dans les croquis à main levée, on emploie le plus souvent les axonométries isométriques militaire et cavalière. La première, principalement parce que les vues qu'elle permet d'obtenir se rapprochent de la perception visuelle naturelle, même si elle ne permet pas de connaître la valeur des angles et déforme les figures de révolution en ellipses. Si ces deux cas posent problème, et qu'on dispose d'un plan du modèle, il vaut mieux alors réaliser une perspective militaire, en projetant les hauteurs selon un angle de 30° à 60° par rapport au plan.
On peut coter ces deux types de représentation mais on continuera de noter sur le plan ou la coupe de référence les cotes et les angles. Les cotes seront toujours portées parallèlement aux axes de référence.

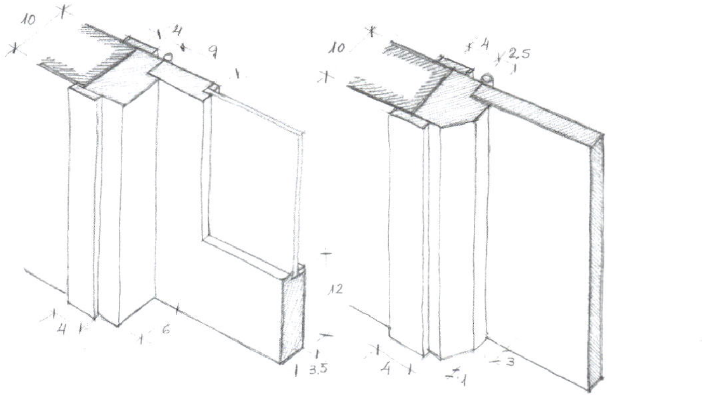

Croquis, au crayon, de portes en bois, l'une vitrée, l'autre massive, représentées en axonométrie orthogonale à partir d'une coupe horizontale.

Bien qu'on réalise d'ordinaire les croquis de mobilier cotés en projection axonométrique, il est possible de les représenter par une coupe perspective. Celle-ci devra alors être complétée par des cotes et des annotations.

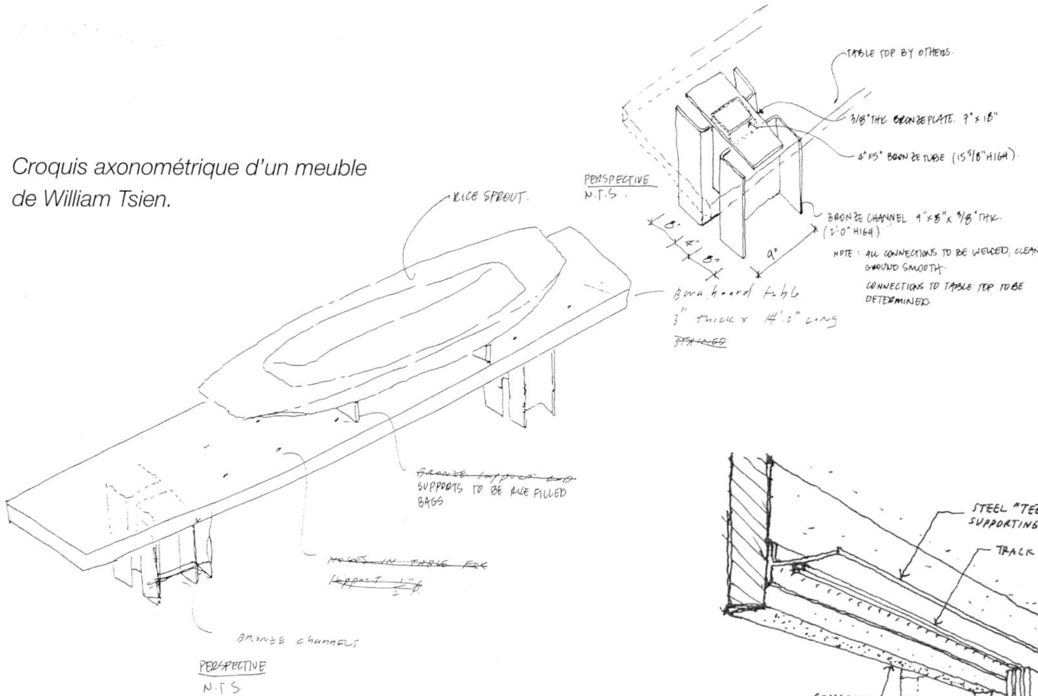

Croquis axonométrique d'un meuble de William Tsien.

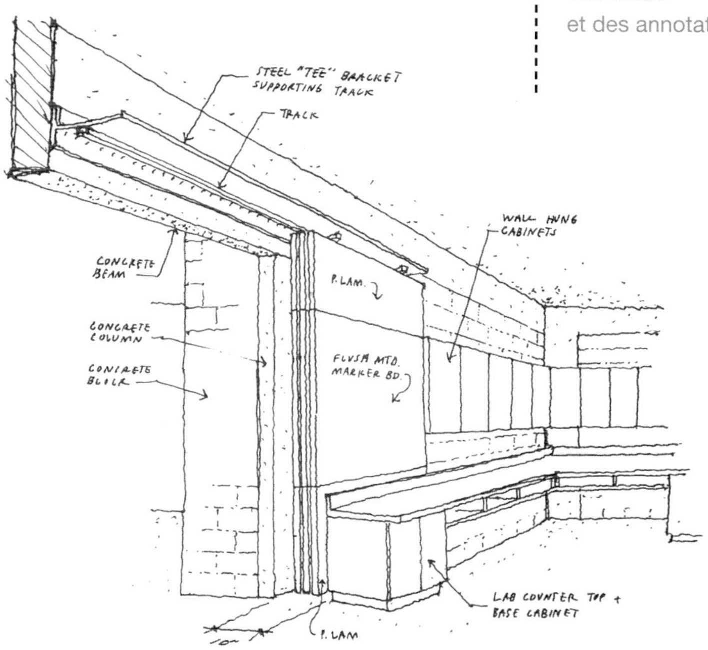

CAS D'UN PROJET

Pour décrire un projet, on recommande de réaliser un croquis de l'édifice complet, depuis un point de vue élevé, dans lequel sera exposée la relation entre les différents éléments. Lors d'une première étude volumétrique, il est courant de ne faire figurer que quelques cotes générales ou qui définissent un ordre structurel ou décoratif déterminé.
La projection la plus utilisée, associée généralement à d'autres représentations en plan ou en élévation, est la projection isométrique, pour les raisons que nous avons déjà évoquées plus haut.

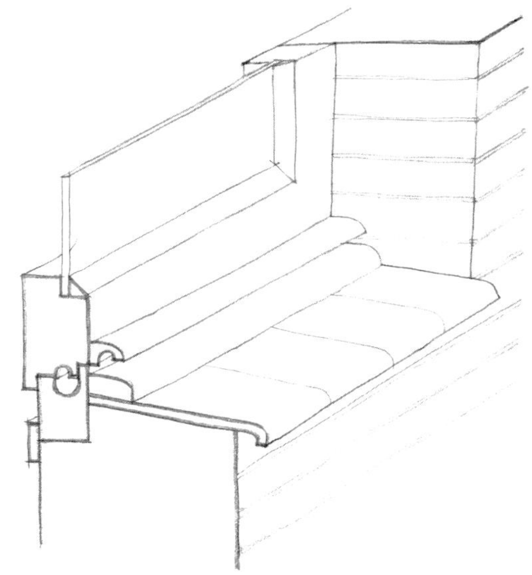

Croquis au crayon d'une fenêtre en bois, représentée en axonométrie cavalière.

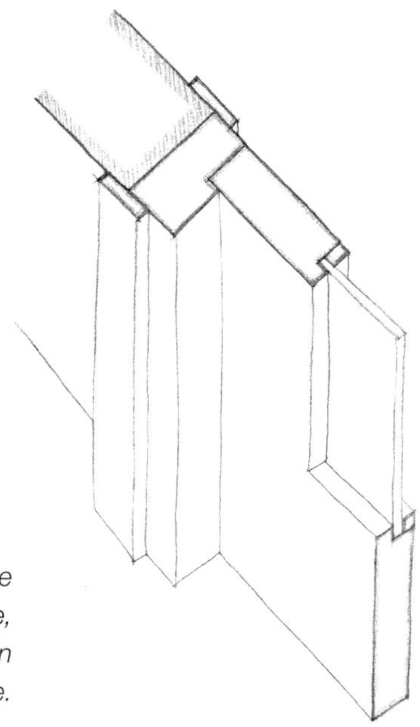

Croquis au crayon d'une porte en bois vitrée, représentée en axonométrie militaire.

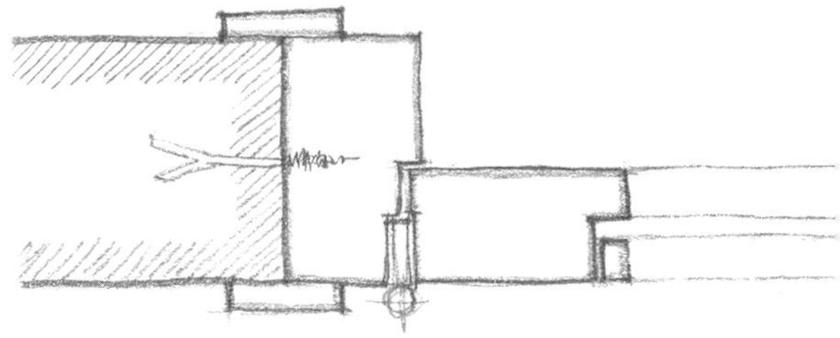

le Rapport d'échelle et le rendu des détails

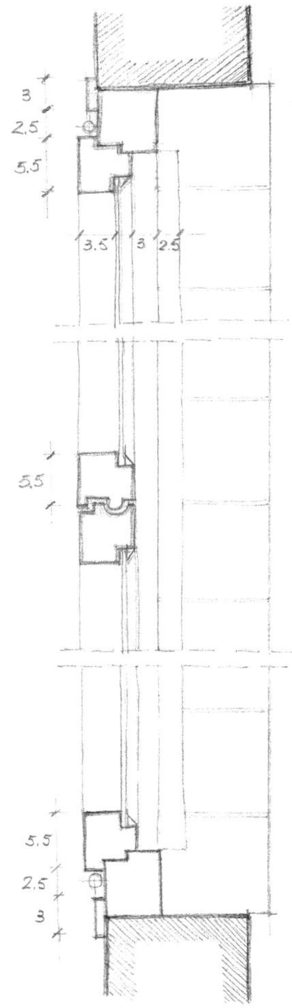

Tout élément architectonique a des dimensions déterminées, dont la représentation proportionnelle requiert l'usage d'un système de mesure de référence. Dans ce système, une unité réelle de l'édifice, 1 m ou 1 pied, sera représentée dans le dessin de moitié (1/2), d'un cinquième (1/20), d'un centième (1/100)... Lorsqu'un dessin est à l'échelle 1/100, cela signifie que chaque unité de mesure du dessin équivaut à 100 unités de la réalité. C'est le concept d'échelle métrique qui est employé dans le dessin technique.

ÉCHELLE VISUELLE

La première chose à mettre en œuvre dans un croquis d'architecture est le rapport d'échelle entre l'espace que l'on souhaite représenter et le format du papier. Il s'agit là de ce qu'on appelle l'échelle visuelle, graphique ou perceptive. Plus grand est l'élément que l'on dessine, plus on doit le réduire afin que ce dernier puisse s'inscrire dans le format du papier : le niveau de détail sera donc moindre. Plus on traduit le détail, plus grand sera le dessin, ou, ce qui revient au même, plus grandes seront l'échelle visuelle ou graphique et l'échelle métrique.

Croquis, au crayon, représentant une coupe horizontale d'une fenêtre en bois. Lorsque l'on souhaite une vue détaillée d'éléments très longs, on peut supprimer les zones qui ne présentent pas de particularités, en les signalant par des traits discontinus.

Croquis, au crayon, d'un même plan à des échelles différentes. Notez la simplification de la représentation des murs, portes et fenêtres au fur et à mesure que l'échelle se réduit.

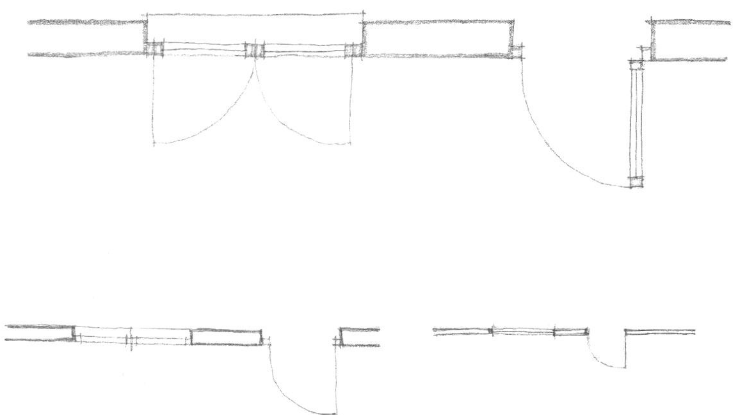

Croquis, au crayon, représentant une coupe horizontale d'une porte en contreplaqué.

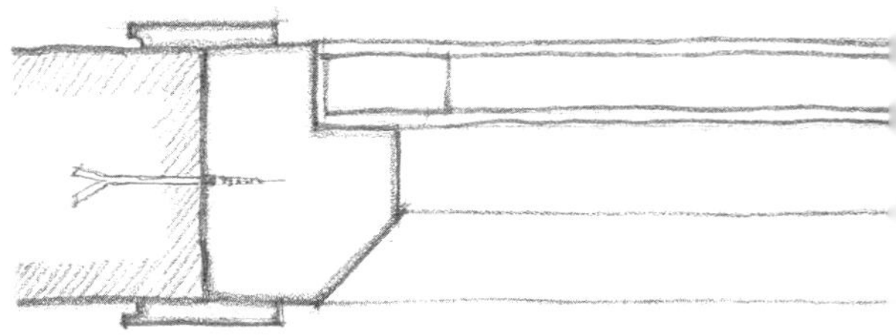

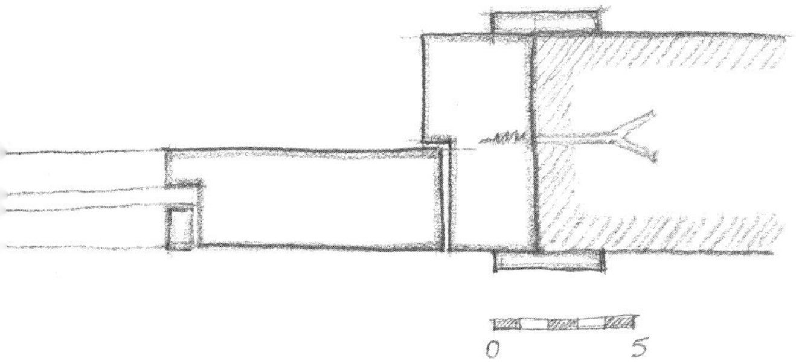

Croquis, au crayon, représentant une coupe horizontale d'une porte en bois vitrée.

Croquis, au crayon, représentant en (A) une coupe verticale d'une fenêtre en bois, en (B) une coupe verticale d'une porte en bois vitrée.

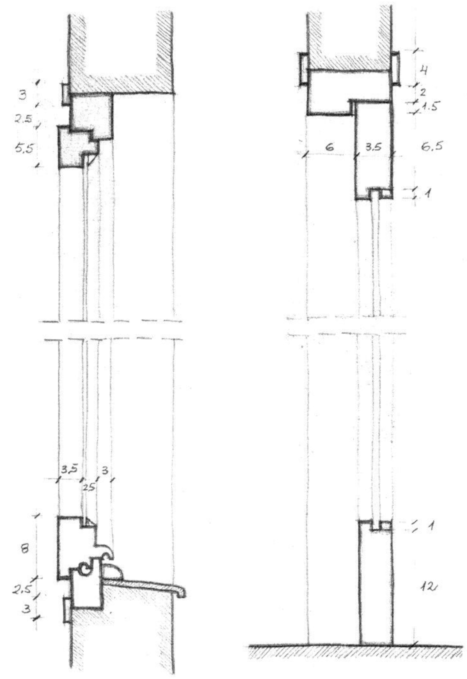

A B

Dans le cas du croquis à main levée, l'échelle graphique n'est pas déterminée au moyen d'une règle, mais à l'aide d'un repère qui correspond à un élément de l'édifice, tel qu'une dalle, colonne, ou tout autre élément répétitif de la construction. Ce repère sera indiqué sur le croquis.

Une autre possibilité consiste à utiliser la figure humaine comme élément graphique de référence et comme valeur de mesure approximative, ou tout élément de mobilier au format connu : un lit, une table..., dont les dimensions, par rapport à la figure humaine, sont faciles à déterminer. Les dessins réalisés ainsi sont dits « à échelle humaine ». La référence peut être celle de la taille d'une personne, ou bien celle de l'observateur par rapport à son environnement, la longueur de la paume, des pieds, des pas... On inclut alors au croquis une figure humaine simplifiée afin de décrire le rapport d'échelle choisi.

Selon le niveau de détail, on distingue différentes échelles : l'échelle réelle ou la représentation grandeur nature (1/1), l'échelle de détail, l'échelle partielle (échelle d'un élément) et l'échelle d'ensemble. En fonction du degré de précision que l'on souhaite obtenir, on aura, ou non, recours aux cotes pour compléter l'information.

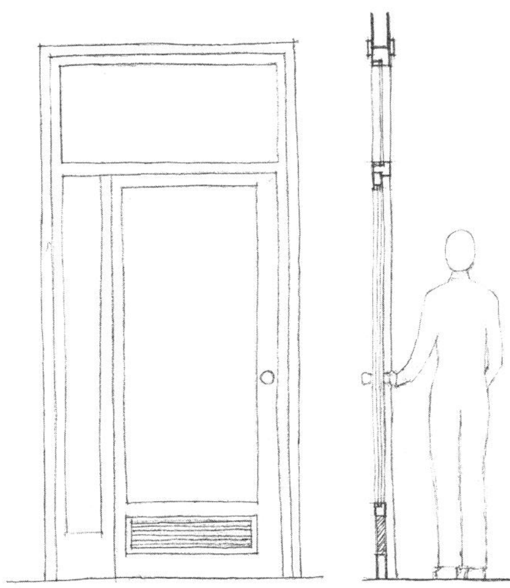

Croquis, au crayon, de l'élévation et de la coupe verticale d'une porte en bois vitrée, et sa relation à l'échelle humaine.

Croquis, au crayon, d'un plan de la maison Fueter, en Suisse, par Le Corbusier, et sa relation à l'échelle humaine.

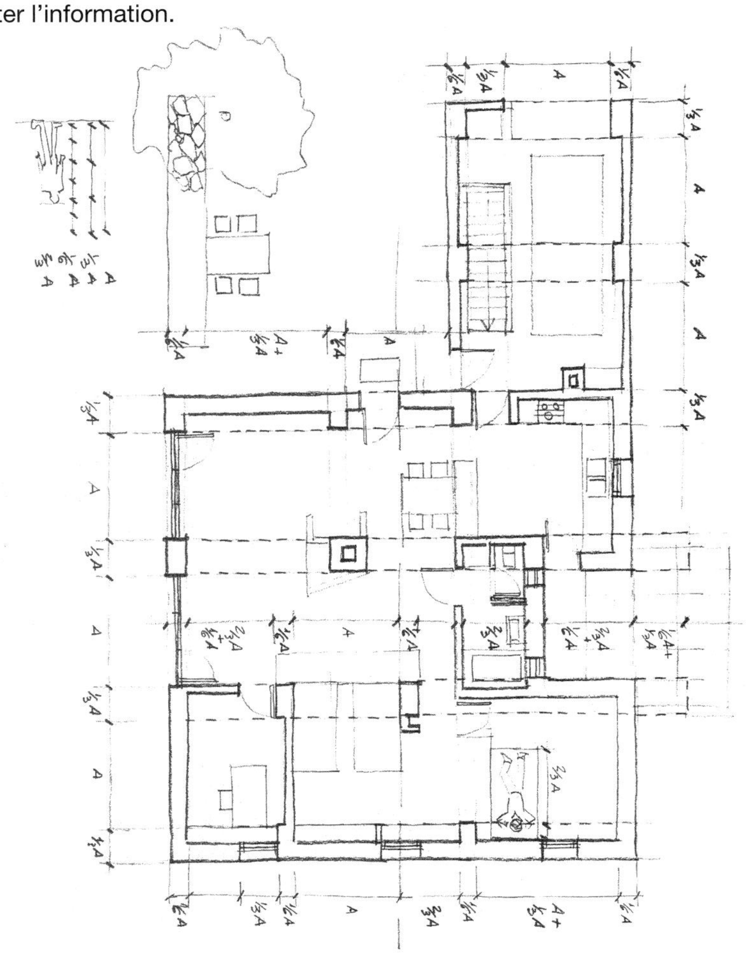

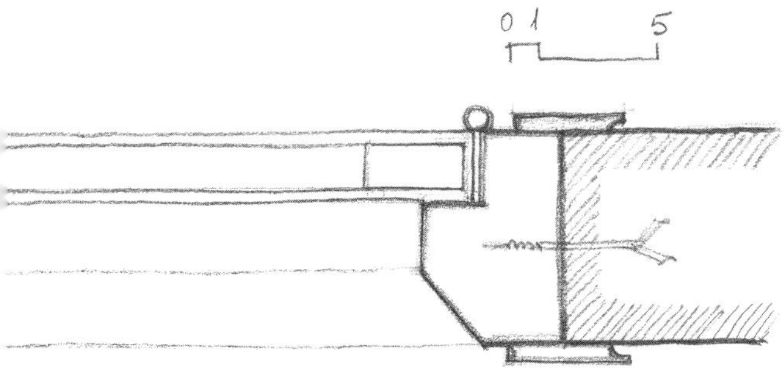

le Relevé

des mesures d'un bâtiment

Mesurer, c'est déterminer la valeur d'une largeur ou d'une longueur en se basant sur un système de mesure communément admis. On utilise pour cela une règle, instrument qui reproduit fidèlement le mètre étalon. L'indication des mesures d'un espace ou d'une forme architectonique constitue l'une des caractéristiques de la représentation architecturale. Le dessin à main levée, d'après notre perception intuitive, des différentes projections orthogonales qui décrivent la forme en deux dimensions – plans, élévations et coupes, formant ce qu'on appelle le relevé de l'édifice – en constitue une première approche. Des cotes complètent ces projections, représentant les valeurs métriques de l'espace. Dans une deuxième étape, ce même relevé sera réalisé à l'échelle de l'édifice, c'est-à-dire selon une représentation strictement proportionnelle de ses différentes parties.
Dans les croquis, cette description du modèle doit être rigoureusement exacte, tant dans la transcription graphique que dans les données métriques.

Il convient parfois d'effectuer le relevé des mesures en deux temps, spécialement pour les grandes hauteurs.

Pour prendre des mesures verticales, on utilise des mètres rubans plus rigides, ou bien, dans les cas exceptionnels, de petits distanciomètres.

Il faut distinguer entre mesures et directions. Les mesures correspondent aux distances entre les différentes parties de l'édifice, et sont définies en prenant en compte les parements, ou seulement les espaces entre ces derniers. On précise ensuite la direction de ces lignes, c'est-à-dire la valeur des angles qu'elles forment entre elles.

MESURES

On peut employer diverses méthodes et instruments pour prendre des mesures, que l'on choisira en fonction des distances à mesurer.

On commence par relever les mesures générales horizontales en plan au moyen de longs mètres rubans souples. On poursuit par les mesures partielles, à l'aide de mètres rubans plus petits et rigides. Ces mesures seront si possible prises à partir d'une extrémité, point de référence aisément repérable, sauf dans le cas de grandes hauteurs, où l'on se trouve obligé de prendre les mesures en deux fois. Les bandes flexibles ne permettent de mesurer que des hauteurs assez faibles car, lorsqu'on les étire verticalement, elles se doublent facilement.

On peut commencer par mesurer les distances selon nos pas, ou le nombre d'occurrences d'un élément répétitif (dalle, élément décoratif ou constitutif d'un ordre). Bien que ces valeurs n'aient pas une grande précision, elles aident à mettre en place et à définir les proportions du croquis.

Pour mesurer des hauteurs supérieures à 3 m, on utilise une mire, une règle extensible ou un distanciomètre. Si l'on a accès au toit, on peut laisser retomber un mètre ruban depuis la hauteur de ce dernier. Le défaut de cette méthode est l'impossibilité d'apprécier avec exactitude les valeurs intermédiaires placées trop haut.

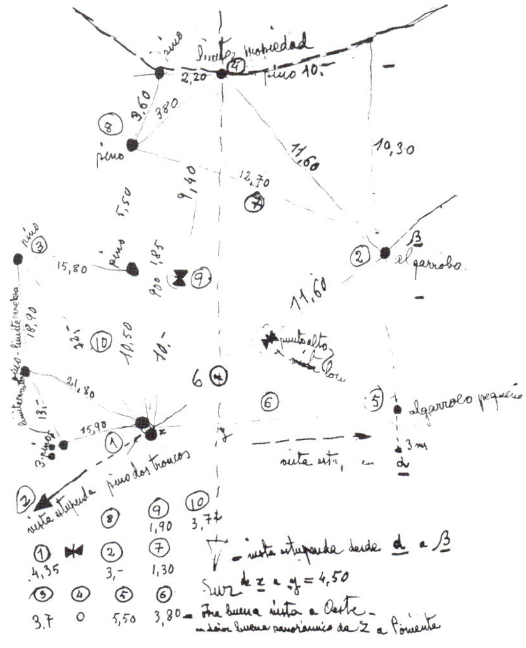

Croquis, par Josep Antoni Coderch, des abords de la maison Ugalde, à Barcelone (Espagne).

L'un des bords du carnet peut parfois servir au relevé de mesures perpendiculaires à un élément donné.

DIRECTIONS

Dans le cas d'espaces peu étendus, les angles ne peuvent pas être mesurés au moyen d'appareils sophistiqués comme les taquimètres ou autres outils topographiques. Les grands espaces ne peuvent pas non plus être mesurés avec des instruments de dessin technique comme les rapporteurs. On utilise alors le principe de triangulation, qui complète les mesures d'une surface par la mesure de la distance entre chacune de ses extrémités et un troisième point commun de référence. En procédant de même pour toutes les surfaces, on obtient une représentation exacte du modèle.

Pour vérifier que deux murs sont bien à angle intérieur droit, on se sert d'une méthode consistant à définir un triangle dont les côtés mesurent 3, 4 et 5 m. Le point de référence des mesures se situe au sol, à l'intersection des deux parements. On mesure 3 m sur l'un d'eux et l'on marque cette distance avec un morceau de bande adhésive de couleur. On mesure ensuite 4 m depuis le point d'origine sur l'autre parement et l'on marque ce second point. Si le triangle est droit, la mesure entre ces deux points est égale à 5 m. Si elle est supérieure à 5 m, l'angle est supérieur à 90°, si elle est inférieure à 5 m, l'angle est inférieur à 90°.

Lorsque l'on a besoin de mesurer un angle de pente, le procédé consiste à mesurer les deux côtés des deux triangles rectangles définissant la hauteur et la longueur du pan incliné.

Si l'élément est de forme ondulée, c'est-à-dire s'il présente plusieurs directions, sa représentation demande une combinaison des différentes méthodes que l'on vient d'exposer. Tout d'abord, on définit un repère orthogonal de référence ou des triangulations à intervalles égaux, puis on mesure la distance par rapport à un même point de référence de différents points de la surface situés sur une même ligne horizontale. Pour un élément circulaire, telle une colonne, on recherche le rayon en divisant par 2 π sa circonférence.

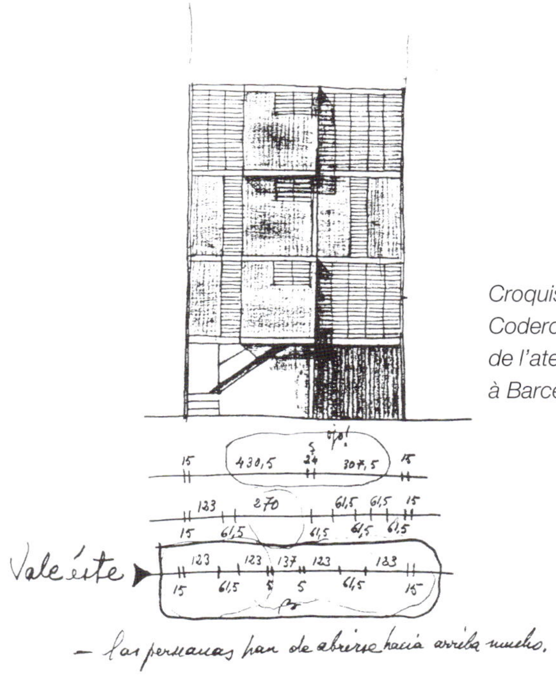

Croquis, au crayon, par Josep Antoni Coderch, représentant une élévation cotée de l'atelier d'Antoni Tápies, à Barcelone (Espagne).

Pour représenter des angles impossibles à relever dans la réalité et connaître leur valeur, on utilise les propriétés du triangle, seul polygone qui peut être construit à partir des sommets sans nécessité de définir les angles.

Pour relever l'angle d'inclinaison d'une pente, mesurez la hauteur par rapport au sol des deux extrémités du plan incliné, puis la longueur du parement.

Pour définir les directions d'une surface qui n'est pas plane, on réalise un quadrillage orthogonal de référence et on relève différents points d'une même ligne horizontale.

le Relevé
pas à pas, croquis et mise en proportion

La première étape consiste à observer l'édifice : présente-t-il des angles qui ne sont pas droits ? Comporte-t-il des éléments répétitifs, dalles ou carreaux de pavement, colonnes..., sous-tendant le rythme de la construction et pouvant servir d'échelle ? En l'absence de tels éléments, on effectue une première mesure aux pas. On divise ensuite la feuille à dessin en autant d'espaces que l'on dressera de projections : plans, coupes, élévations... Le ou les plans doivent occuper l'espace central de la représentation.
Une fois définis le format et le nombre et l'orientation des vues, on divise la largeur du papier en autant d'unités que l'exige la largeur du plan à réaliser (en estimant la longueur du pas à 90 cm), en ajoutant trois unités pour chacune des élévations (supposons ici une hauteur de 2, 70 m). On réserve aussi deux unités de part et d'autre de la feuille à dessin pour la mise en place du texte.
Après avoir tracé très délicatement ce quadrillage dont l'unité est la valeur du pas ou des dalles, on réalise le plan, puis les différentes élévations. Les lignes de mise en place, les axes de symétrie s'il y en a, les cloisons, les murs porteurs, etc., seront mis en valeur par des traits d'intensité variable selon une hiérarchie claire. On représentera ensuite les arêtes cachées et l'encombrement du toit.
Si l'espace est très symétrique, on peut simplifier le croquis en divisant le plan en deux parties égales, de façon par exemple à représenter sur une partie le pavement, sur l'autre le toit, ou bien sur une moitié les contours généraux et sur l'autre des détails.

L'accès au rez-de-chaussée du pavillon de la République espagnole, à Barcelone (Espagne), par Josep Lluís Sert.

Détail de la porte d'accès.

1. On trace délicatement sur le quadrillage les lignes principales de subdivision de l'espace.

1

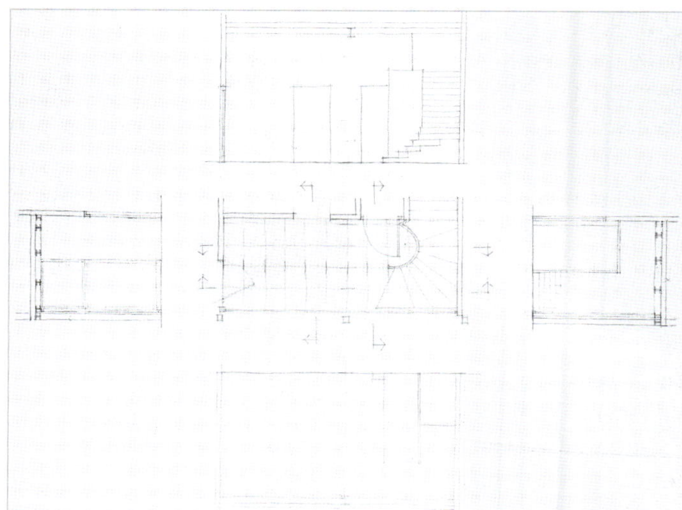

2

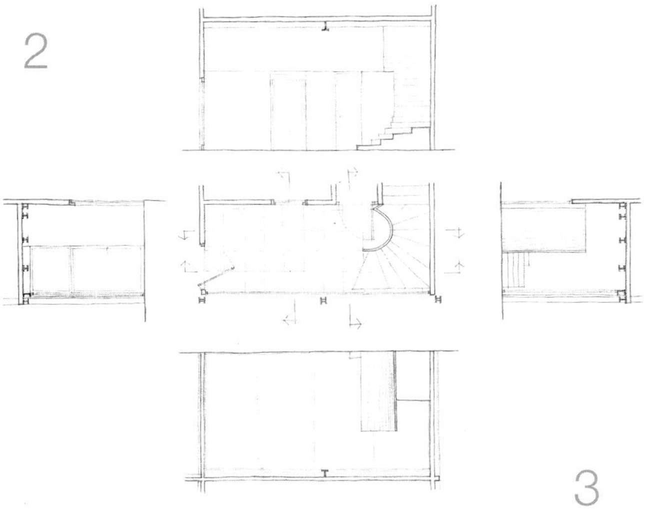

2. On définit une hiérarchie des traits pour l'ensemble.

3. On complète ensuite le croquis en représentant des détails de construction particulièrement intéressants.

Le quadrillage de la feuille à dessin, qui détermine la mise en place de l'ensemble des éléments représentés aux proportions voulues, sera réalisé au moyen de lignes très légères : il ne doit pas conditionner le choix de la valeur des traits pour les croquis.

3

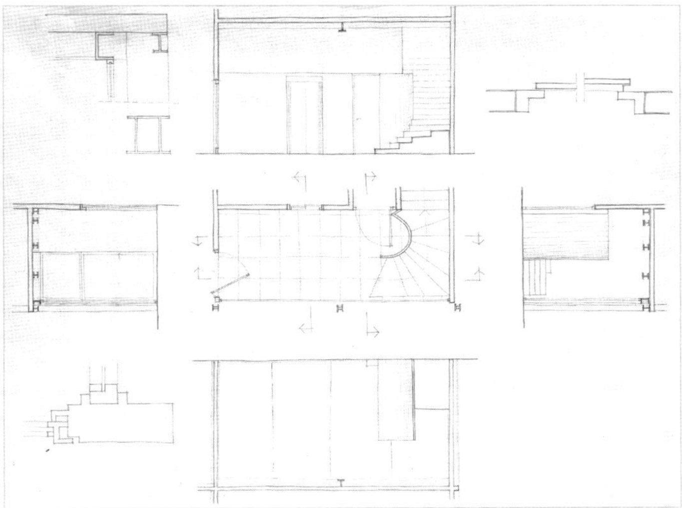

Le reste du dessin devra être proportionné à l'échelle graphique choisie. Le soin apporté à la mise en place et à la réalisation de l'ensemble du dessin est déterminant : ce n'est qu'au moment d'inscrire les cotes que les disproportions apparaîtront avec évidence.
On place enfin les différentes cotes : d'abord les cotes générales, puis les cotes partielles. Elles s'inscrivent à l'extérieur du dessin et doivent être orientées dans le sens de la lecture, afin qu'on n'ait pas à tourner la feuille à dessin pour les déchiffrer.
Les lignes de cotes et les annotations ne sont qu'un complément permettant une meilleure compréhension du dessin. Elles ne doivent l'étouffer ni par leur format ni par l'intensité du trait.
Les espaces restant vierges pourront être utilisés pour insérer des annotations supplémentaires ou pour réaliser des petits croquis de détail. Pour plus de clarté, on indiquera par un signe de référence l'emplacement de ces derniers sur le plan d'ensemble.

4

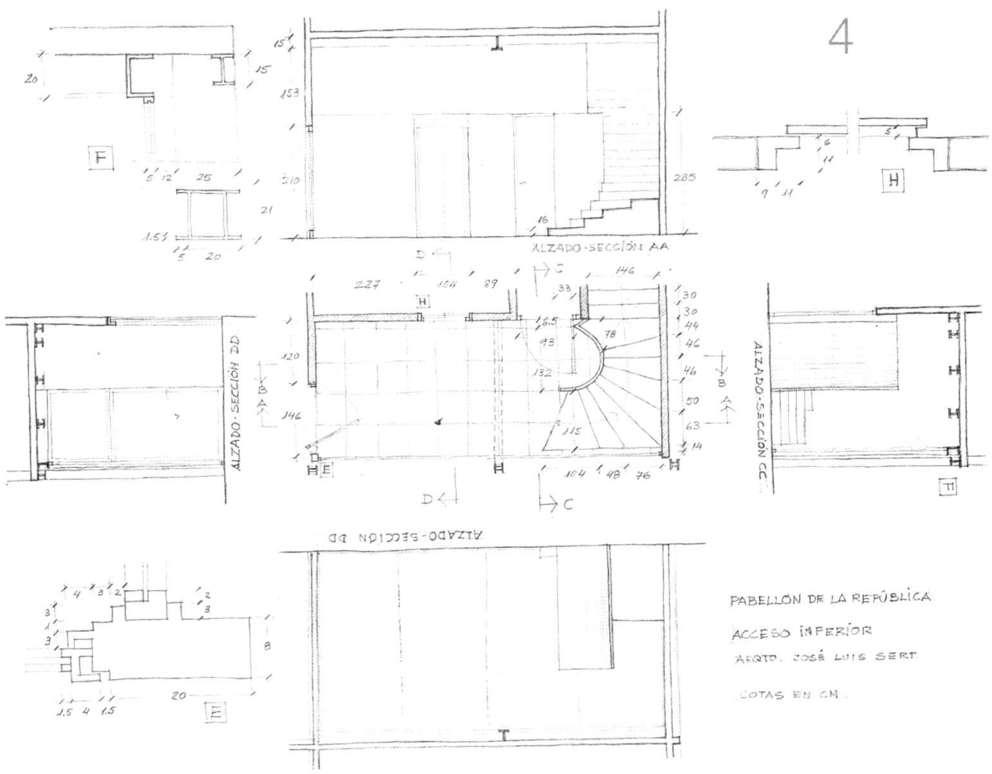

4. Le résultat est un dessin précis mais vif, qui décrit clairement l'agencement de l'espace.
Il est parfaitement délimité et légendé, les croquis de détails sont facilement identifiables.

Comme on l'a vu dans l'introduction de ce chapitre, le croquis appartient aussi au registre du dessin technique. Dans le cas d'un relevé, bien qu'exclusivement réalisé à main levée, le croquis devra toujours rendre le plus exactement possible les proportions des volumes. La mise à l'échelle ne sera traitée que dans la phase ultérieure d'avant-projet.
Ce type de croquis est ainsi davantage tourné vers la description de contenus que vers la précision graphique.

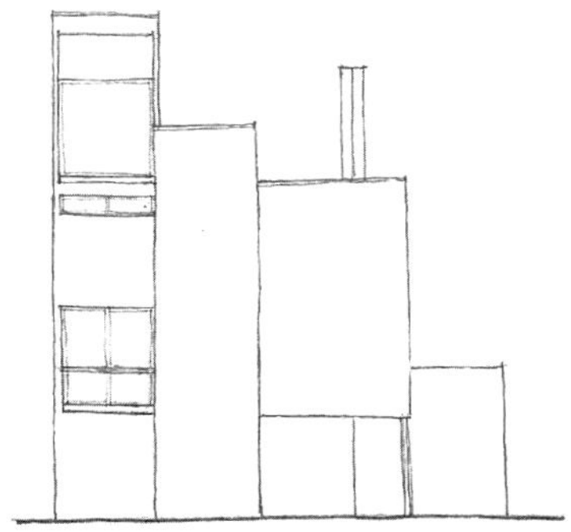

Élévation nord

l'Emploi du croquis de relevé

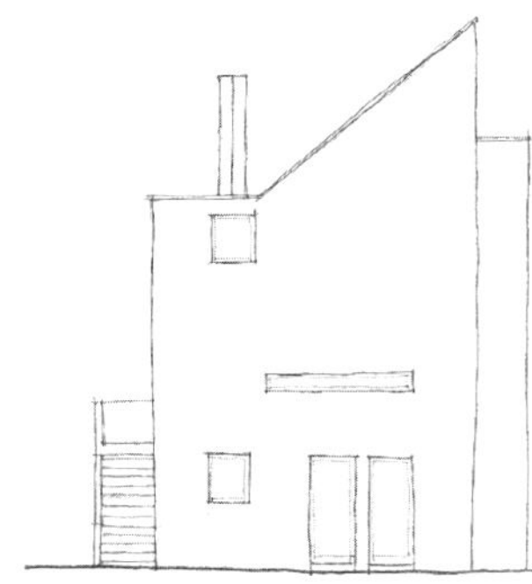

Élévation est

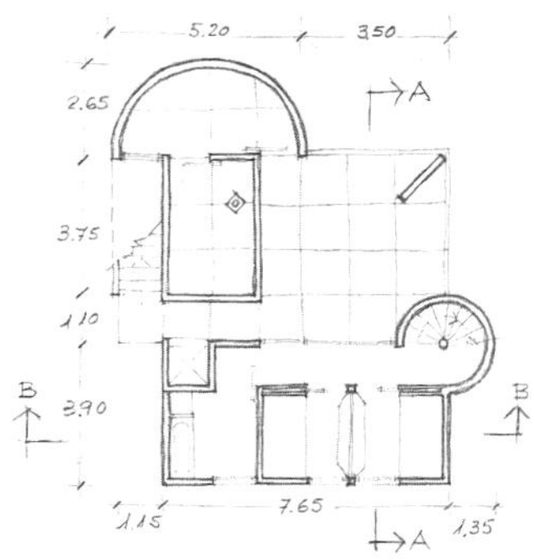

Rez-de-chaussée

Le croquis est traditionnellement utilisé pour le relevé d'édifices déjà existants ou bien pour transmettre à une tierce personne les indications nécessaires à l'élaboration de représentations plus fines ou à l'exécution de l'ouvrage.
Dans ce dernier sens, le croquis est proche de la nature et des principes de la mise en œuvre en construction. Tout d'abord par sa forme d'exécution, à l'œil nu, et qui requiert la station debout. Ensuite parce qu'il s'agit en définitive d'un dessin d'instructions : on commence par décrire une chose, puis une seconde qui en découle, et si besoin est, on l'explicite avec des mots, des cotes ou au moyen de quelque détail, en suivant une progression qui part du général pour aller au particulier sans jamais laisser de place à l'imprécision, et en élaborant un tout organisé qui n'admet pas d'interruptions. C'est un dessin narratif, qui tient aussi par sa rigueur de la calligraphie.

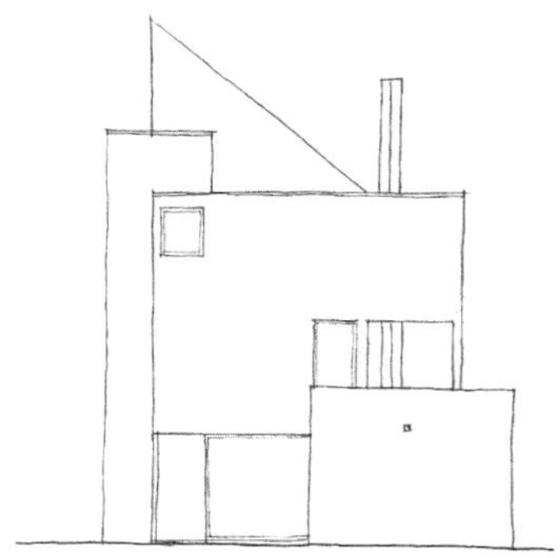

Élévation ouest

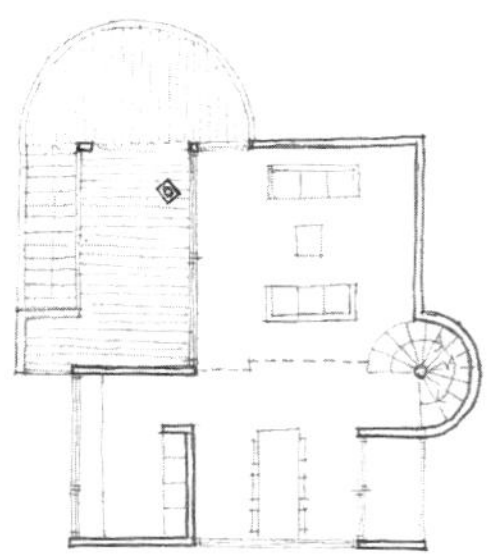

Premier étage

Ébauches, au crayon, des élévations (à l'état projeté) de la maison Gwathmey, à Amagansett (New York, États-Unis), par Charles Gwathmey.

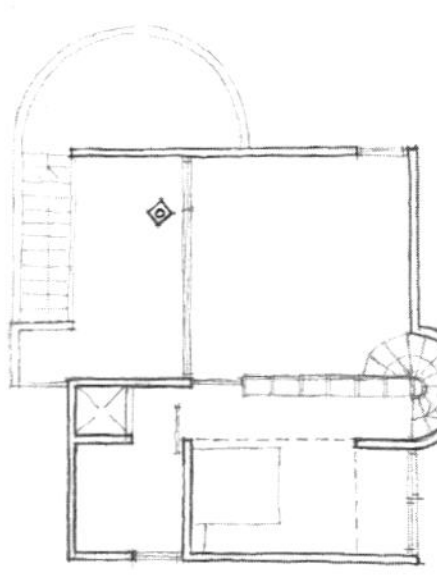

Deuxième étage

Ébauches, au crayon, des différents niveaux (à l'état projeté) du même édifice.

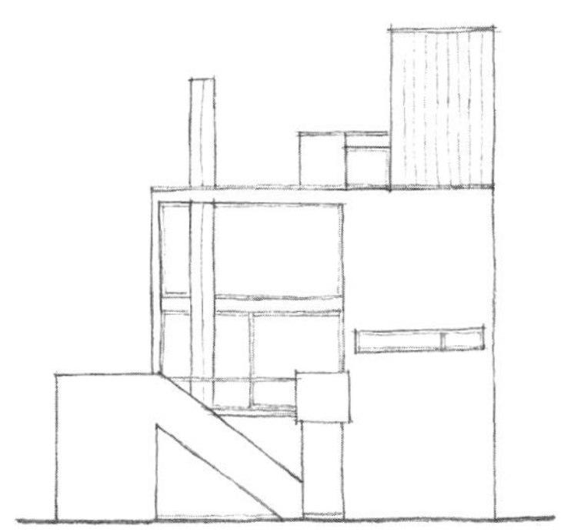

Élévation Sud

USAGES COMPARÉS DU CROQUIS DE RELEVÉ ET DES AXONOMÉTRIES

Les représentations traditionnelles en plan, élévation et coupe, comme éléments d'information du grand public sur une architecture donnée, ont disparu au profit de la représentation photographique, qui prime largement dans les revues spécialisées. Leur pratique demeure en revanche incontournable pour qui veut s'initier à l'architecture. Elles sont toujours essentielles lors de la phase d'élaboration d'un projet, au moment où l'on attribue intuitivement des proportions aux espaces, comme pour le relevé de bâtiments déjà existants.

Les représentations axonométriques sont, quant à elles, essentiellement utilisées pour décrire l'ouvrage dans sa globalité, donner une idée de son volume ou des relations existant entre ses divers éléments, ou pour expliciter divers éléments de ses principes constructifs.

Elles sont tout à fait adaptées aux ouvrages dans lesquels le tout prime sur la partie, ou dont la composition volumétrique est complexe, et aux architectures modulaires. Pour ces dernières, notamment, le croquis ne permet pas une précision suffisante. On réalise le plus souvent des projections isométriques, qui fournissent des vues particulièrement « parlantes », éventuellement accompagnées de cotations légères complétant des vues secondaires et des annotations.

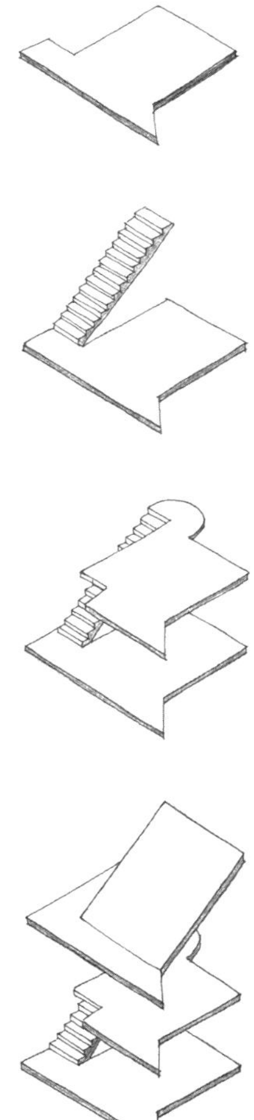

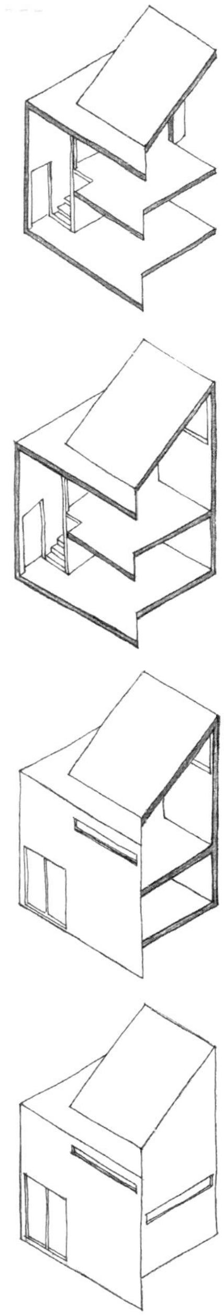

Axonométries (état projeté), à l'encre, montrant l'articulation des éléments architectoniques de la maison Gwathmey.

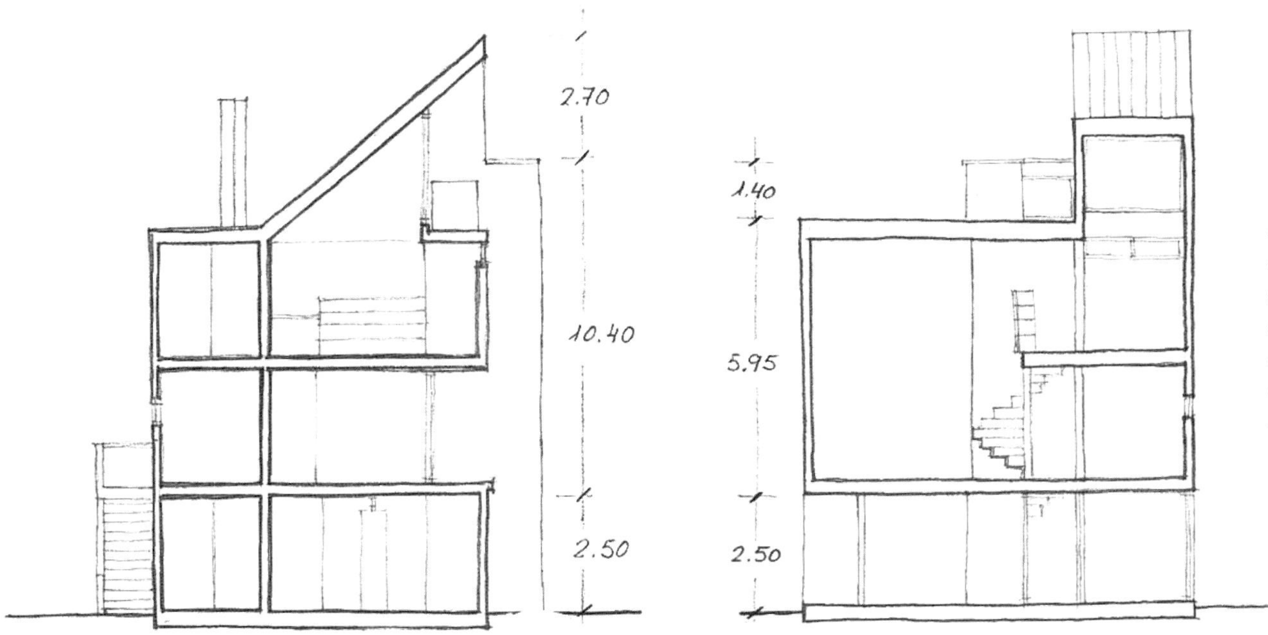

Ébauches, au crayon, montrant deux coupes du projet de la maison Gwathmey.

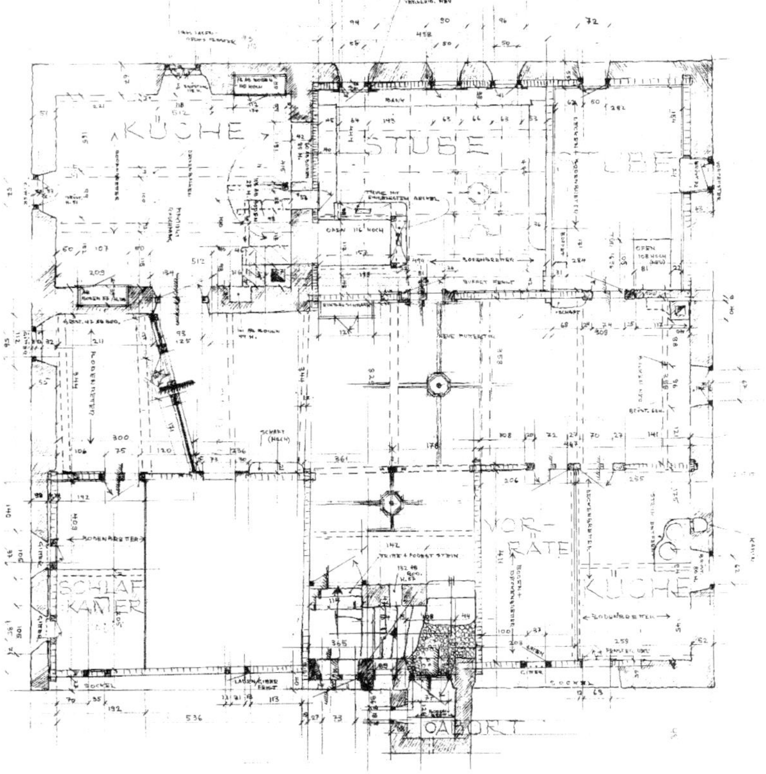

Plan d'une maison traditionnelle suisse, par Peter Zumthor.

CROQUIS D'AUTEUR

La qualité graphique du croquis de relevé, dessin à usage personnel ou réalisé pour un collaborateur, demeure secondaire. Toutefois, de nombreux architectes recourent à ce type de représentation pour des projets de réhabilitation d'architectures vernaculaires, de réinterprétation moderne d'architecture classique ou bien encore d'ouvrages faisant appel à des techniques et des matériaux traditionnels.

Le croquis de facture classique représenté ci-contre a été réalisé par Peter Zumthor. Il s'agit du plan d'une maison de montagne traditionnelle en Suisse. Le moindre détail y figure. Autre exemple, cet échantillonnage de plans, élévations et coupes d'un projet d'ensemble, entièrement réalisés à main levée par une équipe d'architectes dirigée par Ludovico Quaroni, l'un des représentants du réalisme italien dans le domaine de l'architecture.

Croquis de bâtiments du hameau La Martella, par Ludovico Quaroni, à Matera (Italie).

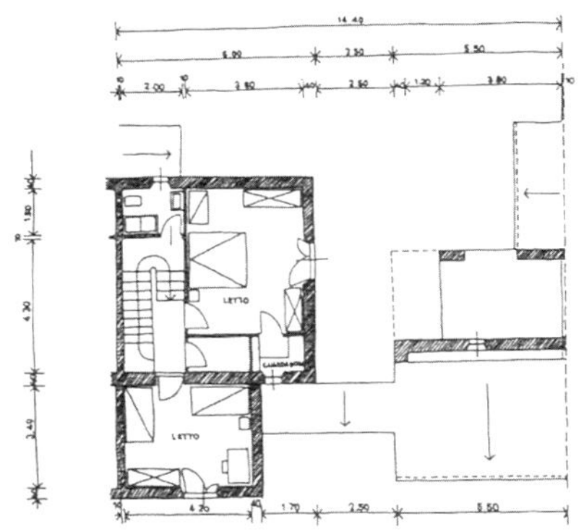

PIANTA PIANO PRIMO

PROSPETTO ANTERIORE

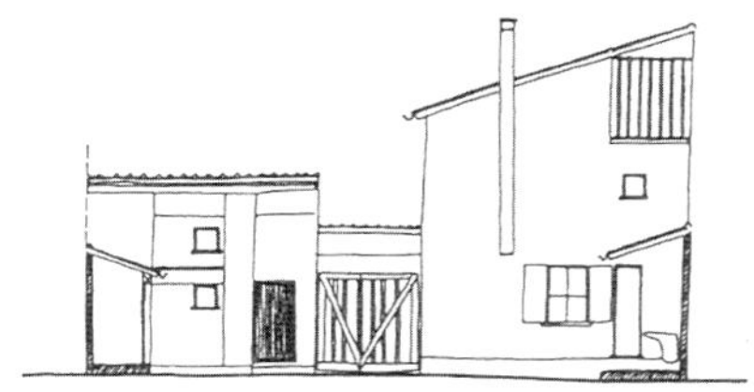

PROSPETTO POSTERIORE

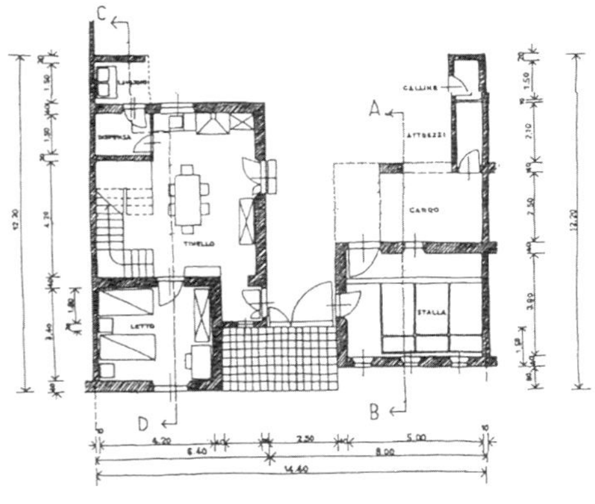

PIANTA PIANO TERRENO

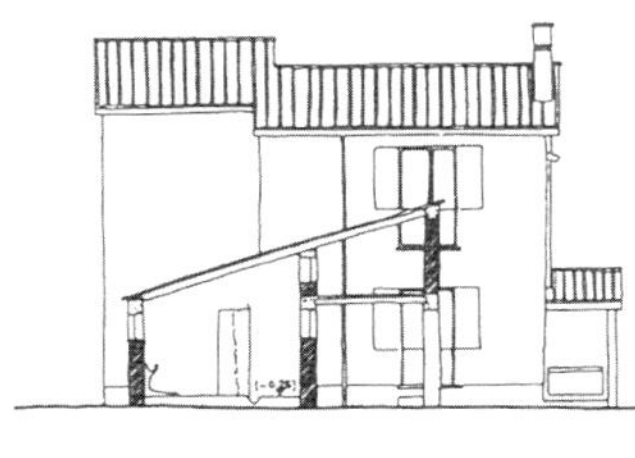

SEZIONE A-B

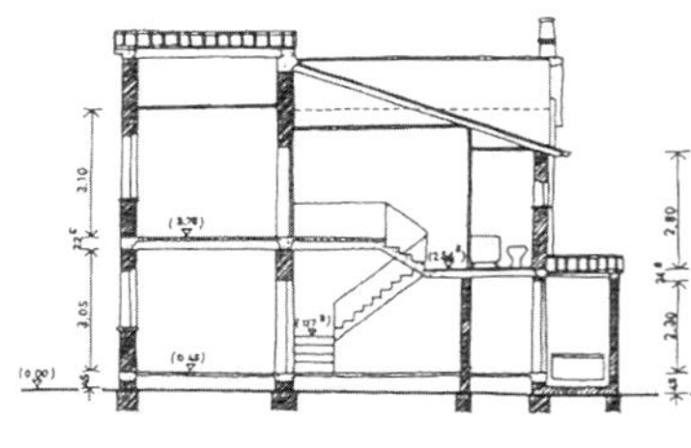

SEZIONE C-D

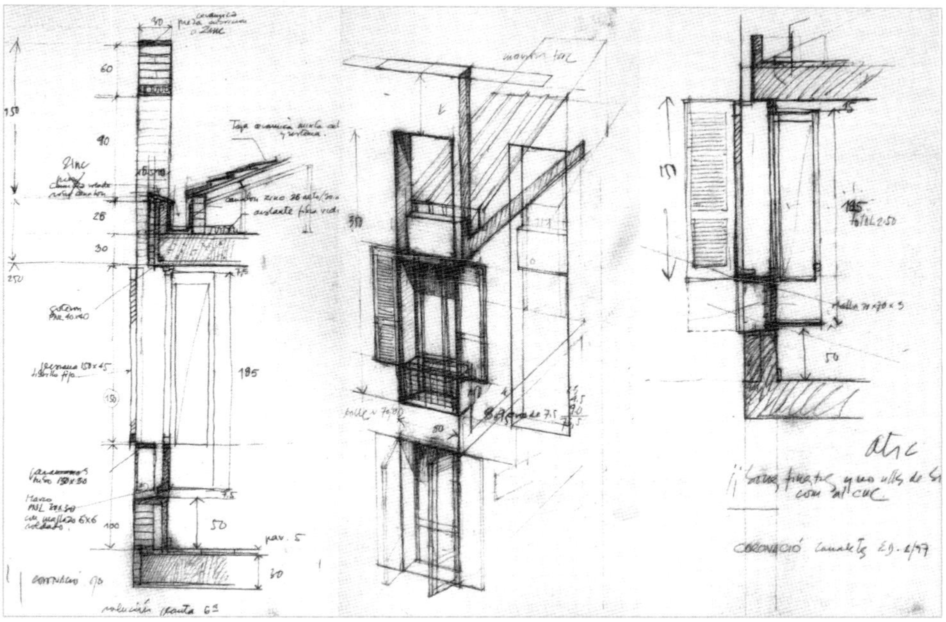

Croquis de détail de l'engravure des baies et des menuiseries d'une maison d'habitation à Cerdanyola del Vallès (Espagne), par Emili Donato.

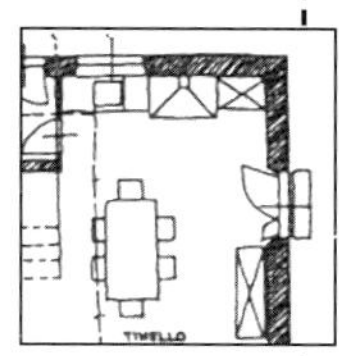

La perfection de l'exécution des croquis reproduits ici incite à penser que l'outil graphique utilisé est très précis. Il n'en est cependant rien, ce qui prouve le niveau de maîtrise des techniques graphiques des auteurs.

Si le croquis de relevé est un outil incontournable des premières étapes de la conception d'un projet, il constitue aussi un excellent outil d'analyse et de transmission d'informations relatives à des détails constructifs lors de la finalisation. Dans cet office, il réunit tous les avantages : simplicité et efficacité de la représentation, richesse de l'information délivrée par les cotes, les valeurs de la ligne, les tramés et les ombres.

Le caractère personnel du dessin, sur lequel nous souhaitons vivement insister, est évident dans les croquis de détails d'Arne Jacobsen et d'Emili Donato présentés sur cette page : bien que ces deux artistes soient dans le même registre architectonique, la technique personnelle et le choix des outils graphiques débouchent sur deux discours bien distincts.

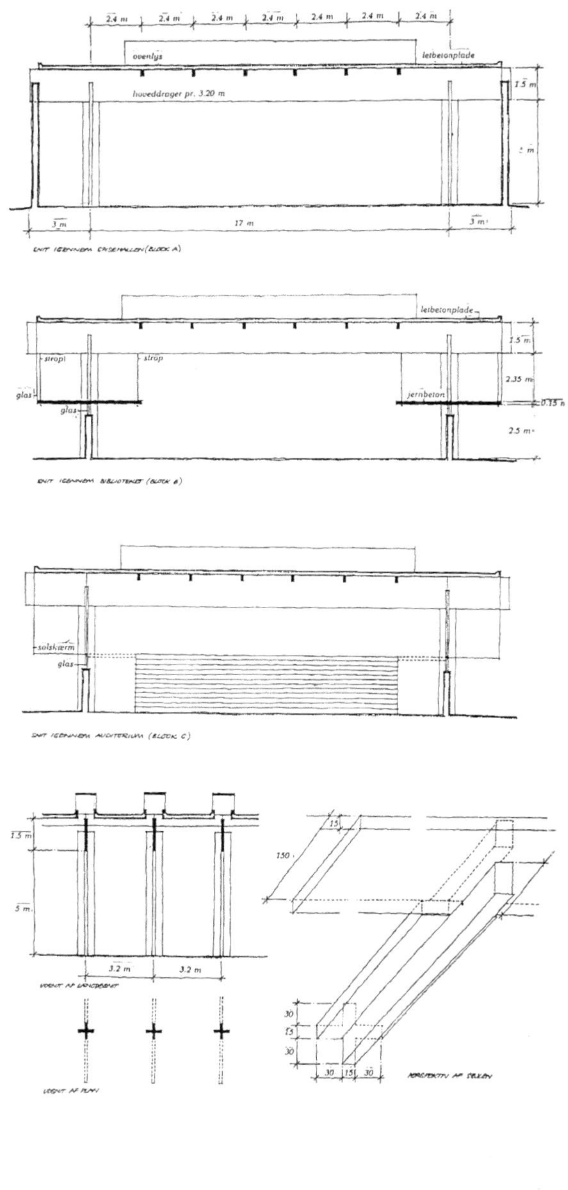

Coupes et détails de construction du St Catherine's and Merton College d'Oxford, (Royaume-Uni), par Arne Jacobsen.

les Applications du croquis

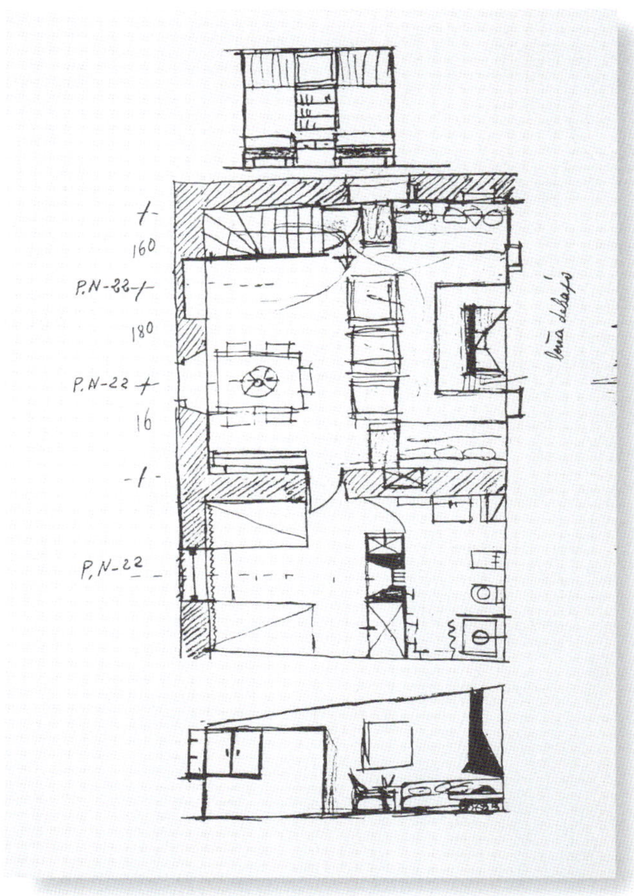

JOSEP ANTONI CODERCH.
Projet de restauration d'une maison à Cadaqués, (Gérone, Espagne).

de relevé

La réalisation d'un relevé peut intervenir dans des contextes très différents, dépendant tant de la typologie du modèle que de sa complexité.

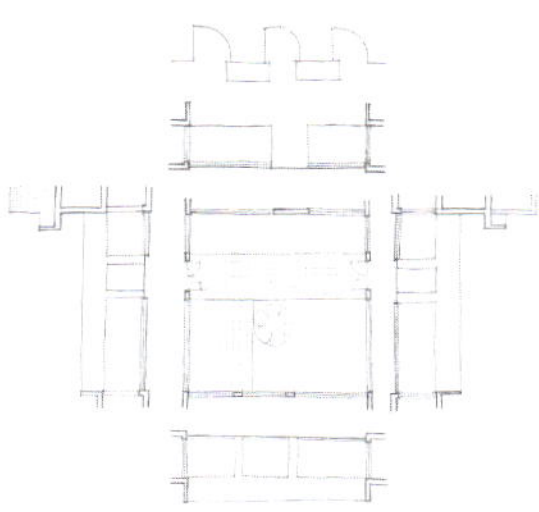

Nous proposons ici l'analyse de quelques exemples présentant des difficultés spécifiques. Le premier consiste en un relevé d'un espace intérieur dont les contours complexes définissent l'ambiance particulière. Nous étudierons ensuite le cas d'un patio arboré d'un édifice monumental ; il s'agit là de rendre compte d'un espace extérieur fermé par des façades.
On terminera par un projet de restauration d'un monument historique inclus dans un environnement architectural traditionnel. La définition d'un tel projet exige une description exhaustive du site, et donc une qualité d'observation particulière.

le Relevé d'un espace intérieur

Vue extérieure de l'École technique supérieure d'architecture de Barcelone conçue par J. A. Coderch, montrant le « soubassement » en brique.

L'espace que l'on a choisi de représenter correspond à une partie du bâtiment de l'École technique supérieure d'architecture de Barcelone, réalisé en 1979. Il s'agit d'une des dernières œuvres de l'architecte J. A. Coderch. Celui-ci a imaginé de juxtaposer des formes organiques aux contours prismatiques de l'édifice, ainsi flanqué d'un « soubassement » d'un genre nouveau. Des cloisons courbes, revêtues à l'extérieur de petits carreaux de céramique et, à l'intérieur, de plâtre fin, sont combinées à un ensemble de parois vitrées aux huisseries de couleur sombre formant une ligne brisée. Entre ces deux jeux de cloisons prennent place des jardinières, dont les plantations envahissent les parements. Le résultat est une suite d'espaces fluides organisés en différentes séquences, qui définissent des ambiances originales, avec notamment de subtils jeux de lumière favorisant la concentration des usagers des lieux. Toute la lumière naturelle et une bonne partie de la lumière artificielle viennent en effet baigner les parements externes.

Croquis, au crayon, de l'espace à étudier, et de sa relation à l'ensemble du volume.

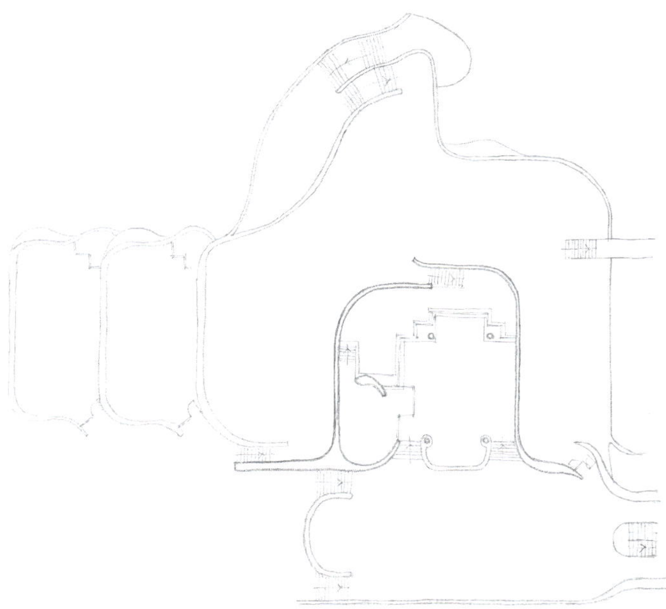

Intérieur de la salle de repos et d'étude de l'École.

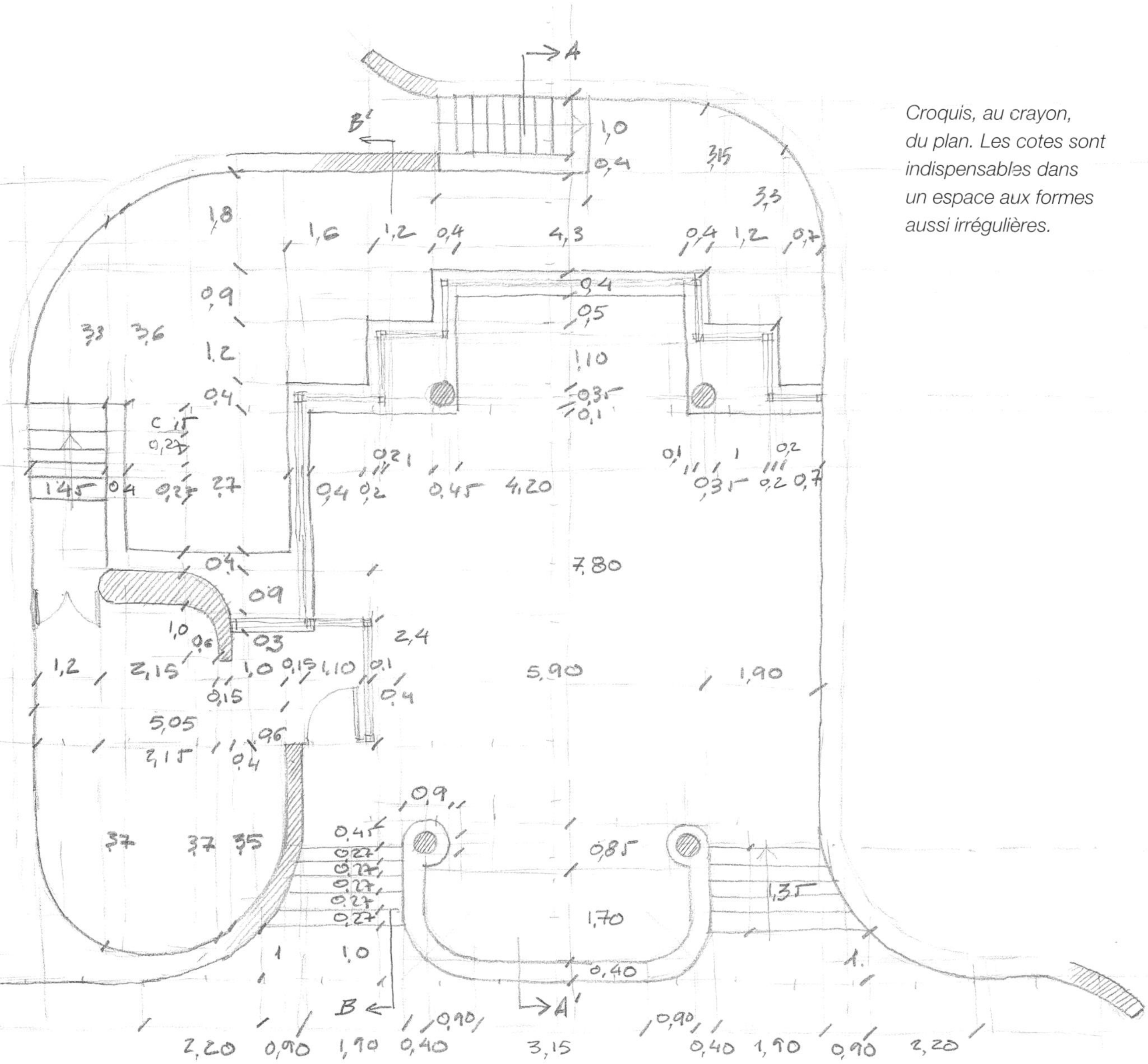

Croquis, au crayon, du plan. Les cotes sont indispensables dans un espace aux formes aussi irrégulières.

CADRAGE ET ÉTAPES À SUIVRE

Comme il est impossible de réaliser un croquis détaillé de tout l'édifice sur une feuille au format DIN A3, nous réaliserons une série de croquis centrés sur la salle de repos et d'étude et une partie du vestibule, ces espaces constituant un échantillon représentatif de l'ambiance intérieure du bâtiment. Une première évaluation des proportions des lieux s'impose. On commence donc par effectuer un relevé au pas des dimensions principales de l'édifice dans son entier. On reportera celles-ci sur un petit croquis très schématique, qui permettra également de référencer les différents cadres où l'on travaillera, et de comprendre l'ordre général et l'amplitude de l'ouvrage.

La difficulté majeure, pour le relevé des mesures comme pour la réalisation des croquis, réside ici dans les nombreux changements de direction des courbes. Il faut d'une part projeter tous les axes de référence nécessaires au tracé de ces courbes, d'autre part trouver le moyen de mettre en rapport les différents croquis et les ambiances qu'ils décrivent.
On définit les axes de référence de l'ensemble de l'édifice le long des couloirs de forme rectiligne, puis les axes particuliers à chacune des ambiances, en tachant de faire coïncider ces derniers avec les portes d'accès, les joints du pavement, des arêtes, des dénivelés, etc., que l'on repérera au sol à l'aide d'une craie si nécessaire.

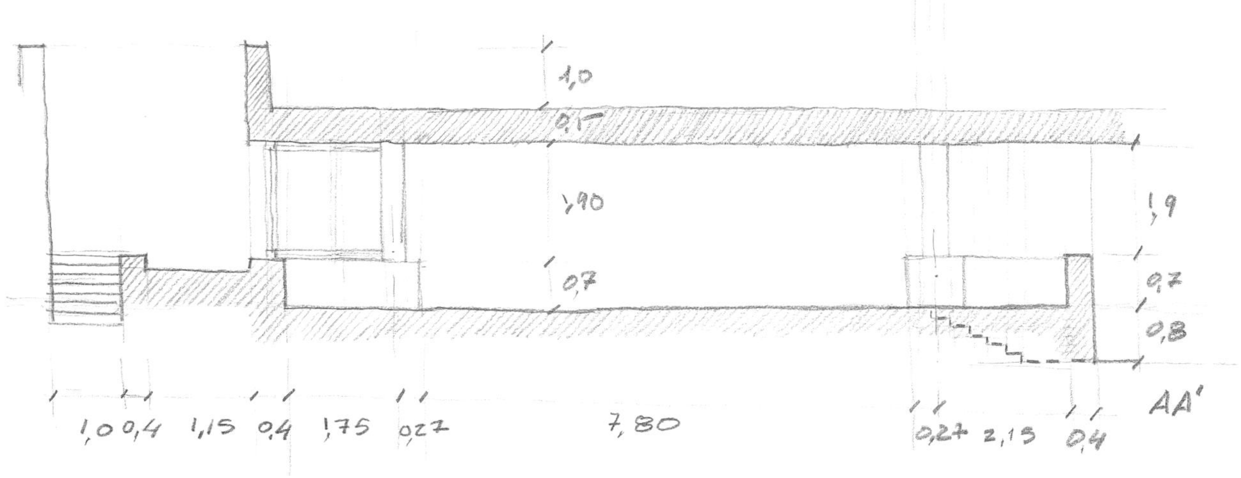

Coupe verticale A-A' (signalée page 79) exécutée au crayon.

On reporte ces axes sur la feuille à dessin, après avoir mesuré au pas ou à l'aide d'un mètre ruban leur distance par rapport aux différents parements. Il faut ensuite mettre en place, à traits légers, les lignes principales du croquis, en schématisant l'espace à représenter selon une forme plus ou moins régulière.
Étant donné la complexité du sujet, d'autres feuilles à dessin seront nécessaires pour représenter les croquis des coupes et des élévations.

Puis on relève à l'œil les points correspondant à un changement de direction dans la courbure de la paroi et l'on mesure leur distance par rapport à différents points de l'axe de référence, placés tous les mètres, ou plus rapprochés, selon la complexité de la zone à représenter, de façon que l'on obtienne au moins les extrémités et un point intermédiaire de chaque courbe. On peut alors affiner le premier schéma et définir la base du croquis définitif en y reportant les courbes avec une mine fine, sans trop appuyer.

Coupe verticale B-B' (signalée page 79), complémentaire de la coupe A-A', exécutée au crayon.

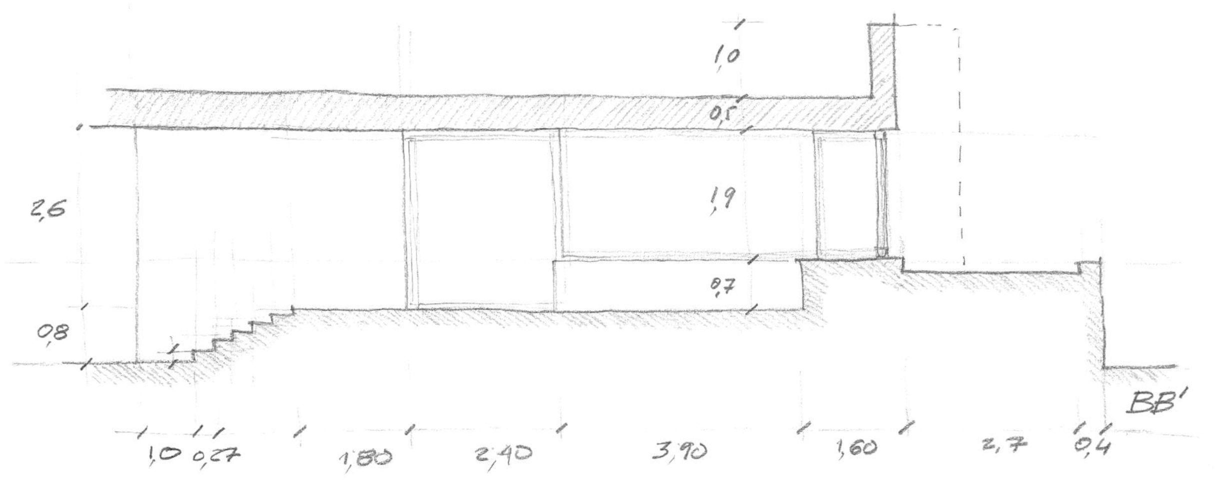

Il faut maintenant se déplacer dans toute la zone à représenter pour relever les détails qui compléteront le croquis. (On en profitera pour recenser les éléments caractéristiques pouvant être détaillés en marge du dessin.) Des traits de diverses épaisseurs serviront par exemple à figurer les changements de niveau et les joints sur les différents parements.
On ajoute ensuite toutes les cotes, y compris les cotes intermédiaires, que l'on a relevées le long des axes de référence et des parois courbes.
Le plan terminé, on peut ensuite réaliser, sur une nouvelle feuille, le croquis d'une coupe, que l'on doit signaler sur le plan. On commence par reporter sur le bord du papier tous les points situés sur la ligne de coupe indiquée sur le plan, puis on relève et on reporte les mesures verticales.
Parmi toutes les vues réalisées, ne sont ici présentés que les croquis les plus significatifs de l'architecture du lieu : le plan, deux coupes et deux détails, l'un montrant l'articulation des huisseries, l'autre la cotation d'une partie du mur courbe.

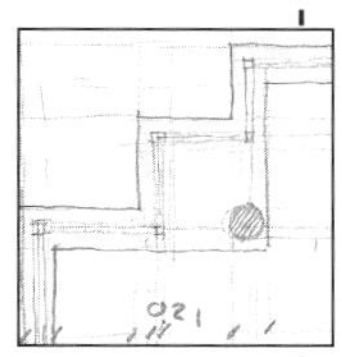

Un croquis ne doit pas comporter trop de détails, sous peine de perdre en lisibilité. Certains dispositifs techniques ou particularités devront faire l'objet de croquis spécifiques supplémentaires.

Schéma au crayon montrant le système de cotation des courbes.

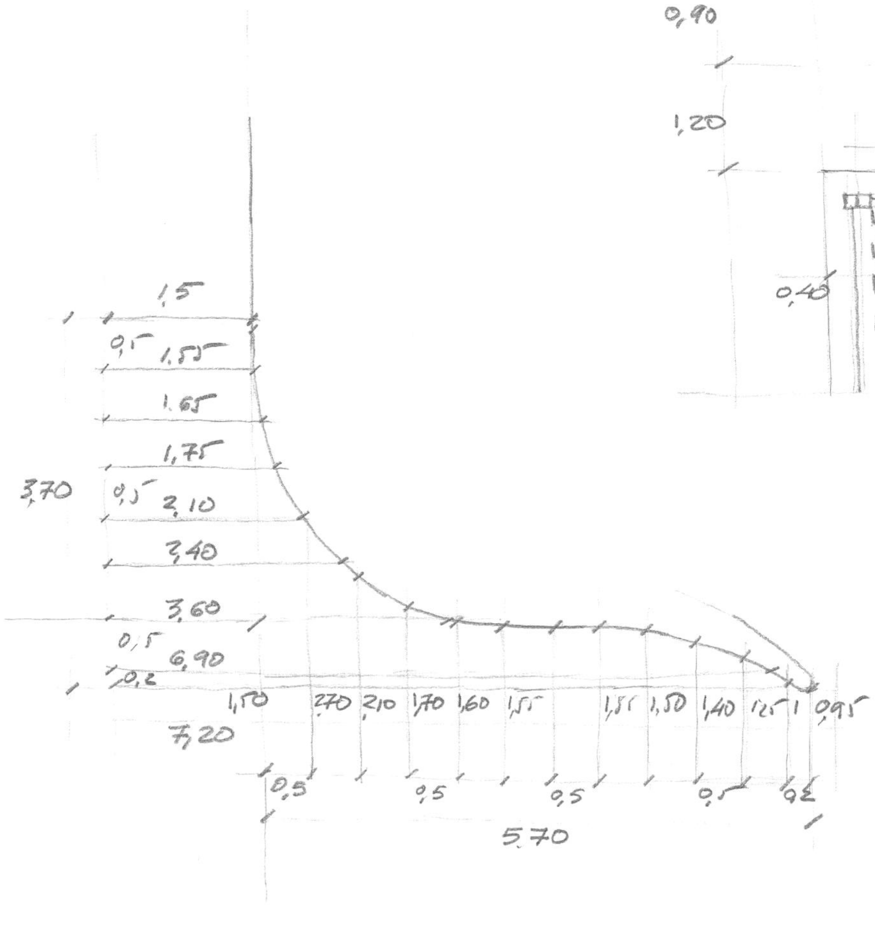

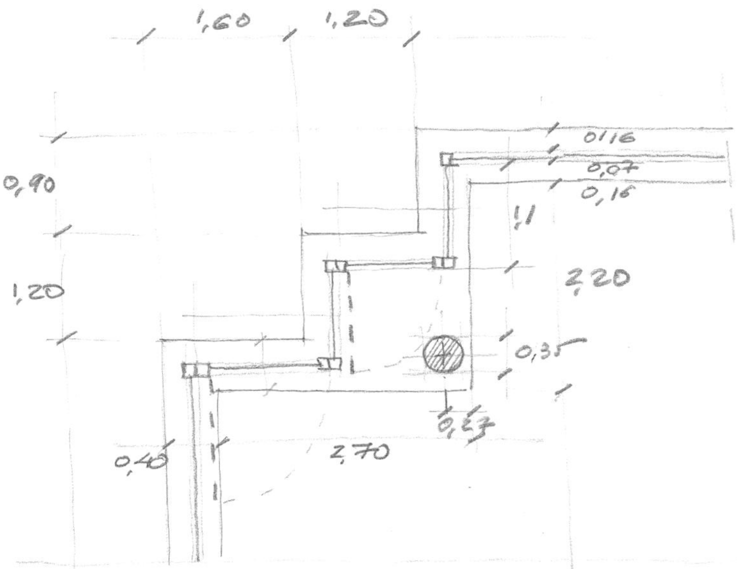

Croquis au crayon d'un détail en plan de l'huisserie.
Lorsqu'on représente de grands espaces, il est impossible de rendre compte de certains détails sur le plan général. Il est alors indispensable de les présenter à part, à plus grande échelle.

Traduire
un espace extérieur

Patio de la Fondation Joan Miró à Barcelone (Espagne), œuvre de José Luís Sert.

Le patio du Centre d'études d'art contemporain abrité par la Fondation Joan Miró à Barcelone, œuvre de José Luís Sert réalisée en 1975, constitue le sujet de cet exercice. Ce patio constitue un pivot spatial et visuel autour duquel s'articulent les diverses salles d'exposition.
Pour le relevé de cet édifice, on se concentrera sur les vues qui définissent l'extérieur : le plan du patio lui-même, avec un rendu des textures des éléments qui le composent, et les élévations des quatre façades qui l'entourent, sans entrer dans plus de détails de la construction intérieure.

PROCÉDÉ D'ÉLABORATION

On vérifie, par une mesure au pas, que le plan forme bien un carré de 15 m de côté. Si la superficie que l'on veut représenter avait été plus réduite, on aurait pu se contenter du croquis ci-dessous, où toutes les vues sont disposées sur une seule feuille, en rabattant les façades à partir du plan situé au centre du dessin. Les dimensions de l'ouvrage obligent à compléter cette première ébauche par d'autres représentations de plus grand format, qui ne tiendraient pas dans un format raisonnable de papier.

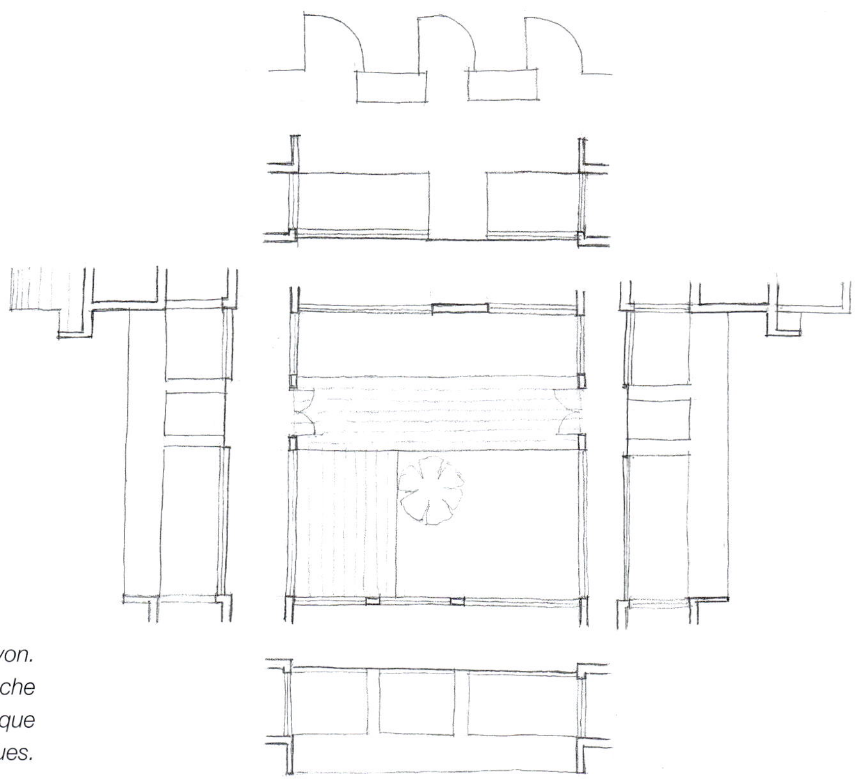

Plan général, réalisé au crayon. Ce croquis constitue une première approche du sujet, avec une disposition classique des différentes vues.

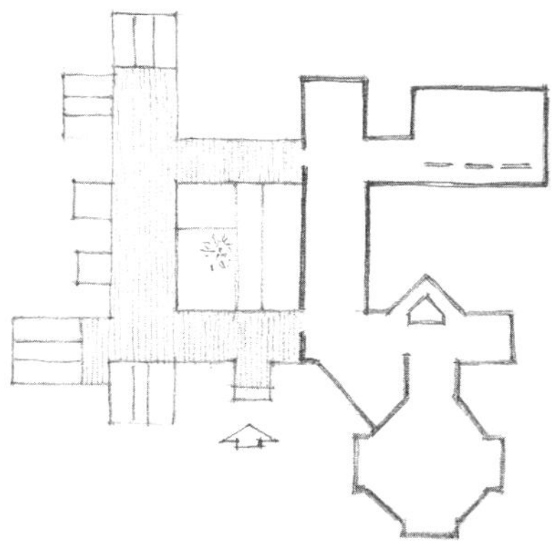

Plan général, au crayon, du patio de la Fondation.

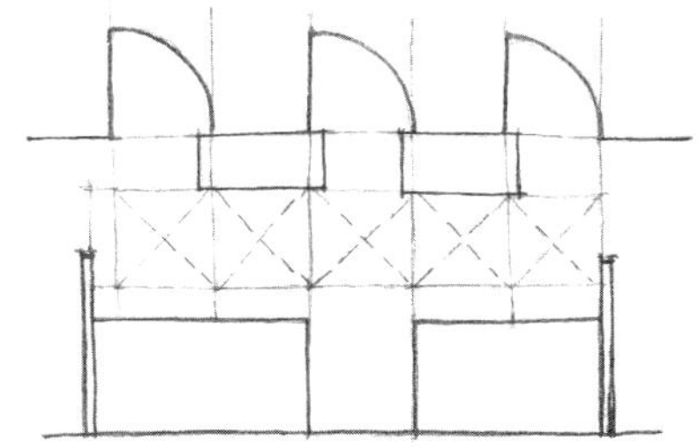

Le jeu sur les formes géométriques analysé dans cet exercice n'est pas toujours aussi évident ; parfois même il fait défaut à la composition architectonique. Il ne faut pas donc pas le rechercher à tout prix.

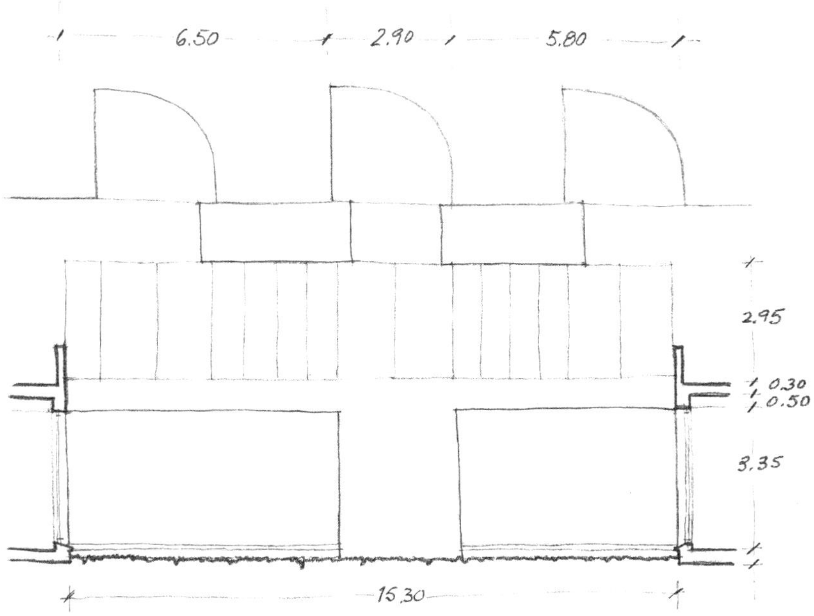

Pour une représentation plus détaillée, on réalise, toujours au crayon, un dessin à plus grande échelle du plan et de l'élévation principale.

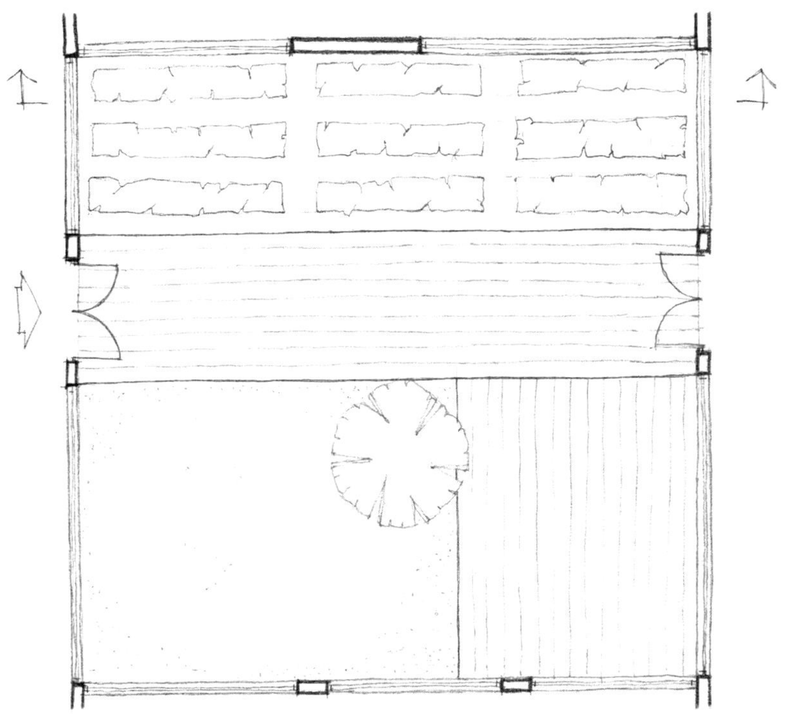

On commence par dessiner le carré de base, en distinguant les zones pavées des zones qui contiennent de la végétation. On indique ensuite l'épaisseur des murs environnants en distribuant les parties vides et les parties pleines. Puis on représente chaque façade vue de face, en définissant les hauteurs ainsi que les pleins et les vides déjà placés sur le plan. Trois des côtés seront ainsi suffisamment définis pour une première approche. Le quatrième côté, choisi pour sa représentativité, fera l'objet d'un dessin plus abouti, jusqu'au niveau de précision que permet le format. On s'efforcera d'y rendre l'effet de composition modulaire créé par les joints en creux du parement, dont on peut s'aider pour la mise en place du croquis.

On transpose ensuite ce jeu de composition sur un croquis de plus grand format, où l'intention de l'architecte s'exprime avec plus de clarté, et l'on en profite pour définir sur ce nouveau croquis l'engravure des huisseries. Sur le plan représenté en regard de cette élévation, on précise davantage la nature du sol et l'on donne une meilleure définition aux murs, portes et fenêtres.

Le sujet choisi pour cet exercice est une maison traditionnelle du centre historique de Sant Martí Vell (Espagne), ville proche de Gérone, de Figueras, et de Púbol, où résida Salvador Dalí jusqu'à sa mort.
Le cœur de village a fait l'objet d'une restauration complète grâce au travail d'Elsa Peretti, designer pour Tiffany's et créatrice de la Fondation propriétaire d'une grande partie des maisons du village.

le Relevé d'une architecture traditionnelle

Intérieur de la maison d'Elsa Peretti.

Le centre de Sant Martí est minuscule : il compte une quinzaine de maisons datant de la seconde moitié du XVIe siècle regroupées, selon une disposition typique de cette région, autour de l'église, sur un petit coteau d'où l'on aperçoit les clochers des villages voisins distants de quelques kilomètres. La plupart d'entre elles sont des bâtiments agricoles. Ces maisons ont connu des transformations au fil des siècles, liées à l'évolution des modes de vie. Au début des années 1950, alors qu'elles étaient à l'état d'abandon, Elsa Peretti initie le mouvement de restauration du village en projetant d'y installer son atelier, une résidence principale et un petit musée, à l'image de ce qu'avaient fait Salvador Dalí et d'autres artistes ou professionnels dans les environs de Sant Martí.

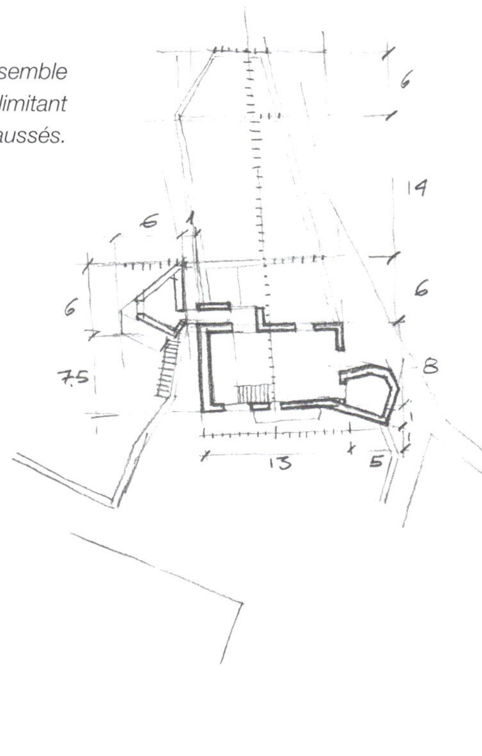

Croquis, au crayon, de l'ensemble à étudier. Les traits délimitant la maison sont rehaussés.

Vue de l'ensemble restauré depuis la place.

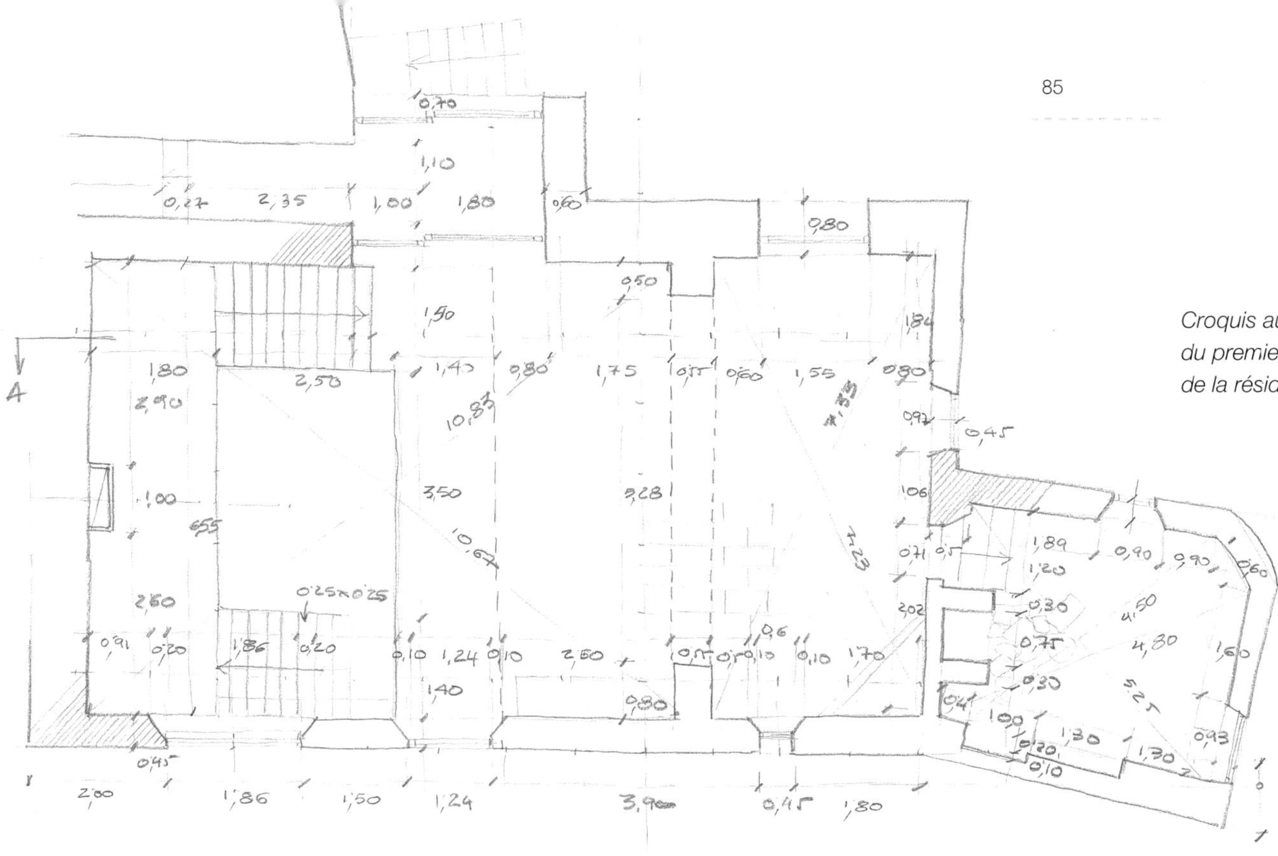

Croquis au crayon du premier étage de la résidence.

LE PROGRAMME

Dans ce contexte spécifique, la réhabilitation ne devait faire intervenir que des matériaux traditionnels, voire le réemploi de matériaux récupérés. Les espaces seraient eux modifiés pour être adaptés à leur nouvel usage. C'est ainsi que seraient réunies deux granges à foin et une maison en ruine pour former la Casa Gran (la Grande Maison) et ses patios, devant servir de lieu de réunion pour les invités de la Fondation.

Plus tard, pour ménager un point de vue sur toute la contrée environnante et, dans une certaine mesure, dans l'intention de redonner un profil au village, celui d'origine étant ruiné par l'enfoncement des toitures, on ferait surgir une tour du néant, au lieu même où avait existé une maison fortifiée. Une telle stratégie de recomposition ne devait évidemment rien à une démarche de restauration classique. Elle prévoyait toutefois l'utilisation de matériaux traditionnels pour les parements de l'ouvrage. La tour serait ensuite reliée à la Casa Gran au moyen d'un pont, à l'image des anciens passages surélevés qui servaient de voies de communication entre les maisons du village.

L'ensemble étudié faisait donc à la fois l'objet d'une restauration et d'une extension. Ces deux aspects devaient guider la réalisation des croquis.

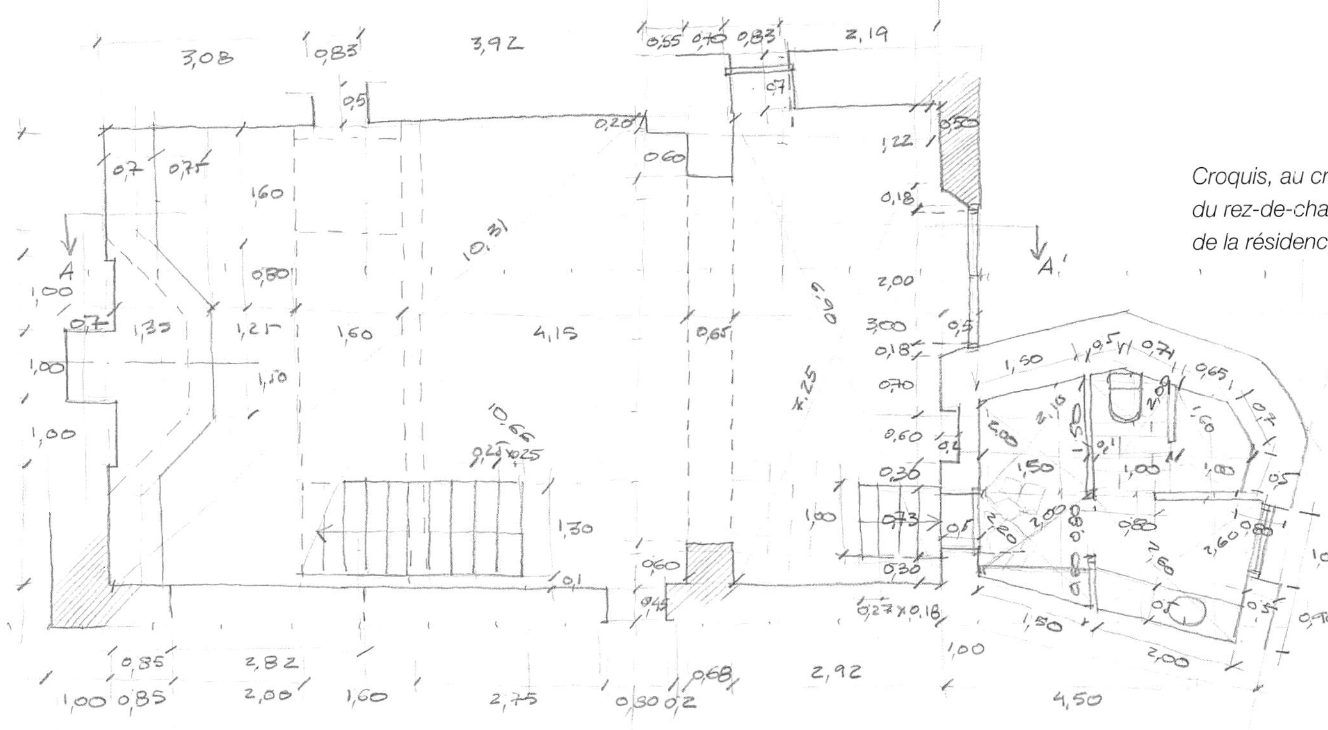

Croquis, au crayon, du rez-de-chaussée de la résidence.

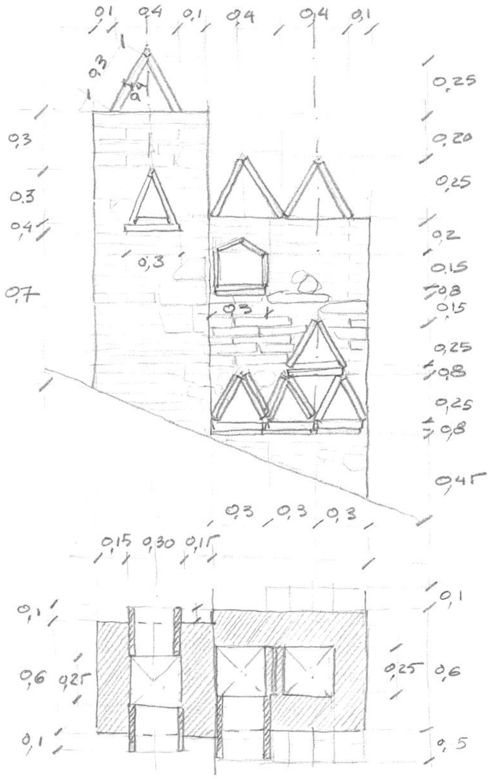

Croquis, au crayon, représentant la nouvelle souche de cheminée en plan et en élévation.

CONDUITE DU TRAVAIL

Dans un travail comme celui que nous présentons, il ne faut présumer de rien : les murs peuvent présenter diverses épaisseurs, saillies et angles. Il est probable que nous ayons affaire à plusieurs dénivellations, et que l'organisation des espaces résulte davantage d'une adaptation à la configuration du terrain que d'un schéma directeur. Qui plus est, il est courant de trouver, dans des maçonneries en pierres sèches ou en matériaux très humbles, des éléments en pierre de taille ou des décorations d'une grande valeur historique.

Un ouvrage à restaurer doit toujours faire l'objet d'une visite intégrale et attentive, tant de l'intérieur que de l'extérieur. Si possible, il convient de l'observer depuis un point de vue élevé afin de se faire une idée claire de la volumétrie d'ensemble. Dans ce cas précis, on a pu le faire depuis la tour de l'église, mais un plan cadastral ou une photo aérienne peuvent généralement suffire.

On établit ensuite un « parcours » du tracé, tout en prenant des mesures au pas ou au moyen d'un mètre ruban. Le parcours commence à la porte d'accès, puis passe par toutes les pièces, suivant des tronçons rectilignes qui se croisent à angle droit. À partir de ces derniers, on suggère les ramifications des parcours secondaires menant aux points de détail du plan. Ce repérage permet de mettre en place l'ensemble du croquis et de définir l'extension des patios et de la maison.

Coupe verticale, exécutée au crayon, particulièrement significative quant au volume en hauteur de la maison.

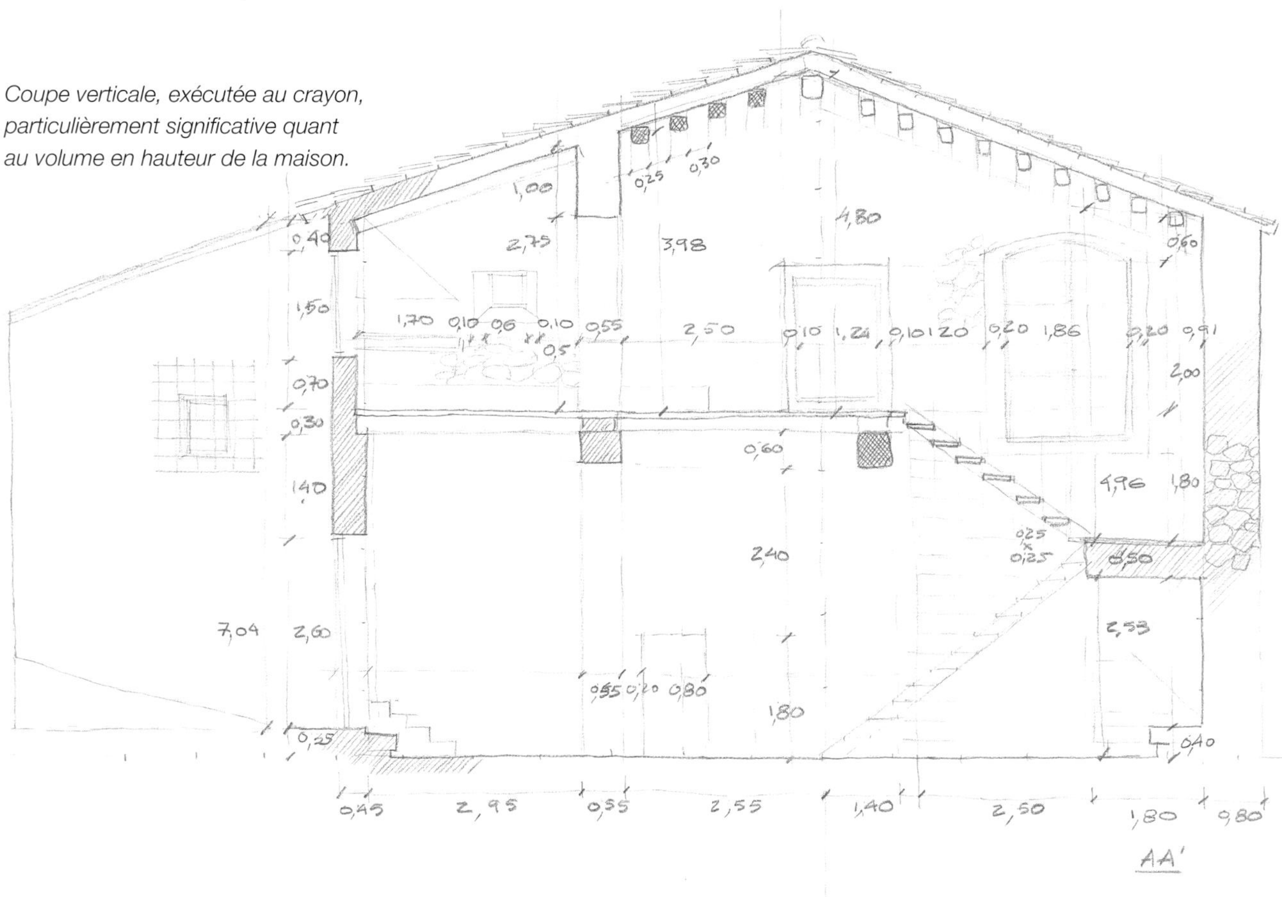

Prenons l'exemple de la salle principale. On définit des parcours secondaires, perpendiculaires aux axes établis initialement, qui viennent buter contre les cloisons, et l'on en marque l'origine sur le sol. On définit ainsi la largeur et l'orientation des différents murs et les dénivelés. Cette première mesure intuitive permet de mettre en place ces éléments sur le croquis, en laissant une marge suffisante pour les cotes et les annotations.
On détaille ensuite de plus en plus : en premier lieu, on représente le profil des cloisons intérieures, puis les éléments complémentaires.
Dans le cas présent, compte tenu de la complexité du sujet, on a décidé de dessiner le plan et les élévations intérieures et extérieures sur des feuilles différentes : aussi devra-t-on étirer les lignes de mise en place jusqu'aux bords de la feuille pour pouvoir reporter facilement ces données sur les autres feuilles. On termine par le report des cotes le long des axes de mesure. On mesure en outre les diagonales afin de définir correctement l'orientation des murs, information essentielle à la réalisation ultérieure des plans à la bonne échelle.

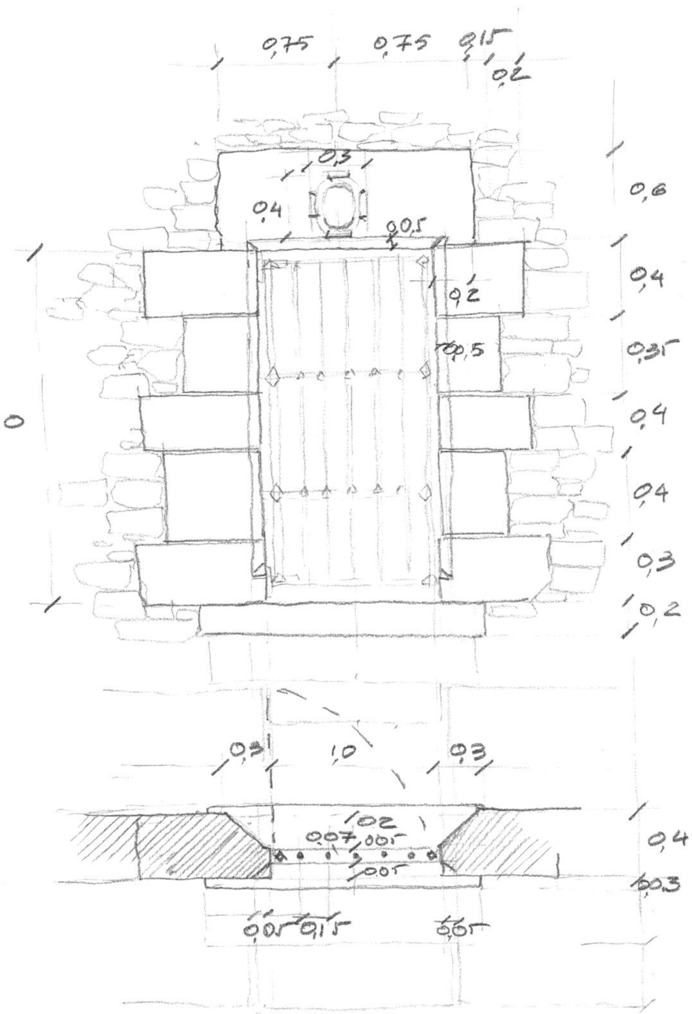

Vue en élévation et coupe de la porte principale, exécutées au crayon.

Croquis, au crayon, de la façade principale donnant sur la place.

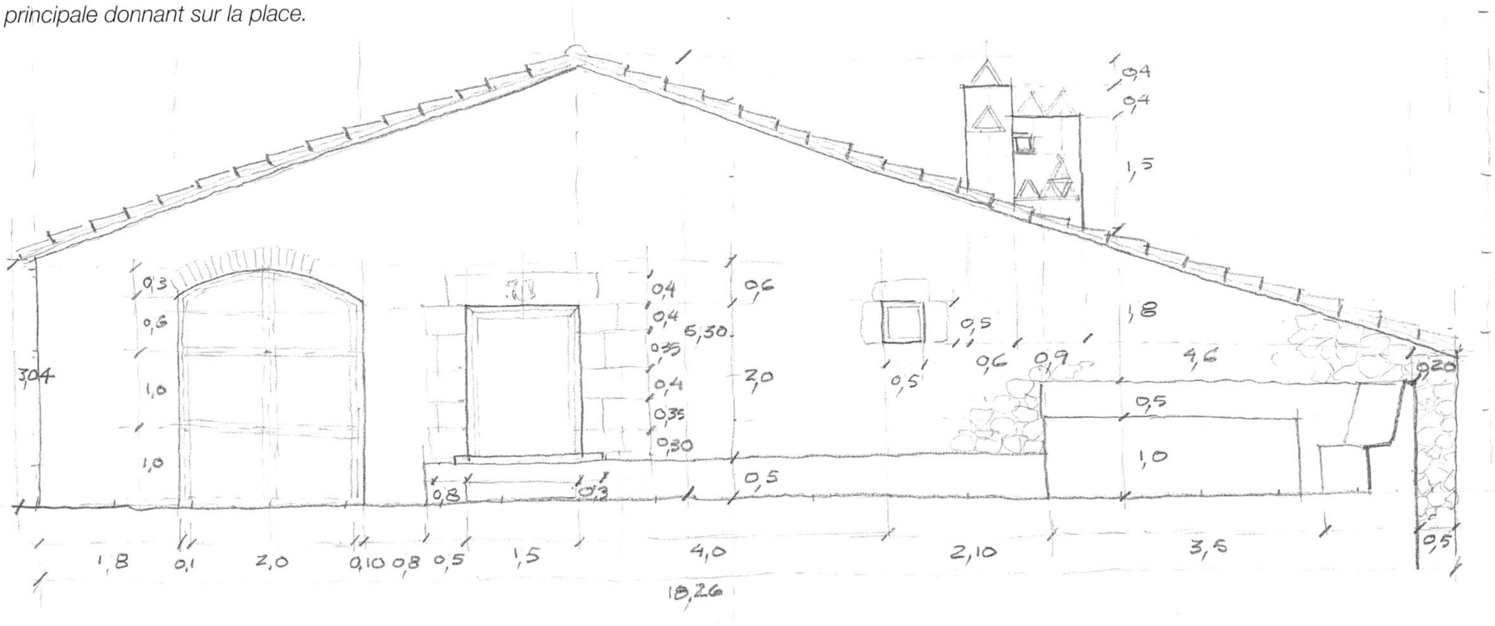

La nouvelle tour, édifiée avec des matériaux récupérés sur les lieux.

Croquis, au crayon, de l'ensemble à étudier. L'élément faisant l'objet de croquis de détail (la tour), est signalé par des hachures.

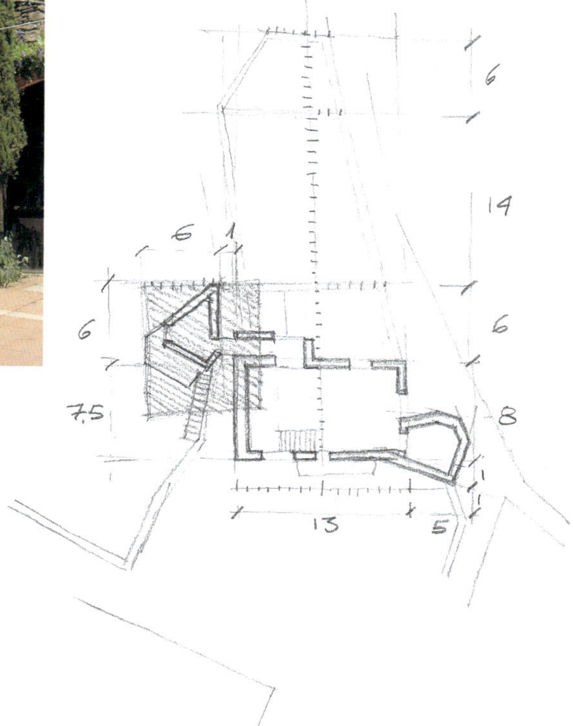

DIFFICULTÉ DU RELEVÉ

Les mesures des murs et des plafonds ne sont pas directement accessibles. Pour connaître l'épaisseur exacte des murs, il faut faire passer l'axe du tracé par les portes de communication entre les pièces et le prolonger jusque dans les ouvertures des baies. De même, pour relever l'épaisseur des planchers et des éventuelles saillies, on fera passer l'axe du tracé par les vides verticaux et par les escaliers.

Il faut toutefois simplifier un peu car le relevé exhaustif d'un espace exige le recours à des méthodes de levées topographiques très coûteuses, telles que la photogrammétrie, qui ne sont pas toujours justifiées, surtout si l'architecte n'intervient que sur les murs. La sélection de croquis ici présentée illustre toutes les techniques de relevé de données précédemment décrites. On y trouvera les plans, coupes, élévations, détails de construction et de décor, indispensables à la description de ce type d'ouvrage.

On a choisi de traiter par des croquis de détail l'une des baies restaurées à l'identique et l'une des nouvelles souches de cheminée, pour lesquelles l'architecte a conjugué avec bonheur matériaux traditionnels et formes modernes.

Croquis au crayon des plans du rez-de-chaussée et du premier étage de la tour.

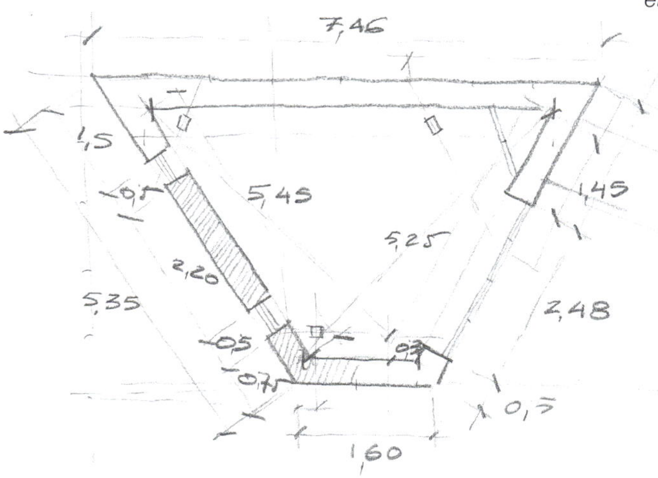

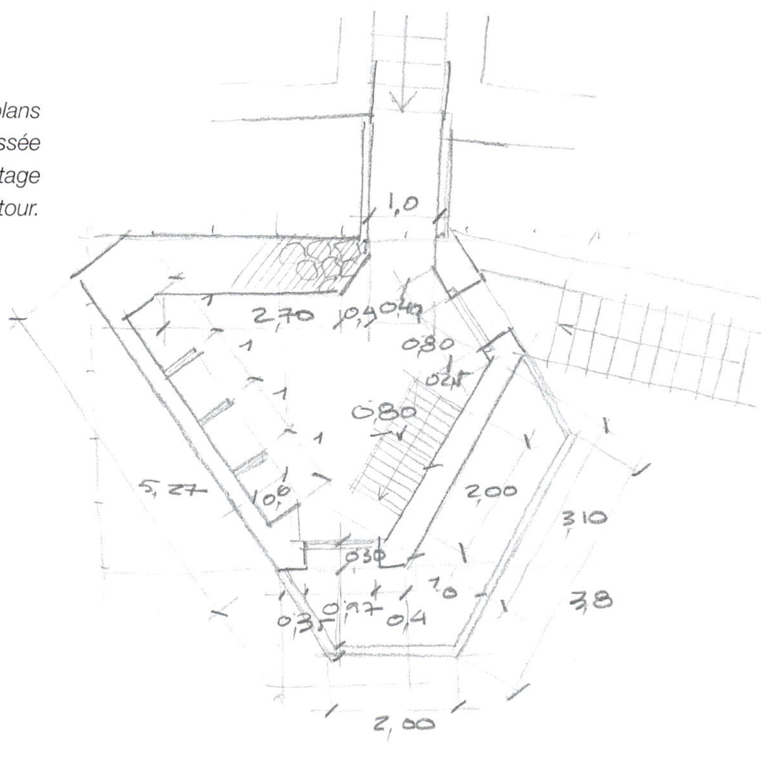

LA REPRÉSENTATION EN HAUTEUR

Comme pour les autres croquis, on commence par diviser la hauteur de la feuille en autant d'unités qu'on a mesuré de pas sur l'ouvrage, en ménageant un espace marginal pour les cotes. On trace ces points et ces axes très légèrement, au moyen par exemple d'une mine 2H. La seconde étape consiste à dessiner les lignes enveloppantes de l'espace et ses subdivisions, au moyen d'un trait fin que l'on prolonge jusqu'au bord de la feuille (toujours pour faciliter le report des données sur d'autres feuilles).

Sur cette base, on trace à traits légers les murs, en précisant leur épaisseur lorsqu'elle est connue. Une fois la mise en place achevée, on surligne avec une mine plus tendre, par exemple une mine B, les plans de coupe, afin de les différencier de la projection.

Les murs, arêtes, dénivelés et parements seront mis en relief par l'emploi de mines de grosseur variable. On peut en outre compléter l'ensemble par un rendu des textures, mais en choisissant des valeurs de ligne suffisamment différenciées et adaptées à l'importance de l'objet, pour ne pas générer de confusions.

Par un trait fin, on représente en dernier lieu les lignes de cotes, en tâchant de toutes les regrouper du même côté. Les chiffres des cotes doivent être bien lisibles.

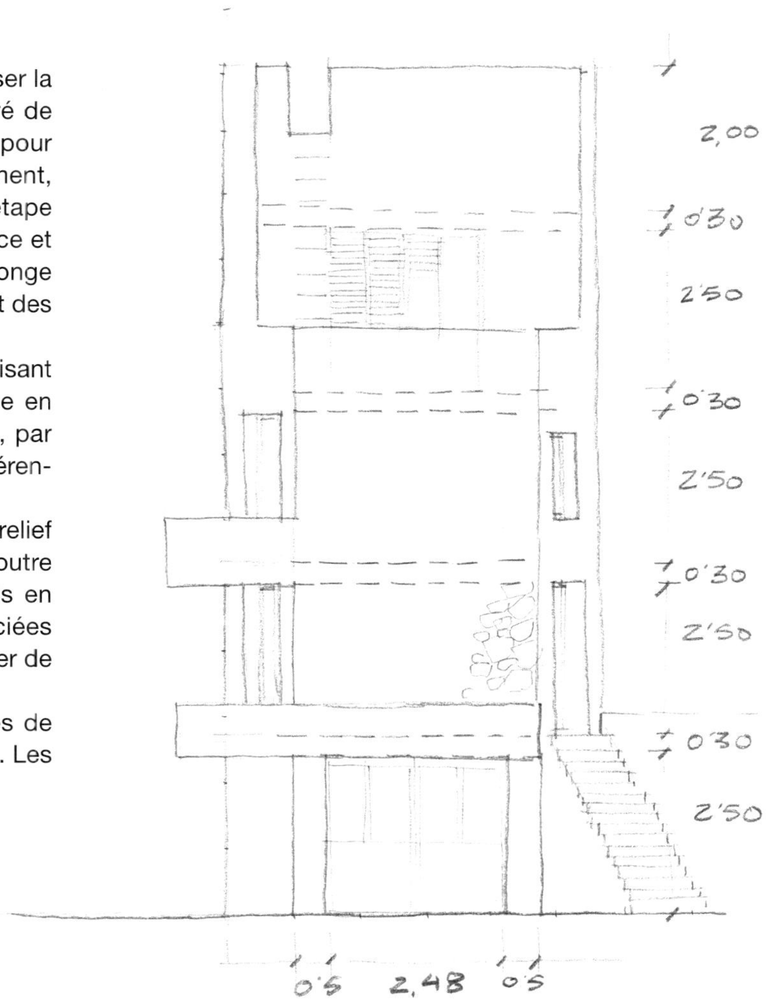

Croquis, au crayon, d'une élévation en coupe de la tour.

Croquis, au crayon, des deuxième et troisième étages de la tour.

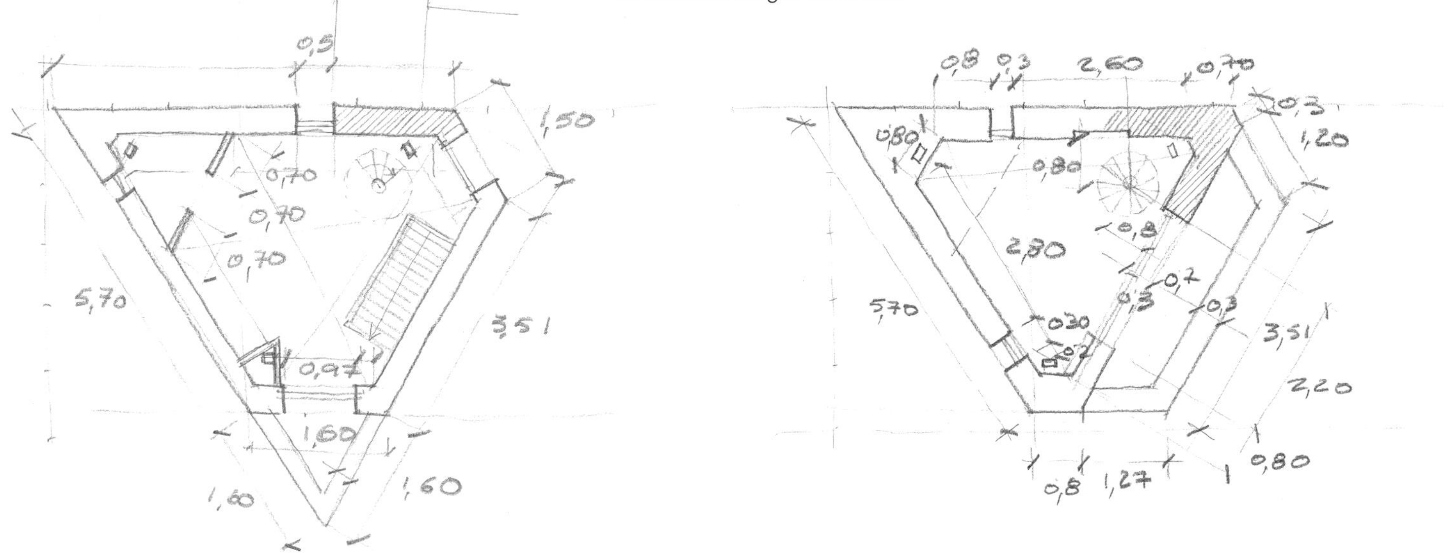

le Croquis d'avant-projet, analyser des formes architectoniques

« EN ARCHITECTURE, LE DESSIN EST LA PREMIÈRE DES CONSTRUCTIONS. QUAND UN ARCHITECTE DESSINE, IL CONSTRUIT DÉJÀ (ON DONNE À CE MOT SON ACCEPTION LA PLUS DIRECTE, LA PLUS IMMÉDIATE ET QUOTIDIENNE) SON ARCHITECTURE. »

J. A. Cortés et J. R. Moneo, Commentaires sur les dessins de 20 architectes contemporains, 1976.

Perspective et moyens

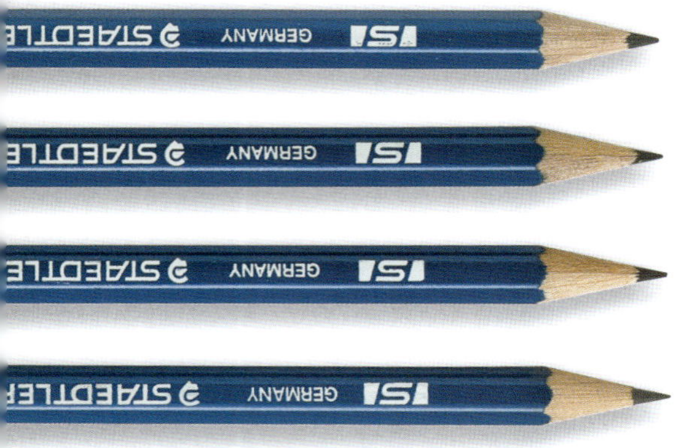

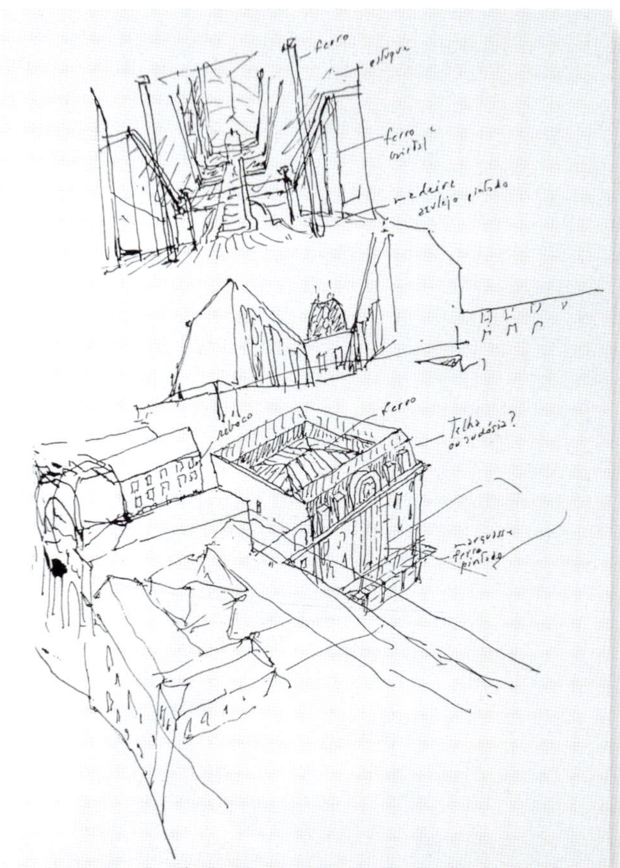

Alvaro Siza.
Projet de réhabilitation de l'immeuble Gradella à Lisbonne (Portugal). Croquis à l'encre.

graphiques

La conception d'un ouvrage architectonique passe par le dessin dès le moment où l'on rassemble ses idées autour d'un projet.

L'avant-projet est une étape capitale pour un architecte. Le dessin réalisé à main levée, en un temps assez court, va permettre de définir les caractéristiques géométriques essentielles d'une forme architectonique à partir de ses contours. Ce type de croquis est construit grâce à des systèmes de représentation conventionnels, composés de lignes ou de trames, qui accordent une importance particulière au rendu des volumes et traduisent la profondeur par des ombres.
Le dessin d'avant-projet est aussi un moyen de communication avec des tiers, car il donne une forme visible à un bâtiment qui n'est pas encore construit. Il est indispensable avec lui de maîtriser les systèmes de représentation qui permettent de transcrire le réel. Il faut ainsi savoir réaliser des vues et des perspectives axonométriques et coniques, car ces représentations permettent de traduire un projet en volumes.

les Principes de la perspective conique

Le système de la représentation conique est basé sur le principe selon lequel tout élément peut être projeté sur un plan, de façon non orthogonale mais convergente. Les droites reliant l'œil de l'observateur à différents points de l'objet architectural observé créent une pyramide visuelle (PV-ABCD).

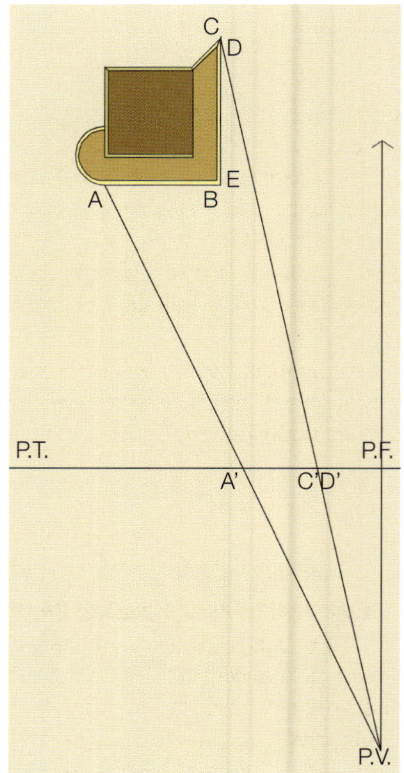

Remarquez que le plan du tableau est perpendiculaire à l'axe de la vision de l'observateur.

PRINCIPES DE BASE

La perspective conique est la représentation la plus proche de la perception visuelle. Il ne s'agit pas, cependant, d'une représentation exacte de la réalité, mais d'une transformation projective du modèle, d'une simplification linéaire ou plane : le fait est que nous avons besoin de nos deux yeux en mouvement pour comprendre ce que nous voyons.

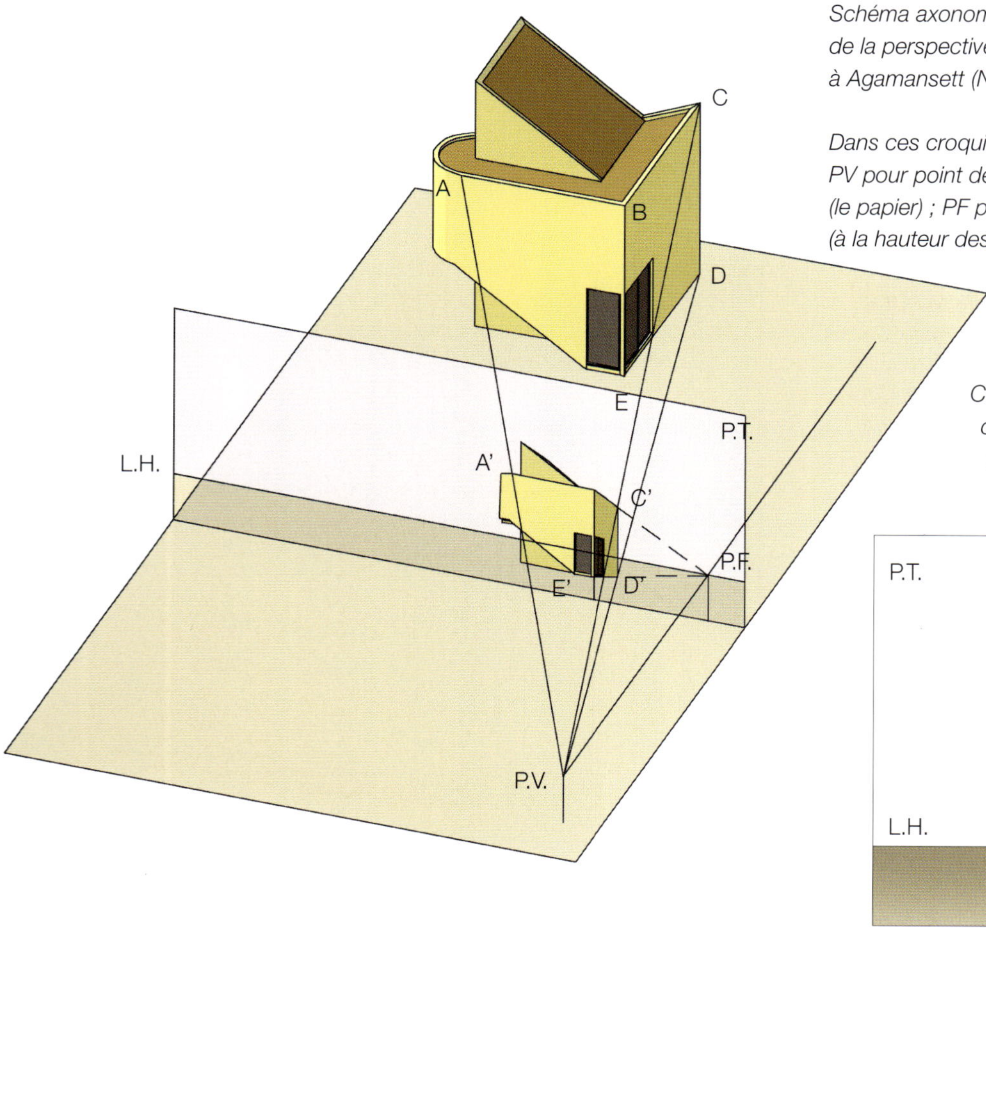

Schéma axonométrique d'une représentation, suivant les principes de la perspective conique frontale, des bureaux de l'agence Gwathmey à Agamansett (New York, États-Unis), par Charles Gwathmey.

Dans ces croquis, on utilise les abréviations suivantes : PV pour point de vue (place de l'observateur) ; PT pour plan du tableau (le papier) ; PF pour point de fuite ; LH pour ligne d'horizon (à la hauteur des yeux).

Ce schéma représente le résultat de la projection sur le plan du tableau (notre feuille à dessin). La droite A'B' se projette horizontalement sur le tableau et les perpendiculaires B'C' ou E'D' convergent vers un même point de fuite PF.

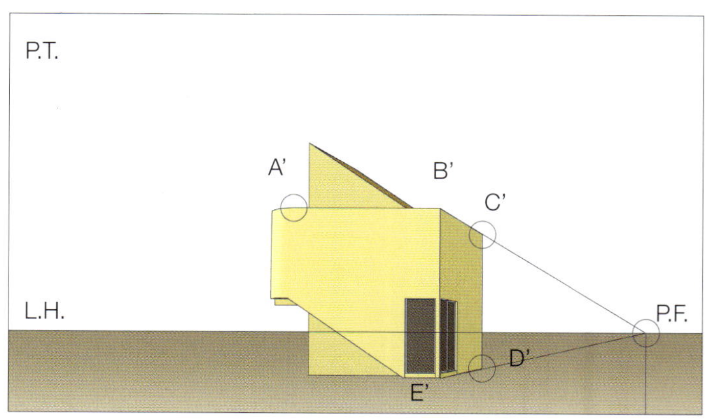

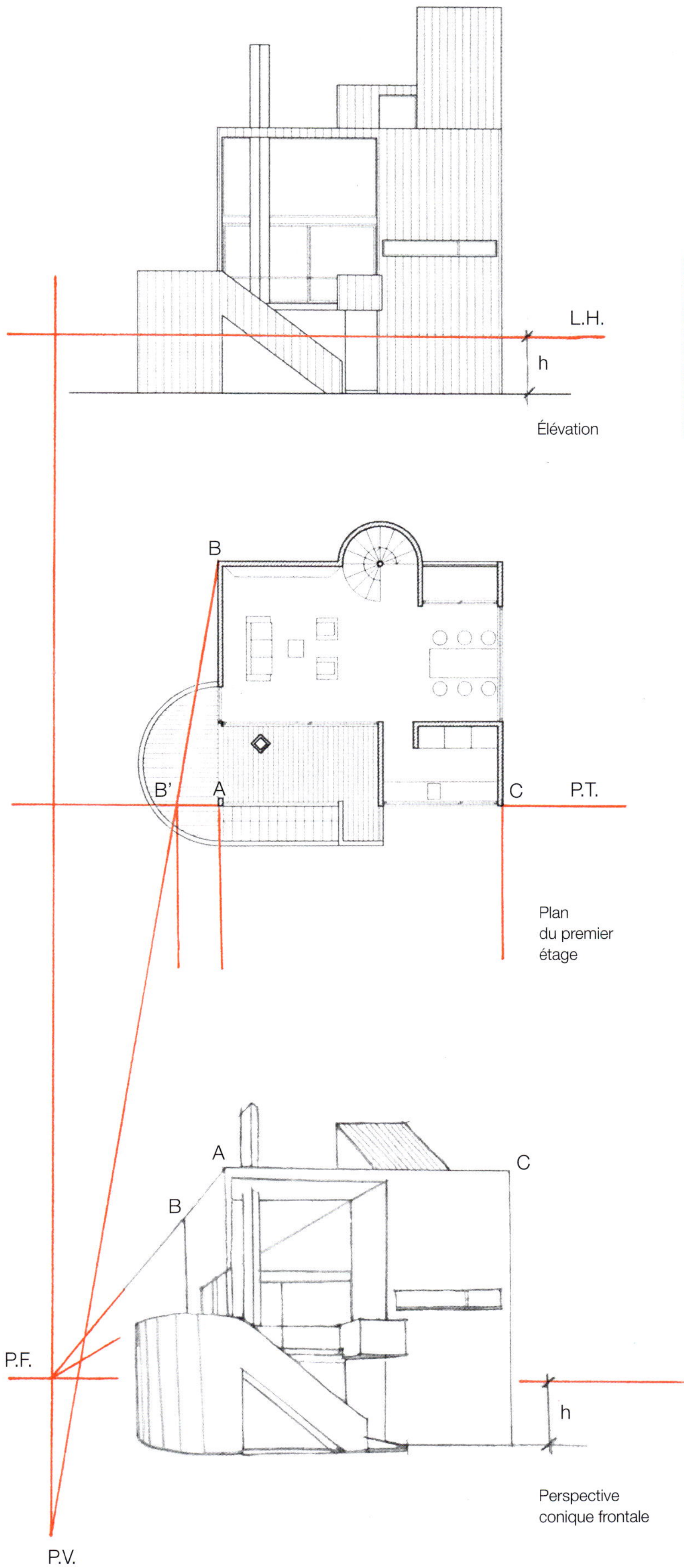

Élévation

Plan du premier étage

Perspective conique frontale

En se basant sur un plan et une élévation de la maison Gwathmey, on construit une perspective conique frontale. Les verticales passant par A et C coïncident avec le plan du tableau : leur représentation ne sera pas tronquée car la projection est frontale, c'est-à-dire parallèle au plan du tableau. Les horizontales, qui passent par les extrémités des verticales, par exemple AB, et sont perpendiculaires au plan, fuient vers le point PF, toujours placé sur la ligne d'horizon : leur représentation est tronquée par rapport à leur longueur originellement décrite sur le plan.

PERSPECTIVE CONIQUE FRONTALE

L'intersection de la pyramide visuelle et d'un plan vertical, celui du papier, crée une représentation plane du volume, comme sur un écran de cinéma. On procède aux divers calculs des mesures du modèle d'après des vues réalisées selon le système diédrique (plan et élévation). Dans ce schéma, l'observateur est situé au niveau du sol, défini par un plan horizontal appelé plan géométral ou plan du sol. Son regard s'élève jusqu'à un autre plan horizontal, plus haut que le géométral, le plan de l'horizon (d'une hauteur *h*), que vient couper le plan de projection ou tableau (PT) en définissant la ligne d'horizon (LH). La projection perpendiculaire du point de vue (PV) sur LH donne naissance au point de fuite principal (PF), et la distance entre le PT et le PV définit la distance principale de la construction de cette figure.

L'angle formé par les droites qui relient l'œil de l'observateur aux sommets les plus éloignés du modèle s'appelle angle de la vision. Il est recommandé qu'il se situe entre 40° et 60°.

Les perspectives coniques sont soit frontales ou obliques, soit angulaires. Dans la perspective frontale, le plan du tableau est parallèle aux éléments que l'on souhaite mettre en exergue : toute ligne horizontale ou verticale s'y projette telle quelle. Dans la perspective oblique, le plan du tableau est orienté selon une position verticale quelconque (et non plus parallèle) par rapport au modèle.

Un mur vu de face se projette donc sur le tableau en conservant ses dimensions et proportions. La projection des murs parallèles à un mur vu de face doit toujours conserver les rapports de proportion de ces murs, bien que leur échelle varie en fonction de leur position relative par rapport à l'emplacement du premier mur représenté de face. Les arêtes perpendiculaires au mur convergent au point principal (PP), qui coïncide ici avec le point de fuite, ce qui n'est pas le cas dans la perspective oblique.

Sur un plan de la maison Gwathmey, on trace le plan de coupe C-C', qui devient le plan du tableau quand il est redressé à la verticale ; les principes exposés dans ce chapitre permettent d'élaborer une représentation en perspective de cette coupe.

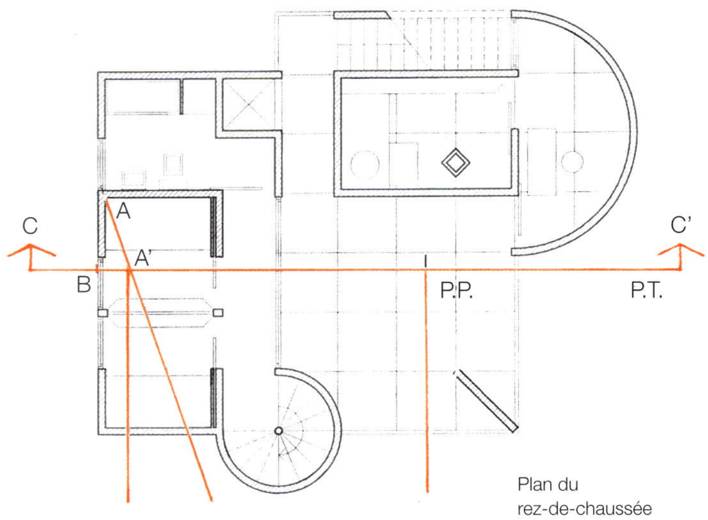

Plan du rez-de-chaussée

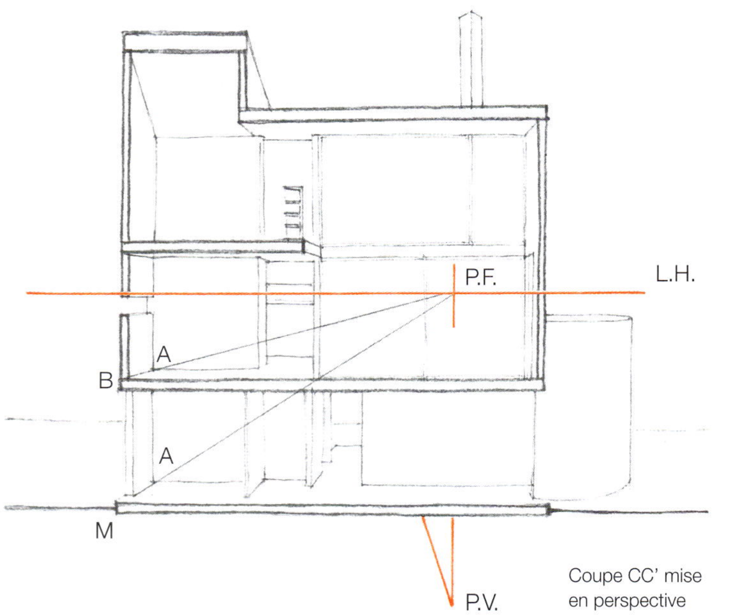

Coupe CC' mise en perspective

Si l'on fait coïncider le plan du tableau avec l'une des arêtes verticales décrites sur le plan du modèle précédent, la droite projetée aura une longueur identique à celle représentée sur le plan. Il devient alors possible de définir sur cette verticale (appelée échelle des hauteurs, EH), la hauteur de l'observateur ou toute autre mesure.

La coupe perspective est une variante de la perspective conique frontale, très utilisée en architecture. On fait coïncider le plan du tableau avec une coupe donnée ; le résultat est un dessin qui ne prétend pas reproduire une vue réelle du modèle mais enrichit notre perception d'un bâtiment en ajoutant une évocation de sa profondeur. Aussi le point de vue peut-il se trouver à une hauteur peu vraisemblable, par exemple à mi-hauteur ou plus haut que l'édifice.

PERSPECTIVE CONIQUE OBLIQUE

Sa principale différence avec la perspective conique frontale est que toutes les lignes, sauf les verticales, sont fuyantes. En plaçant le modèle face à l'observateur, la vue présente une orientation différente pour chacune des faces du modèle, que l'on suppose, par souci de simplification, perpendiculaires entre elles. Pour que la vue paraisse aussi réelle que possible, il faut éviter que l'une des faces ne présente un raccourci excessif. Une orientation de 30° à 60° est acceptable. Dans un avant-projet à main levée élaboré avec un matériel graphique conséquent, les approximations sont acceptables tant qu'aucune des deux faces du modèle n'est représentée de façon trop frontale.

Ces élévations et le plan des deux derniers étages sont donnés ici à titre de documentation complémentaire, pour mieux comprendre comment s'articule la résidence que l'architecte Charles Gwathmey s'est fait construire à Agamansett (New York, États-Unis).

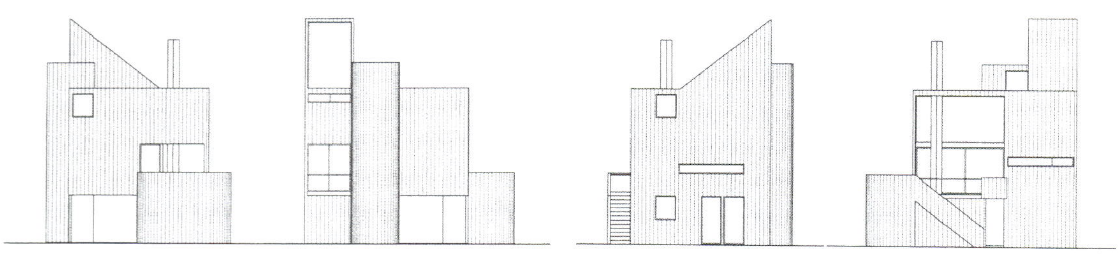

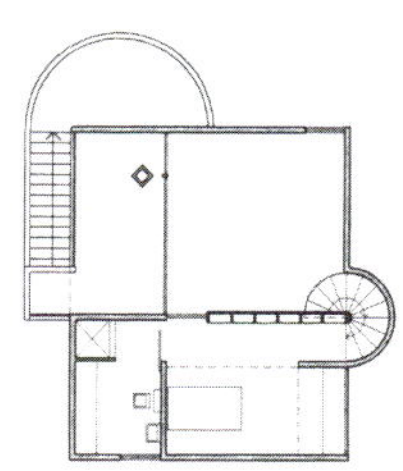

Plan du premier étage

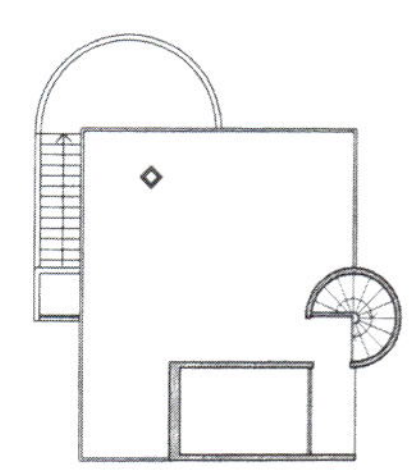

Plan de couverture

Une projection en perspective axonométrique permet ici d'expliquer le principe de la construction d'une perspective conique. Dans la pratique, on doit cependant réaliser la projection conique en partant du plan, de l'élévation et des coupes.

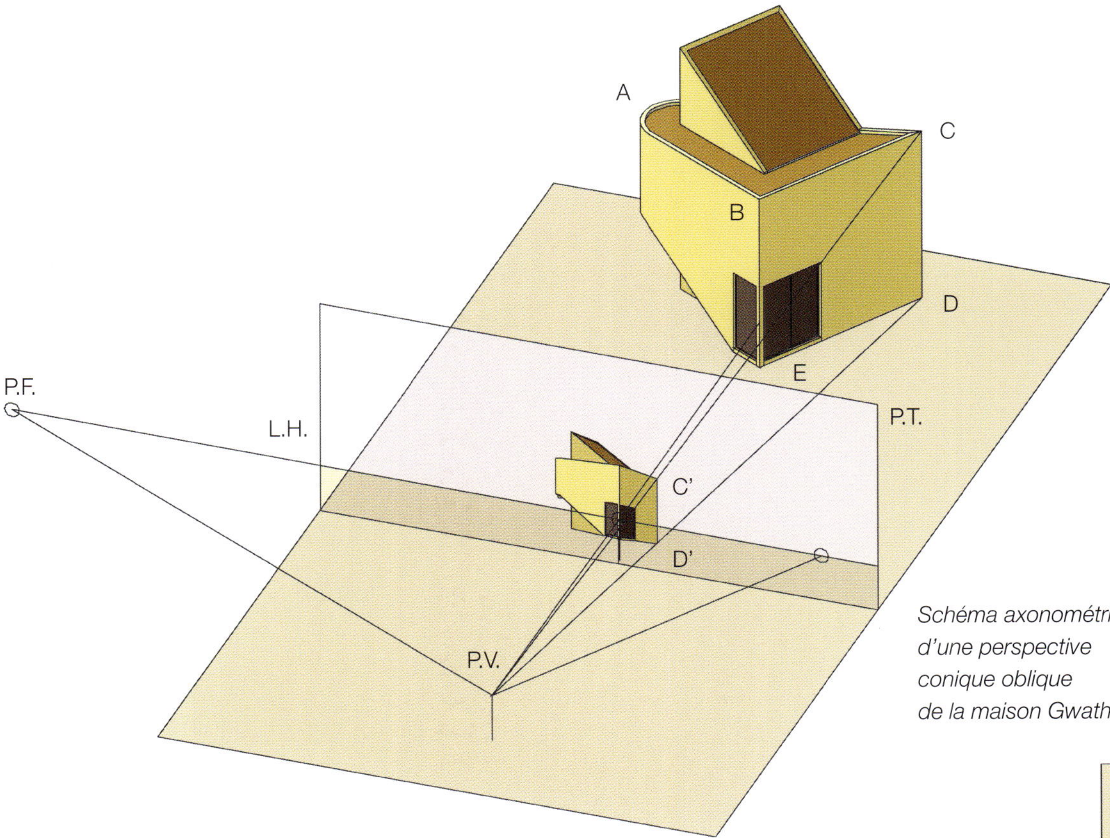

Schéma axonométrique d'une perspective conique oblique de la maison Gwathmey.

Nous détaillerons à l'aide d'un exemple ce type de projection (le croquis de dessous montre le résultat de la projection). Ce système, qui privilégie l'analyse des lignes parallèles horizontales, est applicable à tout type d'ouvrage ; ces lignes devront toujours converger vers des points de fuite situés sur la ligne d'horizon.

On commence par déterminer ces points de fuite (PF) extrêmes, en traçant à partir du point de vue de l'observateur deux lignes parallèles à AB puis à ED, soient les côtés de l'édifice que l'on veut représenter. Les points de fuite extrêmes ne correspondent pas au point de fuite principal ; c'est en quoi ce système diffère de celui de la perspective frontale. Ces points sont formés par l'intersection des droites (PV–PF) avec le plan du tableau à la hauteur de la ligne d'horizon (LH). On mesure leur distance par rapport au point principal, puis on reporte ces valeurs sur l'esquisse (schéma ci dessous).

Une fois que l'on a projeté les arêtes verticales (B'E', C'D'…) et déterminé la hauteur de l'observateur, on trace, à partir de l'échelle des hauteurs (c'est-à-dire la verticale qui coïncide avec le plan du tableau), les lignes B'C', B'A', E'D', etc. Ces lignes se projettent sur les points de fuite et coupent les verticales. C'est de cette façon que l'on définit le volume.

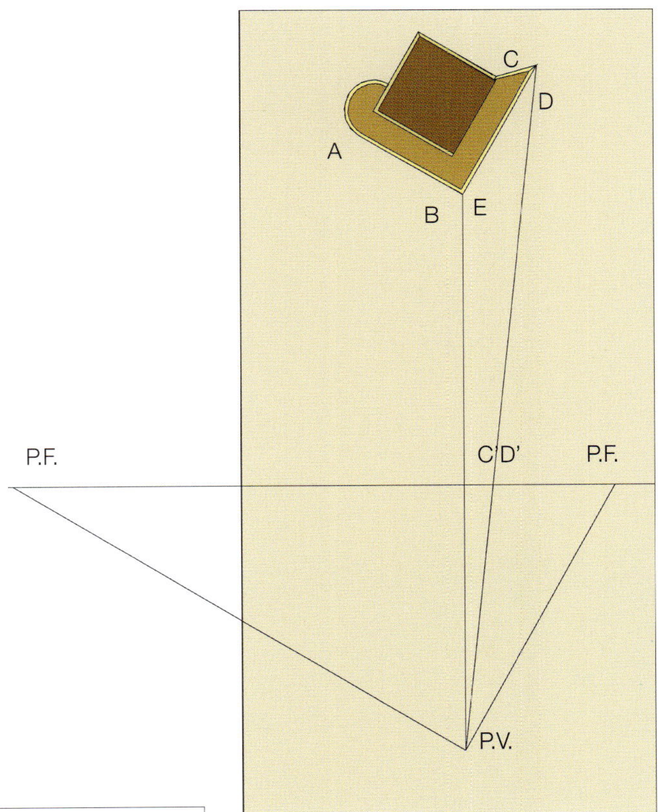

On obtient les points de fuite en traçant des lignes parallèles aux différentes faces et partant du point de vue de l'observateur, jusqu'à ce qu'elles coupent la ligne d'horizon.

Résultat de la projection réalisée grâce à la perspective conique sur le plan du tableau.

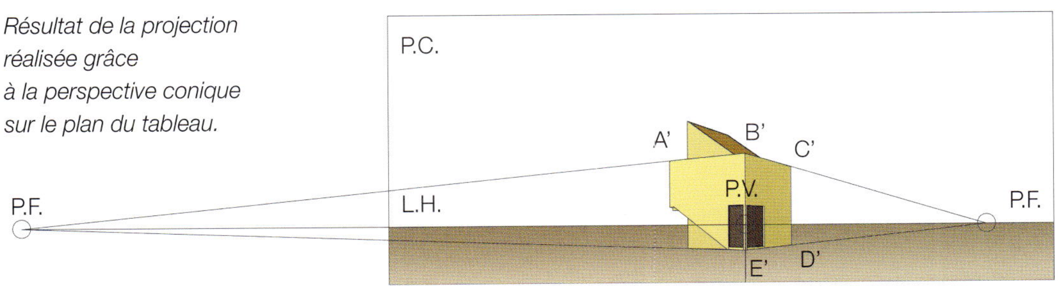

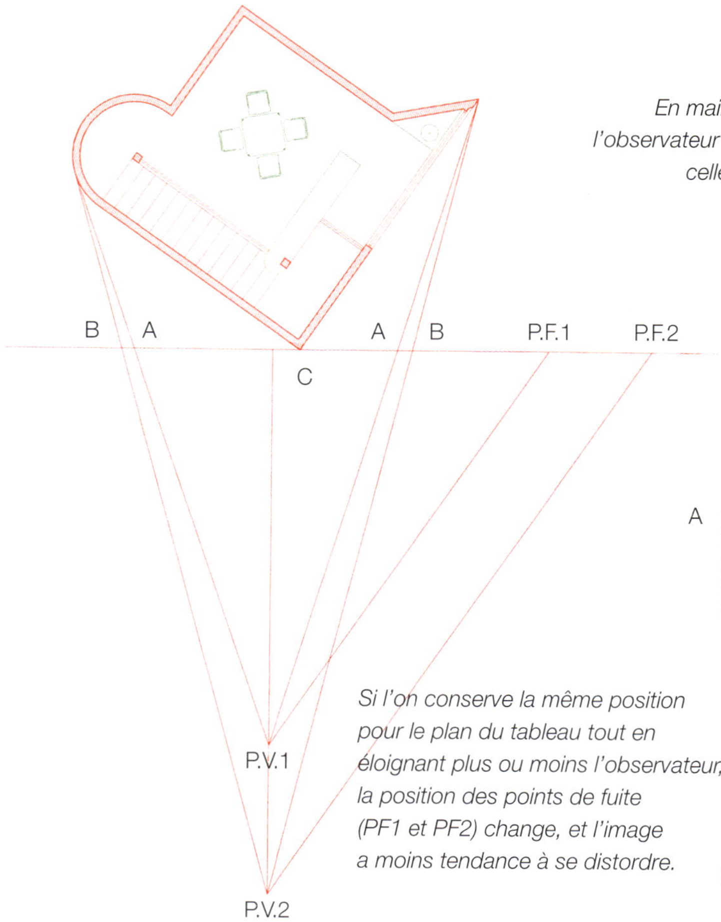

Si l'on conserve la même position pour le plan du tableau tout en éloignant plus ou moins l'observateur, la position des points de fuite (PF1 et PF2) change, et l'image a moins tendance à se distordre.

En maintenant la même distance entre l'observateur et le modèle et en faisant varier celle du plan du tableau, on obtient des projections similaires mais de formats différents.

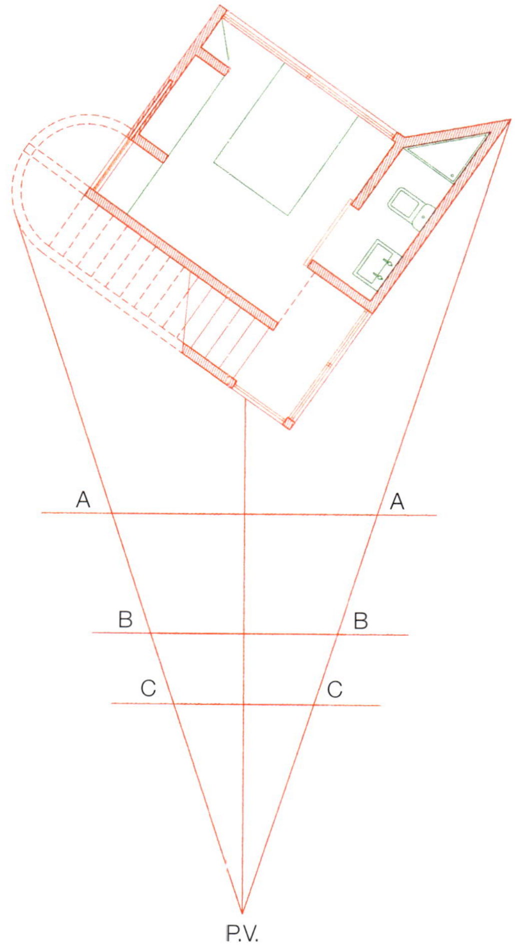

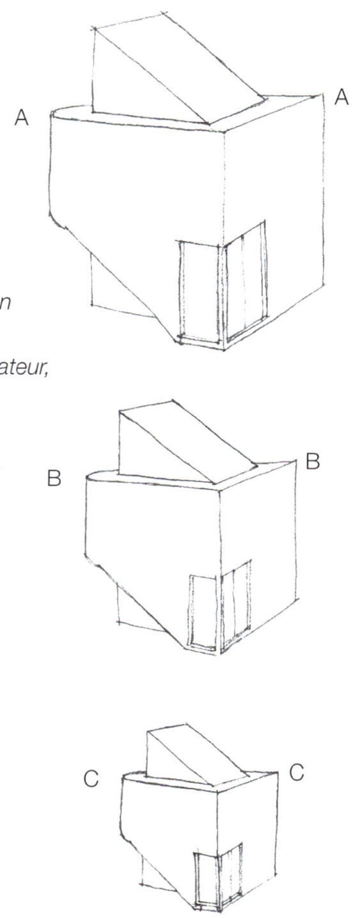

Résultats obtenus en plaçant le plan du tableau aux positions A, B et C.

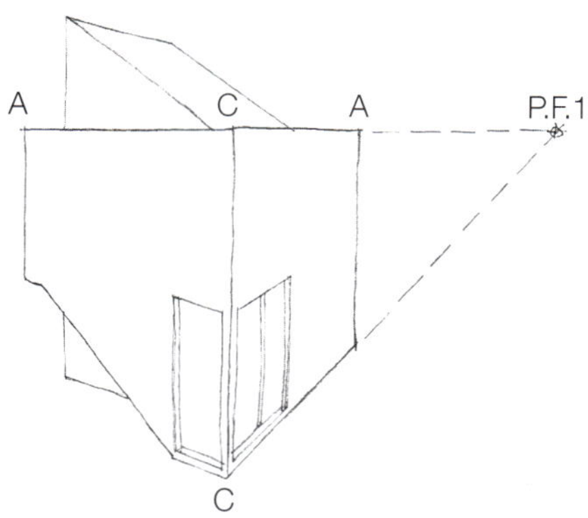

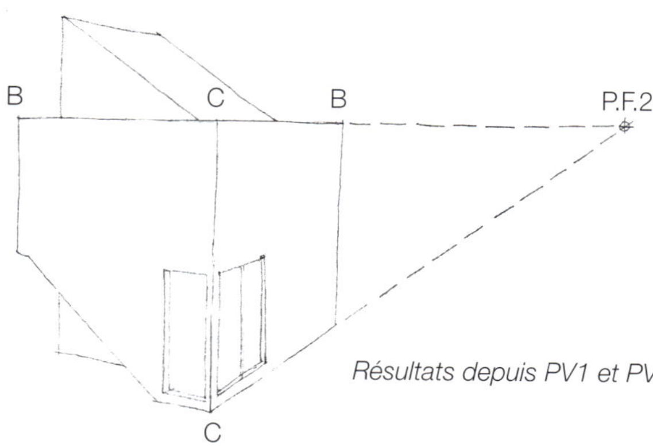

Résultats depuis PV1 et PV2.

CHANGEMENTS DE DISTANCE ENTRE L'OBSERVATEUR ET LE MODÈLE

La distance entre l'observateur et l'objet, définie au moment où l'on met en place une perspective conique, dépend des dimensions du modèle et du choix que l'on fait de le représenter en entier, ou pas, sur une vue unique.

Si l'on conserve la même position pour le plan du tableau, tout en éloignant l'observateur, le dessin sera légèrement plus développé en largeur (voir le croquis à gauche résultant du changement de point de vue). Le phénomène inverse se produit si l'on déplace le plan du tableau (voir les croquis A, B, et C ci-contre) : plus l'observateur s'en rapproche (A) et plus l'échelle du dessin est grande.

Le plan du tableau est en général situé entre l'observateur et le modèle, mais il serait également possible de le déplacer hors de ces limites. En règle générale, plus l'observateur est proche du modèle, plus la vue paraît distordue ; elle s'aplanit dès que l'observateur s'en éloigne.

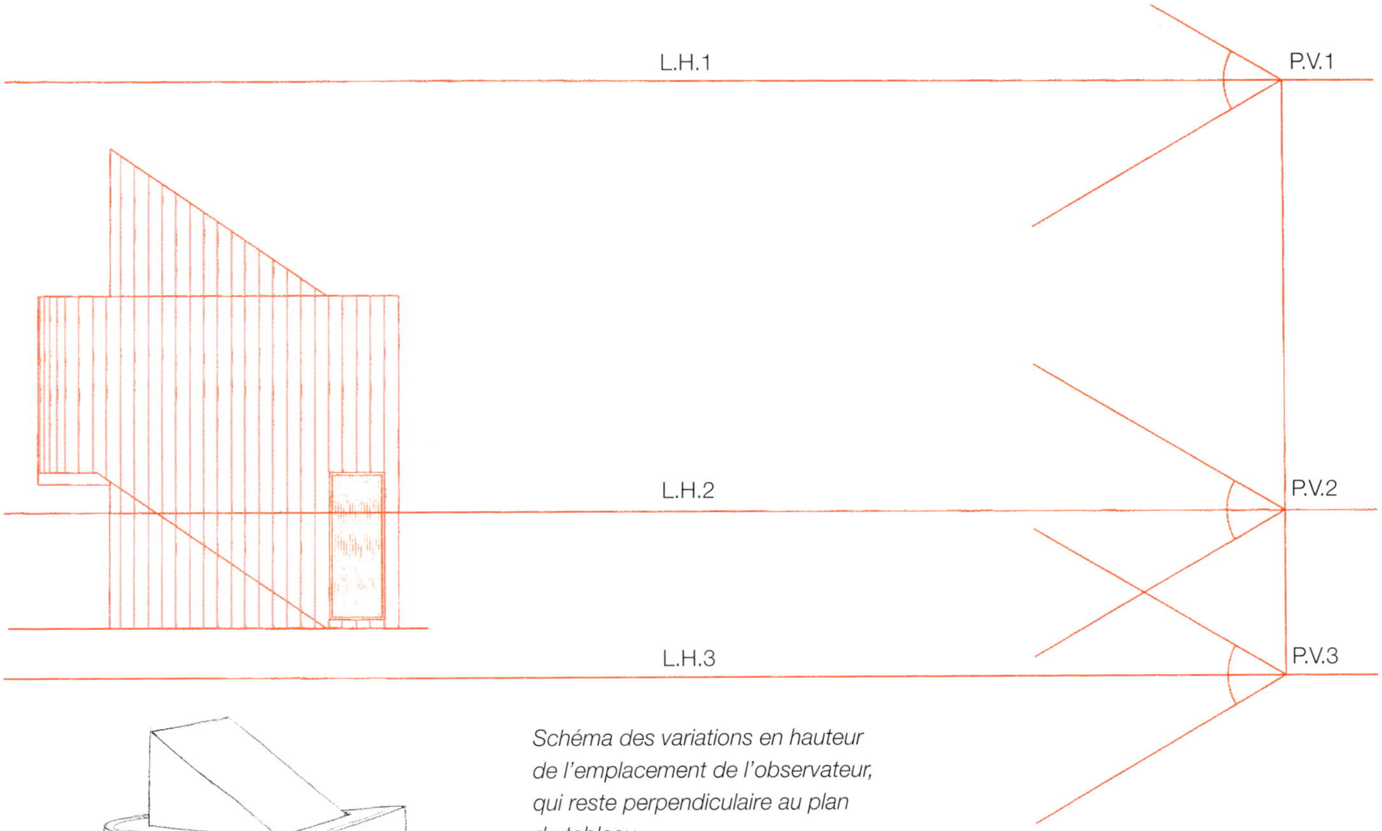

Schéma des variations en hauteur de l'emplacement de l'observateur, qui reste perpendiculaire au plan du tableau.

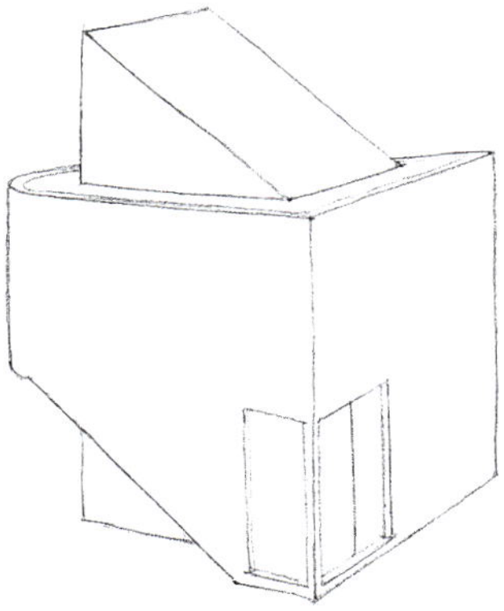

Depuis PV1.

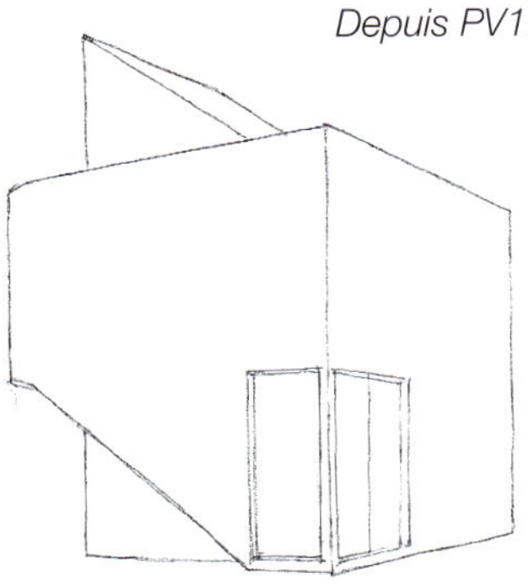

Depuis PV2.

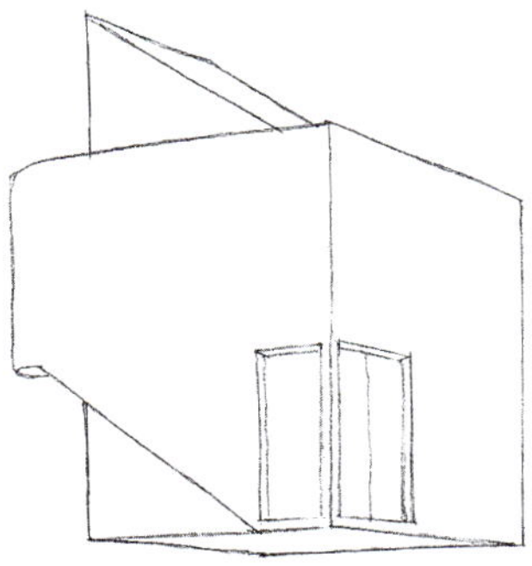

Depuis PV3.

CHANGEMENTS DANS LA HAUTEUR DU POINT DE VUE

Une fois que l'on a mis en place la perspective du bâtiment depuis un point de vue vraisemblable donné à partir du niveau du sol, on peut essayer d'observer quels changements induiront des variations de la hauteur du point de vue de l'observateur.

On réalise des vues de ce type, peu habituelles, quand il s'agit de montrer l'ensemble d'un édifice et ses alentours, comme s'ils étaient vus depuis un avion ou à vol d'oiseau. La vue au ras du sol servira à présenter la structure et le détail d'un plafond.

Étant donné que la position de l'observateur par rapport au plan du tableau ne change pas, la position relative des différentes arêtes par rapport au point principal reste la même, mais leur position change par rapport à la ligne d'horizon. Aussi, dans une vue surélevée, la magnitude de la hauteur et du point de contact des coins sur le sol se mesure depuis la ligne d'horizon vers le bas, car on suit la direction de l'observation et l'on se trouve alors placé plus haut que l'édifice.

Dans une vue rasante ou prise depuis le sous-sol, la base de la mise en place est la même, mais on mesure les coins des arêtes depuis la ligne d'horizon, vers le haut.

Perspectives coniques obtenues à partir des trois hauteurs différentes de ligne d'horizon présentées dans le schéma ci-dessus.

le Cadre et la mesure des formes

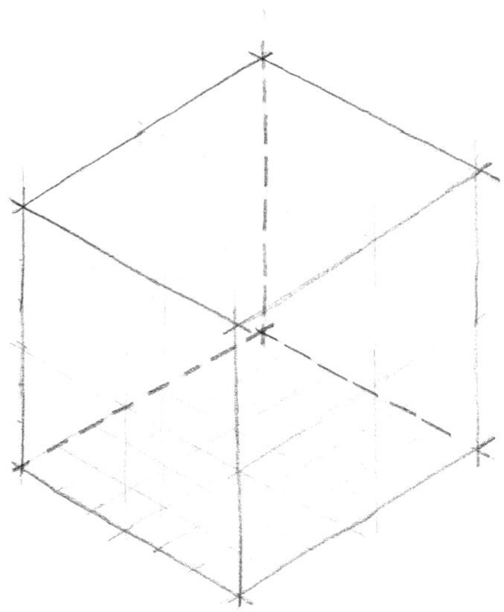

CADRE GÉOMETRIQUE ET GRAPHIQUE

Tous les bâtiments, même les plus complexes, peuvent être enfermés dans une figure géométrique élémentaire comme le cube, le cylindre, la pyramide… À partir de cette figure de base, on affine son approche du volume réel du bâtiment en ajoutant ou en retranchant d'autres figures géométriques plus petites.

Ce moyen permet de cadrer les croquis d'avant-projet en perspective axonométrique ou conique d'un édifice et les éléments qui les composent. On commence par l'axonométrie parce que l'on peut mesurer les distances sur ses axes ; les vues à distance permettent de décrire l'ensemble du modèle avec une grande économie de moyens graphiques.

On peut de cette façon décrire le volume d'une manière rationnelle, même lorsque les édifices sont très vastes ou incluent des formes organiques, et découvrir différentes relations géométriques qui ne sont pas toujours visibles. L'analyse des formes architectoniques permet d'apprendre comment se compose un ouvrage d'architecture.

Un simple cube sert de « container » à l'édifice tout entier, ici la maison Gwathmey.

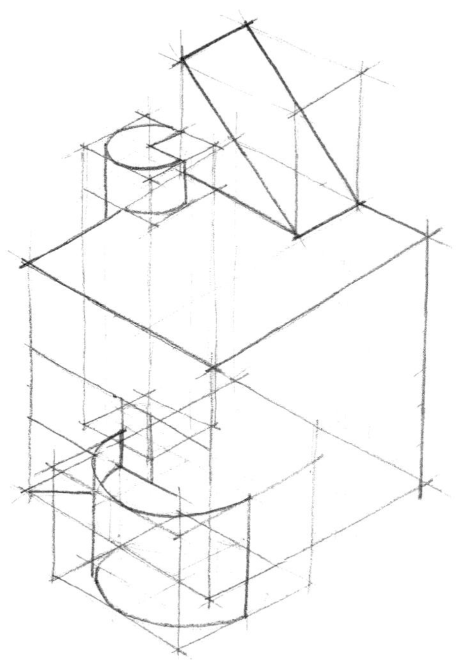

En ajoutant ou en retranchant des volumes simples, on s'approche peu à peu du volume définitif.

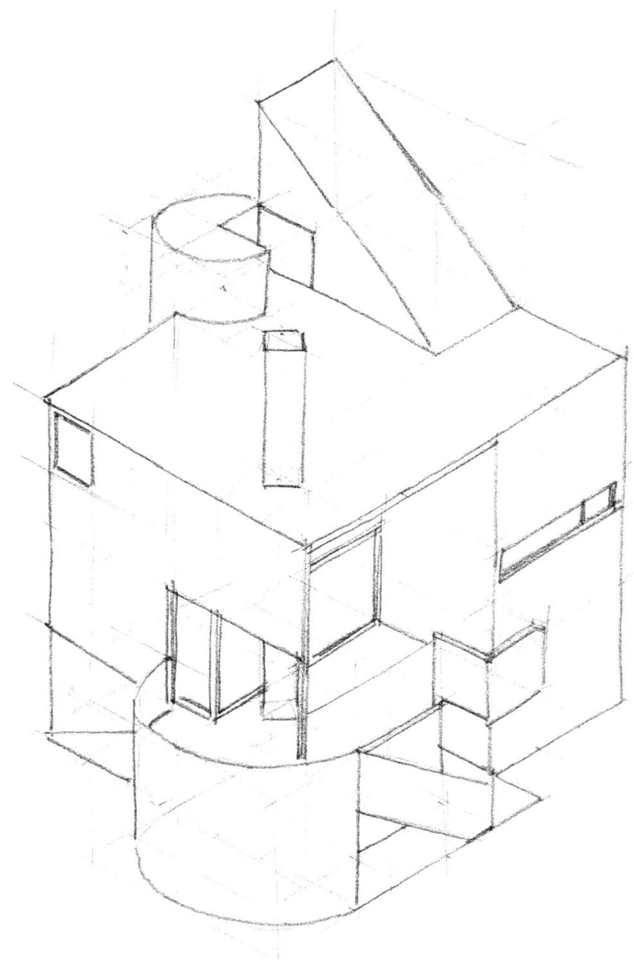

Enfin, on intègre les fenêtres, l'escalier et tous les éléments qui caractérisent l'architecture.

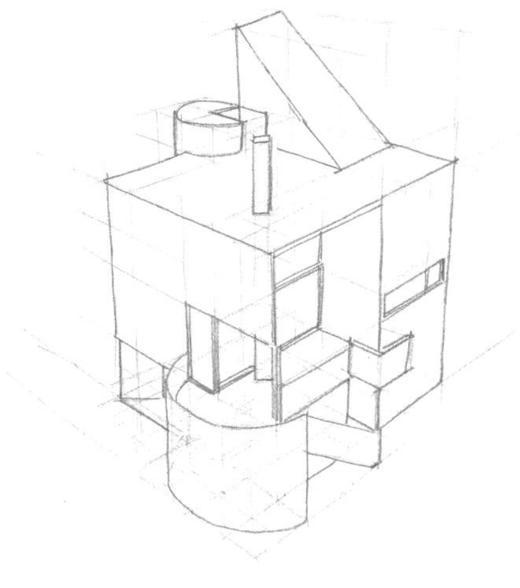

Si l'on met un modèle en place à l'aide d'une perspective conique, il faut garder présent à l'esprit le fait que le volume initial et toutes ses divisions doivent être fuyants.

MESURE EN PERSPECTIVE CONIQUE

On a vu que toute ligne appartenant au plan d'un ouvrage et coïncidant avec le plan du tableau présente des mesures réelles, définies à l'échelle du modèle représenté.

Dans le système de projection conique, on peut établir une règle de mesure à partir de ces lignes, qu'elles soient verticales ou horizontales, du moment qu'elles sont sur le plan de l'ouvrage, en coïncidence avec le plan du tableau, en créant un éventail de lignes qui permettront de déplacer les valeurs métriques en tout point de la profondeur de l'espace perspectif. Pour représenter la profondeur de l'espace dans un sens parallèle au tableau, le problème est autre. On peut avoir recours à divers procédés ; nous n'exposerons ici que les plus utilisés dans le dessin à main levée.

MÉTHODES SIMPLIFIÉES

La première méthode est basée sur la règle selon laquelle, chaque fois que l'on divise par deux la distance qui sépare le plan du sol du plan de l'horizon, on double la profondeur de la représentation. Si l'on connaît la position de l'observateur et sa hauteur, ainsi que la situation du plan du tableau, la projection est facile à mettre en œuvre.

La seconde méthode est une application du théorème de Thalès, selon lequel des droites parallèles déterminent sur deux droites quelconques des segments proportionnels. On divise donc une droite horizontale tracée à partir du plan du tableau en unités de mesure égales d'une valeur de 1 m, ici tous les 50 cm (①). Connaissant la profondeur de cet espace, ici de 4 m (②), on marque cette valeur sur la droite de mesure horizontale LM avec les 4 repères ayant pour valeur 1 m. On trace ensuite une droite à la hauteur *h* qui

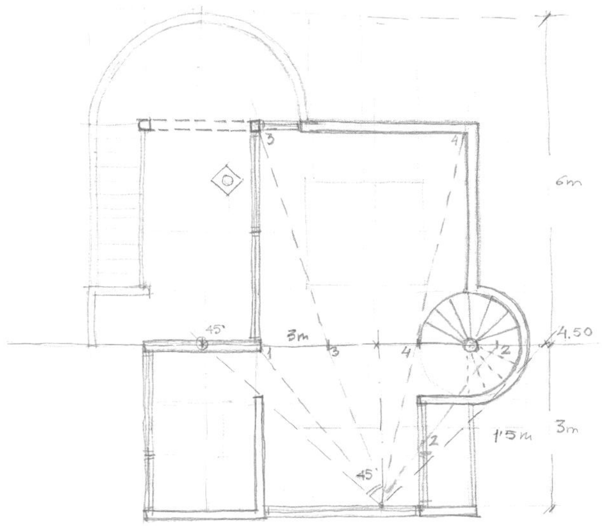

On indique sur le plan l'arête 1, qui coïncide avec le plan du tableau, et l'arête 2, qui définit l'angle de vue. On projette ensuite l'arête 3 et l'arête 4 : le cadre scénique est défini.

Sur les arêtes situées dans le plan du tableau, on peut définir une règle ou échelle graphique.

En mesurant la distance qui sépare l'observateur du plan du tableau, et en reportant cette donnée sur le cadre de la perspective, on se rend compte qu'en divisant par deux la distance entre la ligne d'horizon et le plan du sol, on a doublé la profondeur de la représentation.

Ce schéma illustre une application du théorème de Thalès pour la représentation de la subdivision de l'espace dans le sens de la profondeur.

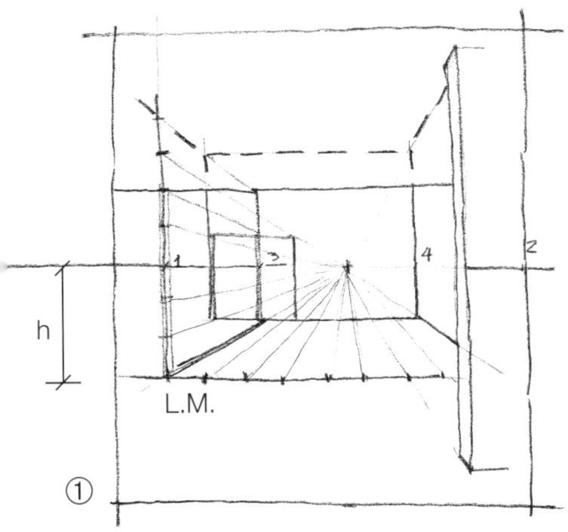

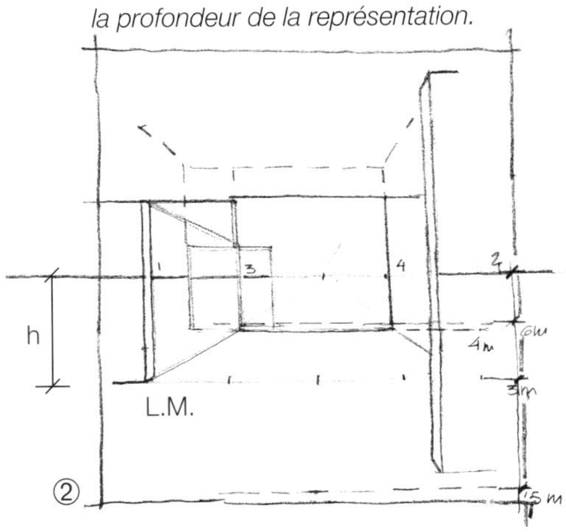

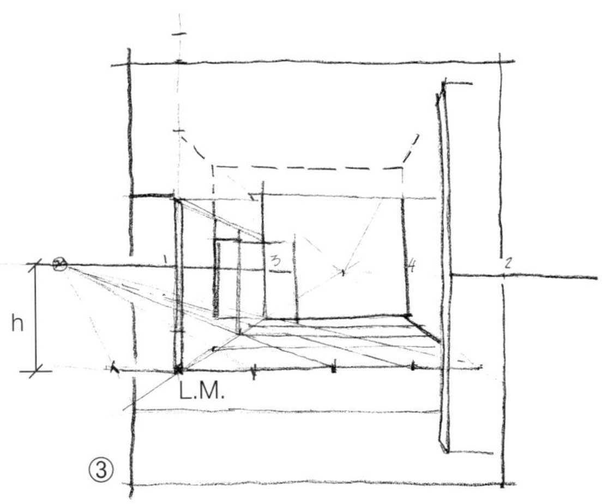

correspond à la ligne d'horizon (ici h = 1,60 m). Puis on ramène le point de correspondance par rapport à l'angle de vision du plan sur cette droite et on le relie aux 4 repères sur LM. Le dernier point d'intersection sur la fuyante du sol détermine le mur du fond (③).

La troisième méthode est basée sur la représentation d'un carré vertical en perspective, délimité en hauteur par la ligne d'horizon et à la base par la fuyante de la ligne du sol. Le problème consiste à définir le premier carré. Sur la figure ci-contre, on peut observer que ce carré a une hauteur h égale à 1, 60 m (hauteur de la ligne d'horizon par rapport à LM) ; pour construire le point déterminant la longueur de la base du carré, il suffit de placer cette même valeur (1,60 m) sur la droite LM et de la relier au point de l'angle de vision.

Ensuite, en joignant un des sommets du carré au milieu d'un côté adjacent, on obtient un autre carré. On définit de cette manière successivement de nombreux autres carrés en perspective.

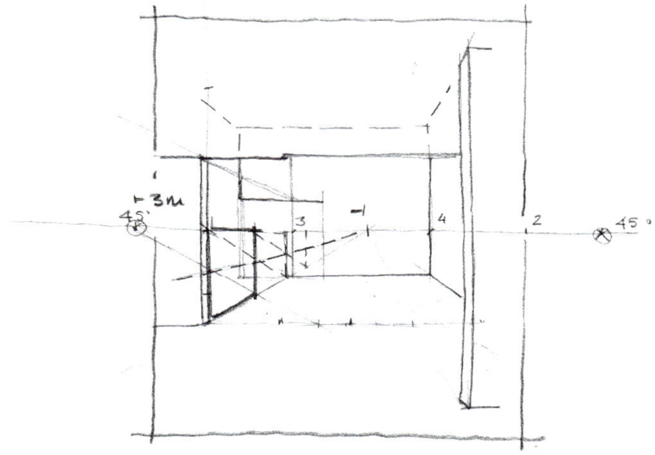

Pour définir le premier carré, il faut revenir au plan et tracer des lignes à 45° en partant de l'observateur, de façon que la distance entre ce dernier et le plan du tableau soit la même que celle qui sépare le point de fuite principal (toujours situé au centre de la perspective) et le point où ces lignes coupent l'horizon.

COMBINAISON DE PLUSIEURS SYSTÈMES

À partir des principes ci-avant exposés, on peut définir toutes sortes de figures géométriques. Par exemple, pour déterminer le nombre des marches d'un escalier et leur hauteur, on applique le théorème de Thalès, tant pour le sol que pour les verticales : on obtient ainsi un quadrillage qui permet de dessiner les différents éléments.

Exemple d'application des principes développés dans ce chapitre. On voit ici la perspective conique frontale du salon de la maison Gwathmey.

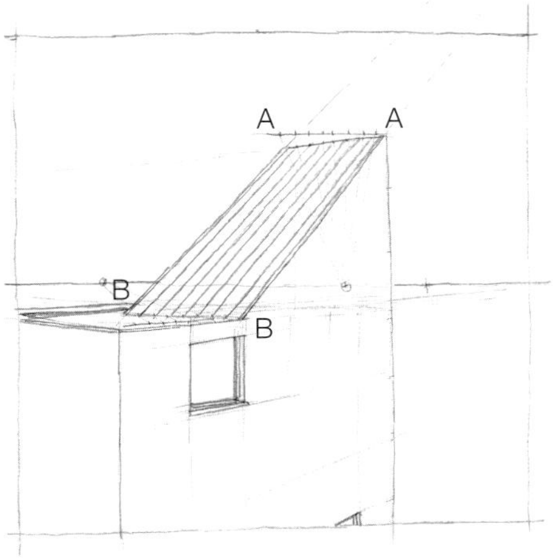

Perspective d'une partie du toit de la maison.

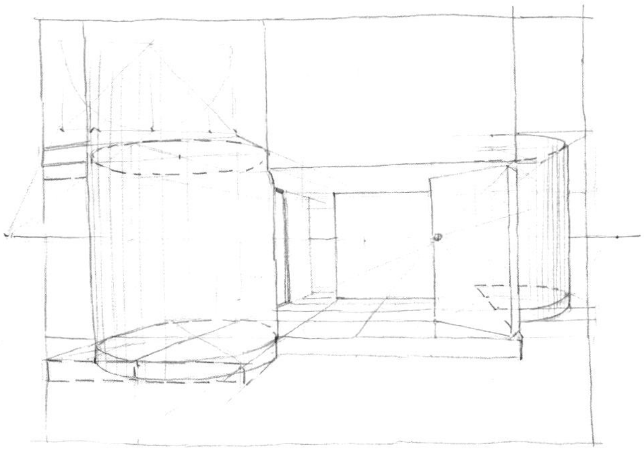

Tracé de mise en place et croquis descriptif des volumes courbes du rez-de-chaussée.

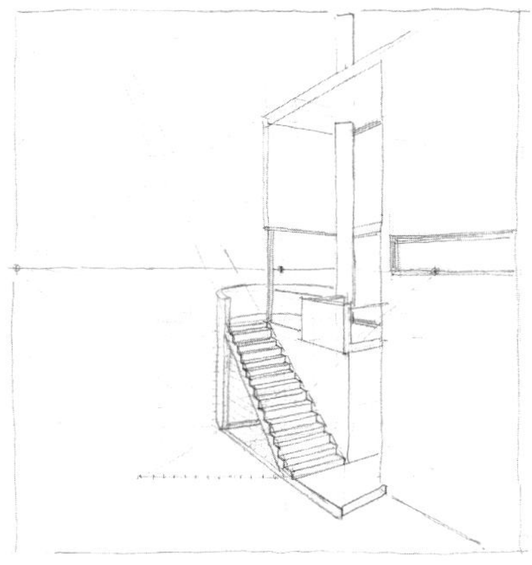

Représentation de l'escalier en appliquant le système de projection de la perspective conique.

On peut encore utiliser le théorème de Thalès pour la représentation en perspective des toitures. Une fois la ligne de faîtage (AA) et la ligne d'égout (BB) divisées en segments de longueur égale, on peut unir deux à deux les points équivalents et vérifier qu'ils fuient bien vers un point situé au-dessus de la ligne d'horizon. Pour les figures arrondies, on part d'un cadre préalable que l'on plaque sur la perspective. Un cercle n'apparaît jamais sous sa forme initiale parfaite, il est toujours plus ou moins elliptique : c'est pourquoi il vaut mieux projeter un cube en perspective dans lequel la forme arrondie vient s'insérer. Les différents points de tangence de la figure avec ce cube sont positionnés, et l'on détermine ses contours apparents. Le reste est dessiné à main levée, en conservant les points de tangence.

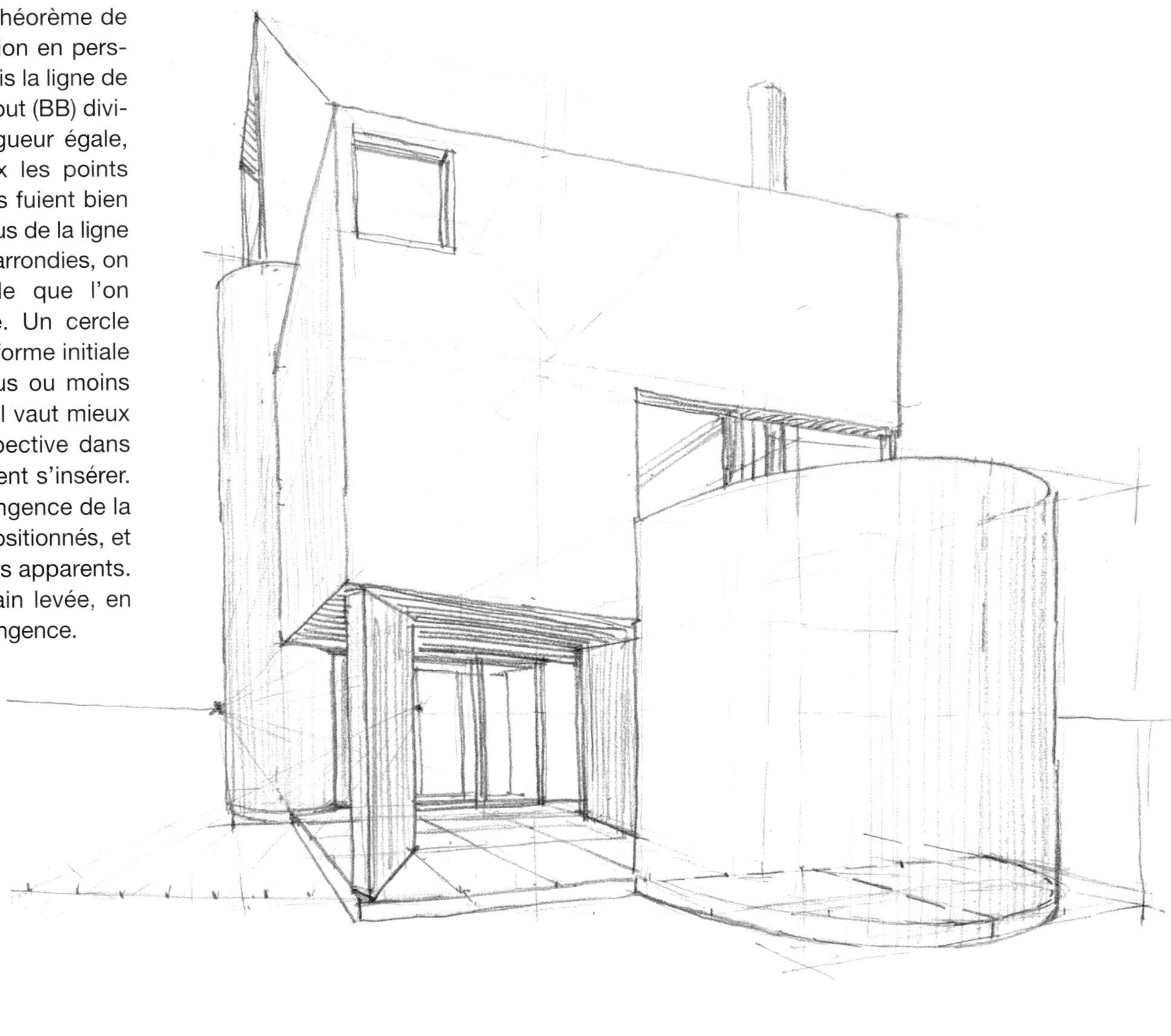

Vue extérieure de l'ensemble, en perspective oblique. Ici, plusieurs parois sont tramées ou ombrées afin de traduire la profondeur.

le Cadrage
et le choix des vues

Une fois que les bases théoriques de la perspective conique sont acquises, il faut apprendre à choisir le point de vue et le cadrage qui permettent de décrire au mieux l'édifice. On doit pour cela faire mentalement le tour du bâtiment : cette « visite » permettra de sélectionner les angles de vue les plus parlants.

Quatre plans et autant d'élévations suffisent à visualiser la maison Turégano (Madrid), conçue par Manuel Campo Baeza.

MÉTHODE D'APPROXIMATION

Le plan, quelques coupes et les élévations d'un bâtiment doivent permettre à eux seuls de s'imaginer en train de le visiter et d'en faire le tour : que verra-t-on derrière tel porche ? Les colonnes occulteront-elles le mur du fond ?...

La méthode de la lanterne consiste à imaginer un observateur qui promènerait sur le bâtiment le faisceau de lumière d'une lanterne, qui représente ici l'angle de vision. La lumière – donc le regard – doit passer entre les différents éléments qui composent le bâtiment, ou bien éclairer ce dernier dans son ensemble depuis plusieurs points de vue. On se déplace pour cadrer la scène de la façon la plus parlante possible.

On doit ensuite penser à définir le format du dessin achevé car, bien que les techniques de reproduction permettent de l'agrandir, cette opération n'est pas toujours aisée pour un croquis réalisé à main levée. Pour accorder la représentation au format désiré, il suffira de déplacer le plan du tableau à l'intérieur de la pyramide visuelle, en sélectionnant la position qui semblera la plus adéquate à l'intention du dessinateur. Enfin, il faut penser à la hauteur depuis laquelle on regarde l'édifice. Pour réali-

On commence par quelques vues extérieures de l'édifice, en choisissant différents points de vue de plain-pied.

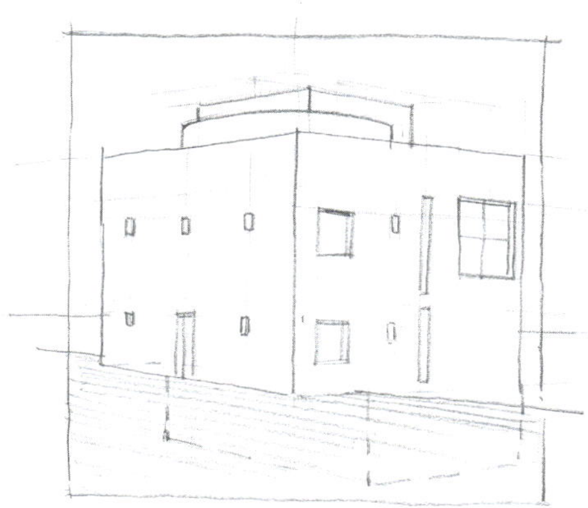

ser une vue réaliste et vraisemblable, position et hauteur de l'observateur doivent demeurer cohérentes. Si l'on veut tracer une image générale, on choisira une vue aérienne. Cette dernière devra cependant toujours être définie dans le champ de la pyramide visuelle émanant de l'œil de l'observateur correctement placé. En effet, dès que le plan du tableau perd de sa verticalité, donnant lieu à une vue en piqué reposant sur trois points de fuite, le dessin perd de son agrément et devient complexe à réaliser, malgré sa correction géométrique.
On peut aussi opter pour une coupe perspective, ou une vue éliminant l'une des façades : tout dépend de l'ouvrage que l'on souhaite représenter et des documents descriptifs dont on dispose. Toutes ces projections font apparaître des éléments et des vues intérieures qui ne sont pas forcément utiles. Toutefois ces premiers travaux sont une excellente approche de la perspective, car un cadrage mal choisi peut réduire à néant tous les efforts du dessinateur. On obtient ainsi une série de vignettes parmi lesquelles on choisit les vues les plus parlantes.

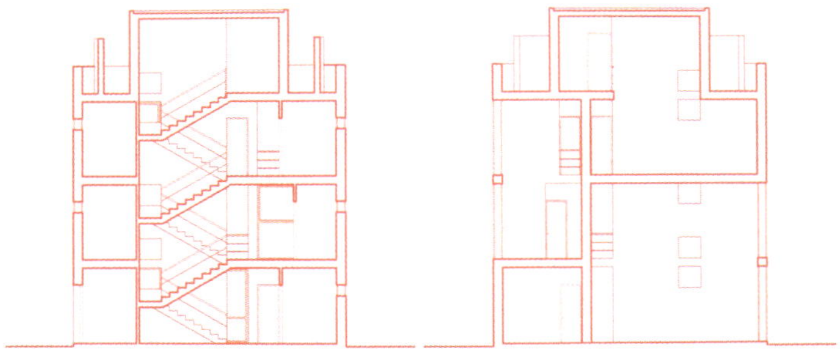

Ces deux coupes supplémentaires sont de nouvelles sources d'informations sur la maison Turégano.

Une fois que l'on a sélectionné les vues les plus intéressantes, on peut y introduire, grâce au papier calque, des variantes dans le traitement des matériaux ou des détails.

Après les premiers essais, on sélectionne les vues les plus parlantes, choisies à partir des points de vue les plus représentatifs de l'ouvrage.

La série se termine avec des vues de détail particulièrement représentatives du bâtiment.

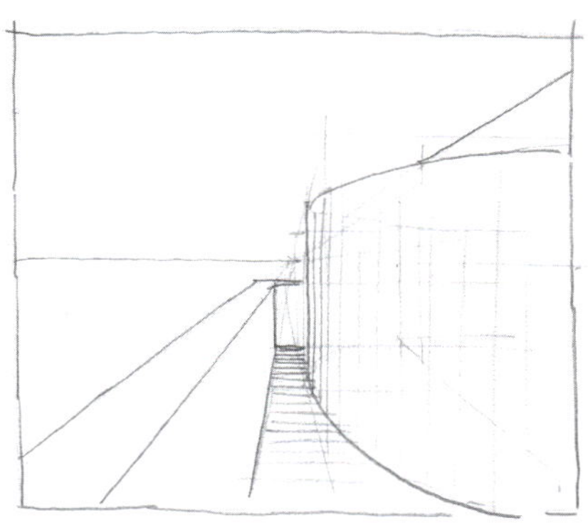

le Tracé des ombres, principes

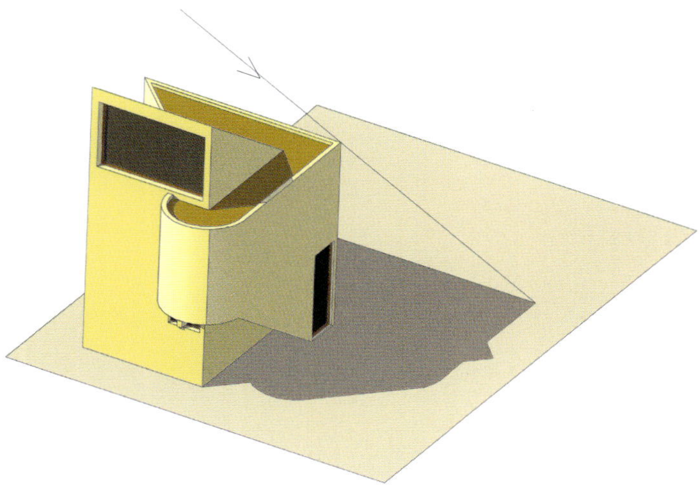

Cette axonométrie montre la façon dont sont créées les ombres propres et les ombres portées d'un bâtiment.

Comme on l'a vu dans le chapitre intitulé « L'ombre et la perception de la lumière », page 40, l'ombre est un élément essentiel quand il s'agit de suggérer par le dessin la profondeur et le volume. Dans un croquis d'avant-projet d'architecte, même s'il est tracé à main levée et cadré à l'œil nu, les ombres doivent être élaborées selon des lois géométriques précises, réinterprétées de manière intuitive par le dessinateur.

CONVENTION GRAPHIQUE

Les ombres sont produites par le Soleil, qui émet une lumière formée par des rayons parallèles entre eux. Dans les avant-projets, on représente ces ombres en leur donnant une direction qui les éloigne de l'observateur : on évite ainsi les effets de contre-jour. On donne en exemple, sur le croquis situé en bas à gauche, le tracé d'une ombre dont la longueur est égale à celle de l'arête AO et dont le plan est défini par le contour de la figure (AOB).

Il ne s'agit pas d'obtenir une représentation réaliste mais de donner un aperçu cohérent de la volumétrie du bâtiment. On adopte, en général, une convention graphique selon laquelle le Soleil se trouve en haut et à gauche de la feuille de papier ; l'angle d'incidence des rayons est alors d'environ 45°.

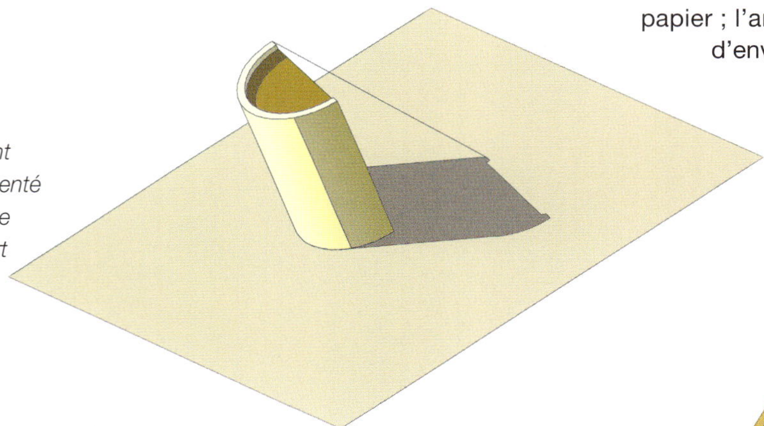

Un demi-cylindre, provenant du bâtiment précédent, est représenté ici selon une tout autre orientation par rapport aux rayons du Soleil.

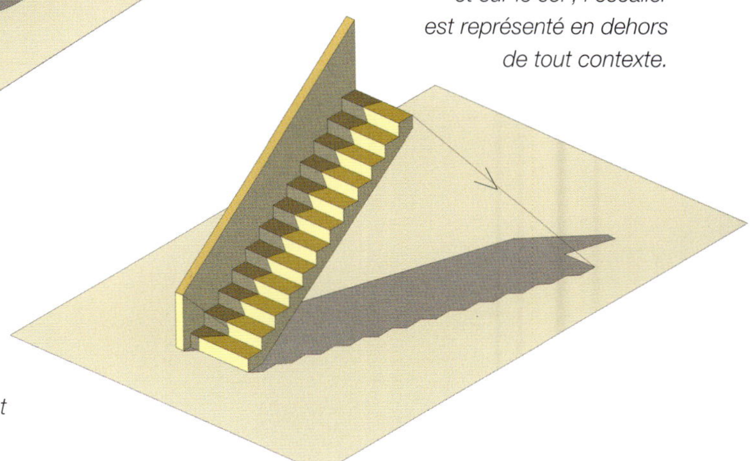

Ombres portées d'une rampe d'escalier sur les marches et sur le sol ; l'escalier est représenté en dehors de tout contexte.

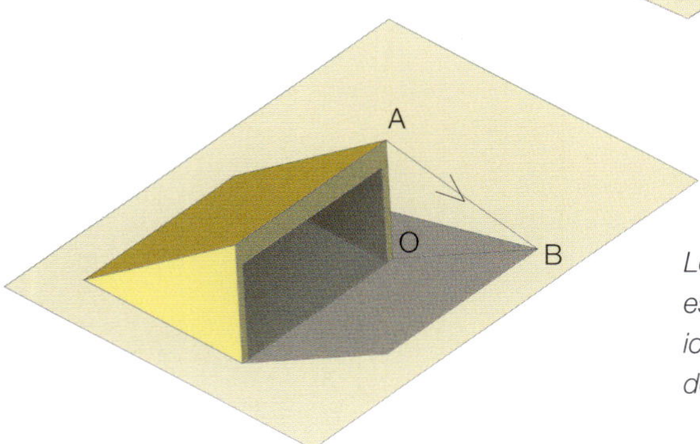

Le même traitement est appliqué ici aux ombres de la lucarne du toit.

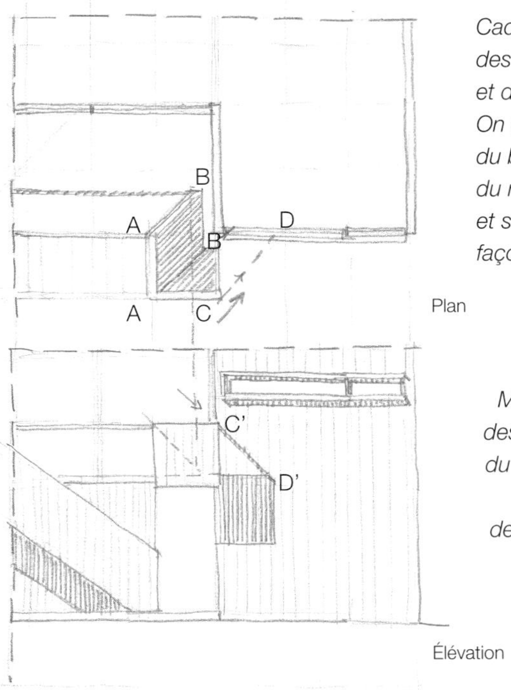

Cadrage, en plan et en élévation, des ombres portées du balcon et de quelques autres éléments de la villa. On obtient le point de projection de l'angle du balcon (C et C') en suivant la direction du rayon de lumière sur la plan et sur l'élévation. On procède de la même façon pour les autres points.

Mise en place, sur le plan et sur l'élévation, des ombres portées du toit et du mur incliné du rez-de-chaussée. Pour calculer le point F à partir duquel l'ombre du toit cesse de se projeter sur le mur et passe sur le sol, on utilise le plan. Le point E signale la transformation du rayon en tangente.

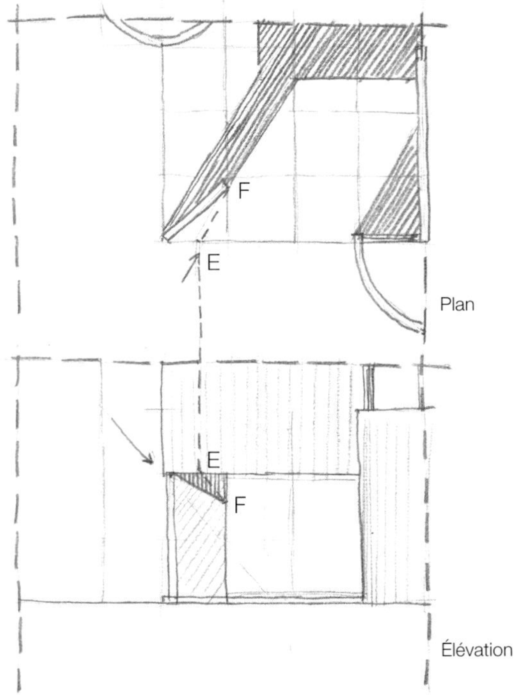

Pour réaliser facilement le tracé, on en estime les dimensions générales en plan et en élévation, puis on reporte le résultat selon la perspective conique : l'ajustement se fait à l'œil nu. On applique cette méthode à des structures architecturales complexes que l'on peut réduire à des formes élémentaires, en tenant compte du fait que, le plus souvent, les ombres portées d'un élément seront occultées par les ombres propres d'autres éléments : dans ce cas, les ombres se confondent.

Toute surface plane horizontale (AA) projette une ombre (BB) de périmètre équivalent sur un plan qui lui est parallèle, celui du sol. Lorsque le plan sur lequel l'ombre se projette est perpendiculaire par rapport à l'ombre, comme dans le cas d'un mur, sa forme (C'D') résulte de l'intersection du prisme ou du cylindre formé par les rayons parallèles de la lumière solaire avec le plan sur lequel ces rayons se projettent.

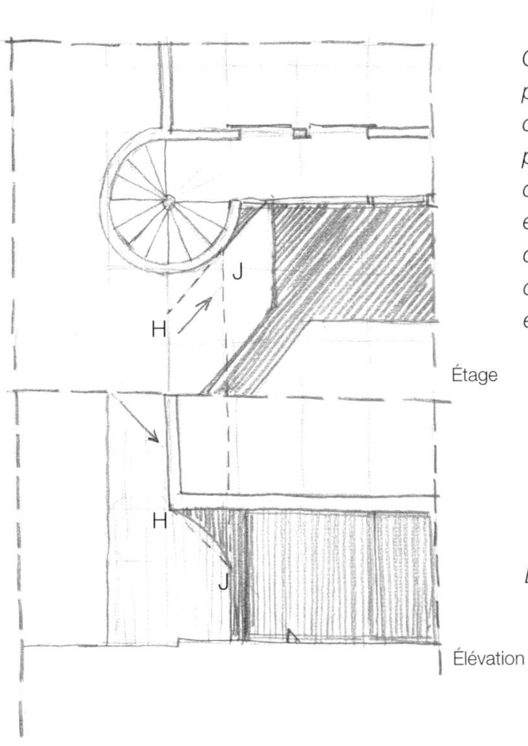

Cadre, en plan et en élévation, des ombres portées du toit et des éléments du rez-de-chaussée. Les rayons du Soleil passant par l'arête horizontale du bord du toit forment un plan qui coupe le cylindre en formant une ellipse (HJ) sur l'élévation, comme un tronc coupé en biais : c'est la raison pour laquelle l'ombre est courbe.

Cadre, en plan et en élévation, des ombres de la terrasse du premier étage. L'ombre au sol de la rambarde circulaire (BB) est identique et parallèle au bord de la rambarde (AA).

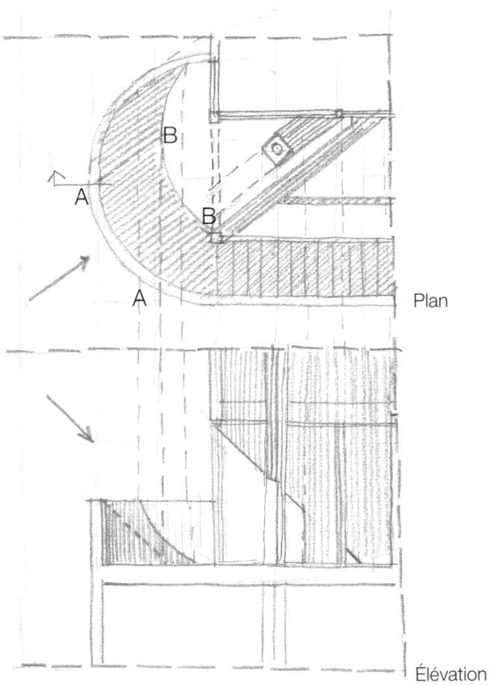

les Ombres dans le système diédrique

La nécessité de suggérer, à l'échelle, la volumétrie et la profondeur dans les projections orthogonales d'un modèle architectonique (élévations, plans et coupes) rend indispensable le recours au tracé des ombres. Même à main levée, ce tracé doit être rigoureux pour que le dessin reste parfaitement intelligible.

OMBRER DES ÉLÉMENTS ARCHITECTONIQUES

C'est en général dans les élévations que l'on représente les ombres, en se basant sur la convention suivante : tout corps qui dépasse de 1 m un autre corps projette son ombre vers le bas et vers la droite, sur une longueur de 1 m. Les principes qui ont été exposés plus haut permettront de traduire l'ombre des volumes complexes, la superposition de plusieurs zones ombrées et les transitions entre les différents types d'ombre, sans perdre de vue le fait que, plus la façade se creuse, plus les ombres sont intenses.

Les plans ombrés doivent permettre d'appréhender la totalité du volume de l'édifice. On peut choisir de représenter les ombres extérieures ou les ombres intérieures. Ces dernières risquent cependant de gêner la compréhension de l'articulation des espaces intérieurs : il faut donc, d'emblée, concevoir leur tracé de façon très claire.

Dans les coupes, il est d'usage de représenter les ombres intérieures par un simple plan ; seules celles du volume général sont des ombres portées. Les espaces très profonds sont les plus difficiles à dessiner car ils génèrent forcément des zones très obscures, qui ne facilitent guère la compréhension du dessin.

Ombres de la façade principale de la maison Gwathmey.

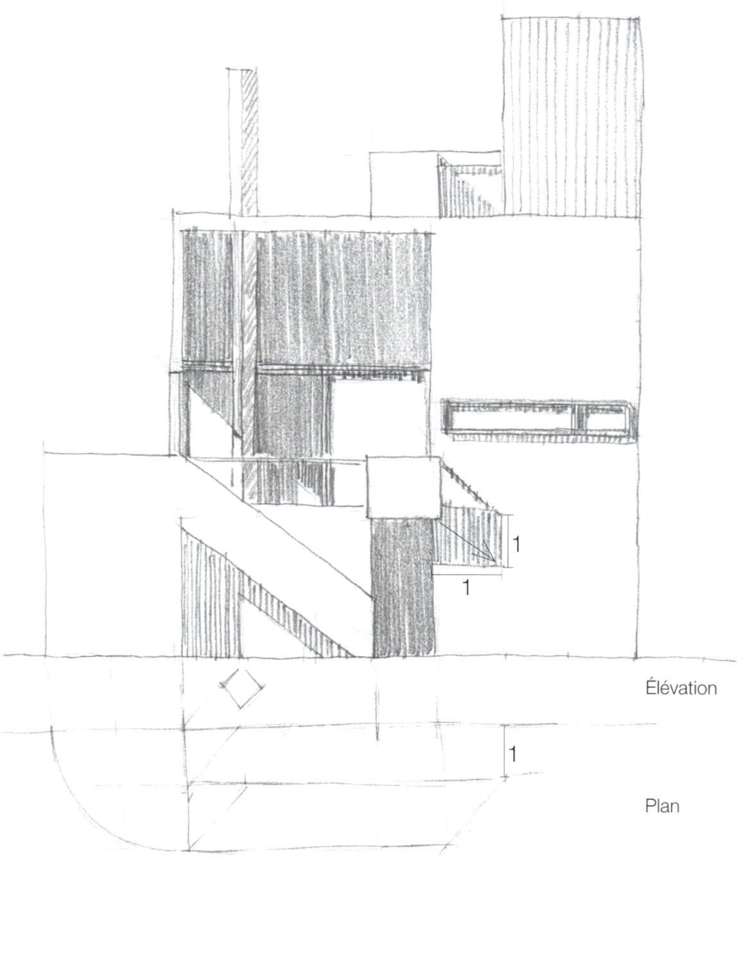

Ombres portées des murs du rez-de-chaussée.
On n'a pas pris en compte l'ombre des espaces intérieurs.

Avant-projet ombré du marché de Saint-Roch à Badalona (Espagne), par Emili Donato.

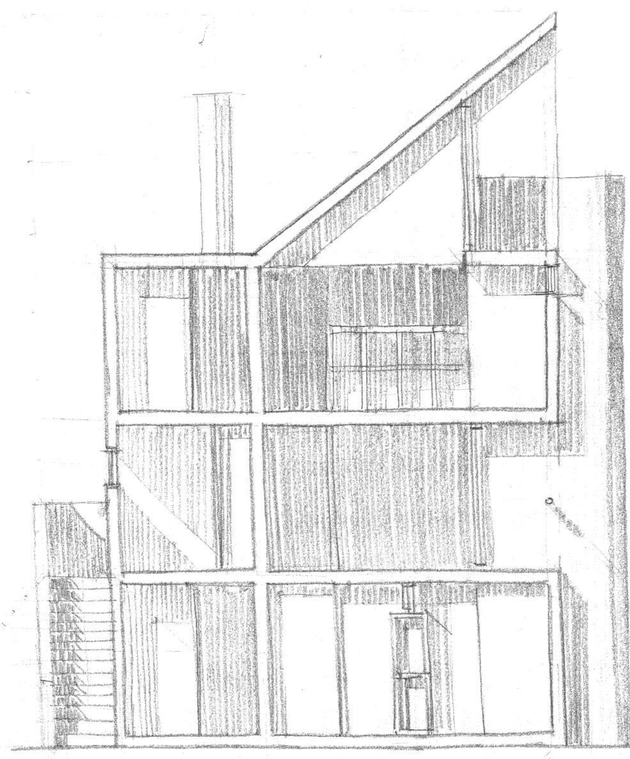

Coupe

Ombres portées sur une coupe de la maison Gwathmey. L'ombre des espaces les plus profonds est plus intense, ce qui permet de donner une idée de l'importance relative des volumes.

L'ombre des végétaux peut être traduite selon les mêmes principes.

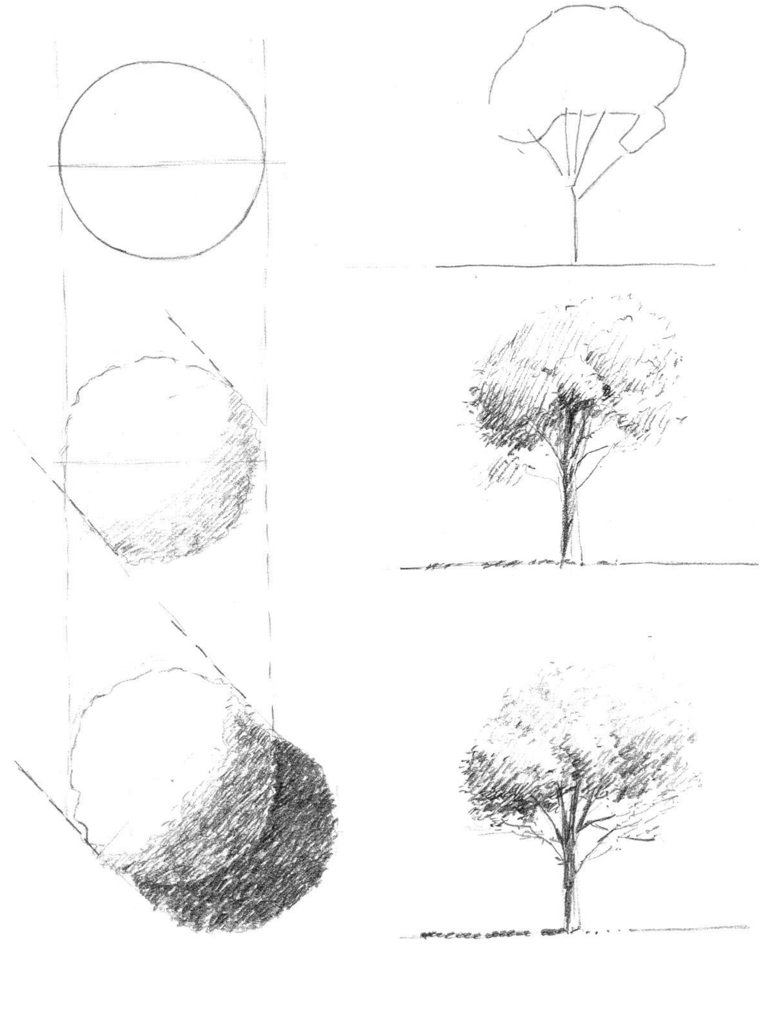

LES OMBRES DES FORMES VÉGÉTALES

Quand on représente en perspective un objet, quel qu'il soit, on sent immédiatement qu'il faut ajouter une ombre au dessin, afin de renforcer la perception des volumes. Ce rendu des ombres sera plus ou moins rationnel ou intuitif, en fonction des connaissances et de la pratique de chacun.

Une fois que l'on sait dessiner les ombres d'un élément architectural, on peut considérer le volume de n'importe quel objet, même s'il est d'origine organique, comme l'assemblage de volumes géométriques simples. On positionne alors à main levée, mais de façon rationnelle, ses ombres propres et ses ombres portées.

Le procédé est le suivant : on définit l'emplacement de la ligne de démarcation entre l'ombre et la lumière, on projette l'ombre de l'objet en reproduisant sa silhouette.

Une fois que l'on a traduit la volumétrie du bâtiment grâce à la perspective axonométrique, et ombré le dessin à main levée selon le système diédrique, on peut passer au rendu des ombres en perspective conique.

les Ombres dans la perspective conique

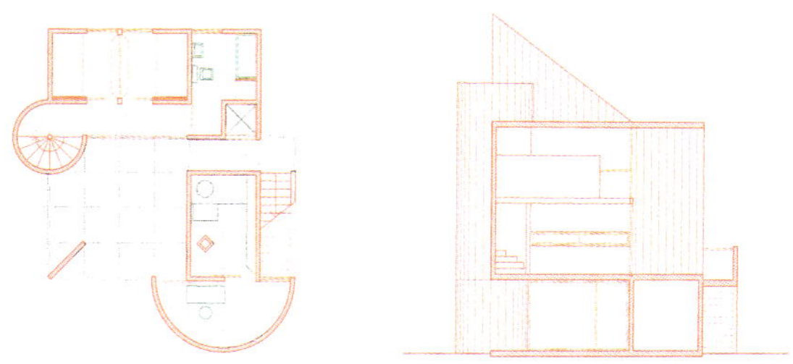

Plan du rez-de-chaussée et coupe de la maison Gwathmey. Ces deux croquis constitueront notre base du travail.

PROPOSITION DE MÉTHODE

Dans la perspective conique classique, si le Soleil se trouve au-dessus de l'horizon, face à l'observateur, l'ombre d'un objet – qui est donc placé à contre-jour – se dirige vers lui. Si l'on souhaite que l'ombre s'éloigne au contraire de l'observateur, les choses deviennent plus complexes : dans un tracé en perspective conique, le point de fuite doit forcément être situé au-dessous de la ligne d'horizon, ce qui signifie que l'observateur a le Soleil dans le dos.

Dans un croquis à main levée, on peut simplifier largement la méthode, en ne calculant que les ombres générales, en plan et en élévation, sur une représentation à l'échelle que l'on transpose ensuite en perspective conique à partir d'un quadrillage.

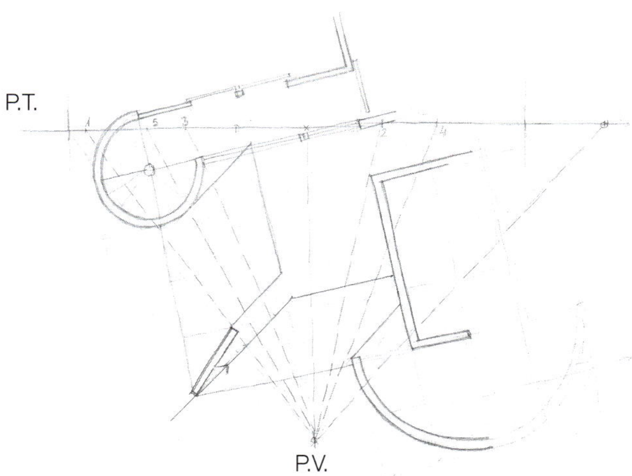

À partir de ce plan schématique de la zone à ombrer, on détermine à la fois la position des ombres et l'angle de vue retenu pour la perspective conique.

Perspective conique ombrée du porche, réalisée à partir du schéma précédent. On a reporté au sol les tracés de l'ombre et mis le reste en place à main levée.

Ce sont les ouvertures d'une pièce qui y créent des zones d'ombre. Malgré les conventions, on peut accepter que l'ombre se dirige vers l'observateur si cela renforce l'impression que l'on se trouve à l'intérieur de l'espace représenté.

Pour définir la position des ombres d'un édifice et de ses abords, on fait en sorte que celles-ci soient suffisamment éloignées de l'observateur, en inscrivant le bâtiment dans un environnement élargi. L'ombre des éléments saillants, comme les balcons ou les corniches, facilite la compréhension de l'articulation volumétrique des façades. On utilise la méthode exposée plus haut, et on complète le rendu en ajoutant l'ombre de détails ou d'éléments secondaires, traduite selon les règles de la perspective conique. Si l'on choisit de représenter, comme dans l'exemple ci-dessous, la lumière du Soleil projetant des ombres parallèles au plan du tableau, la technique est encore plus simple.

À partir du plan et de l'élévation de la maison Gwathmey, on définit l'angle de vue et la position des ombres.

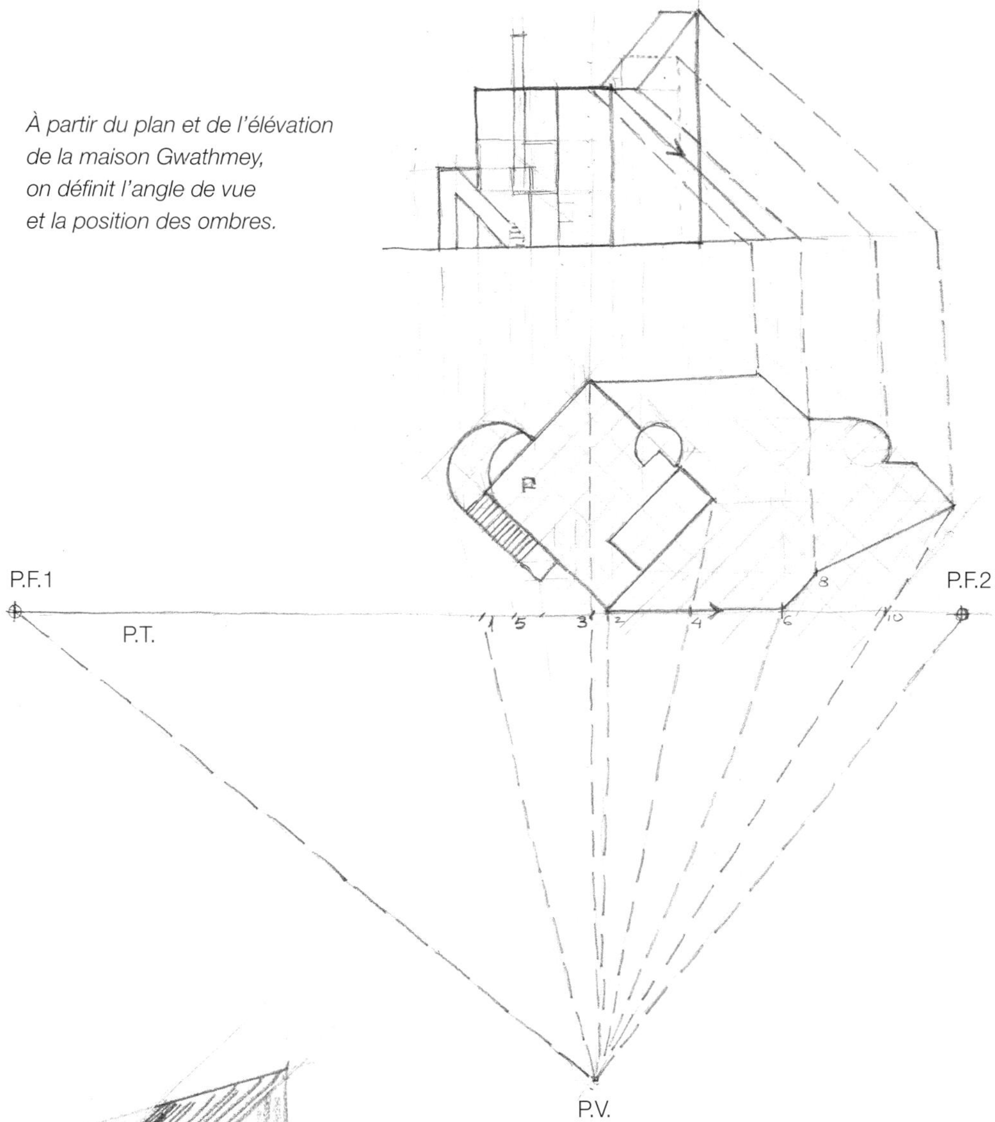

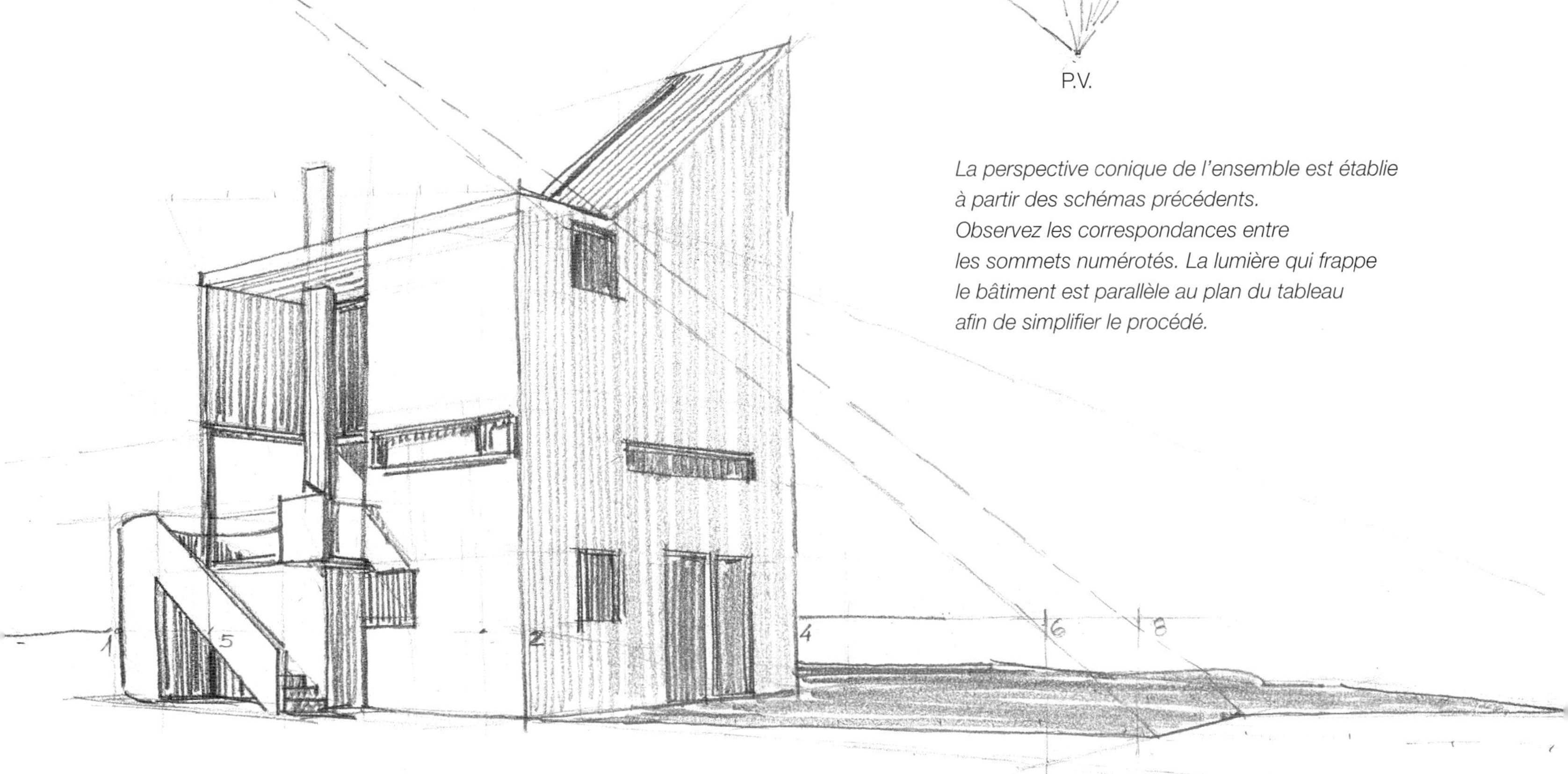

La perspective conique de l'ensemble est établie à partir des schémas précédents. Observez les correspondances entre les sommets numérotés. La lumière qui frappe le bâtiment est parallèle au plan du tableau afin de simplifier le procédé.

le Croquis comme

ENRIC MIRALLES.
AVANT-PROJET DU PALAIS DES SPORTS DE CHEMNITZ (ALLEMAGNE).
CES CROQUIS RAPIDES SONT DE SIMPLES IDÉES JETÉES SUR LE PAPIER.

outil d'analyse

Le croquis d'avant-projet est un outil de première importance dans l'analyse et la description d'un bâtiment.

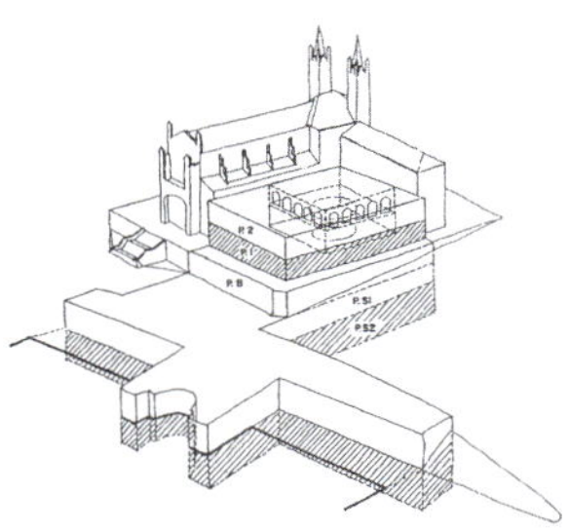

Ce type de dessin demande de la rigueur, et l'on autorise un temps de réalisation plus long qu'à l'accoutumée (entre une demi-heure et une heure). Pour donner une idée plus précise du futur bâtiment, on tâche d'indiquer sur la représentation les ombres, les textures, les matériaux, le mobilier, ainsi que les abords du bâtiment et la végétation environnante. Un croquis permet d'analyser le détail d'édifices déjà construits, mais ce type de dessin rapide sert surtout à jeter sur le papier les premières ébauches d'un projet, pour l'étudier ensuite plus en détail. Dans le premier cas, on s'attache à la façon dont les principes architectoniques sont traduits dans le bâtiment, dans le second on définit globalement le volume et l'apparence plastique de l'ouvrage.

l'Avant-projet
sommaire, de l'esprit au papier

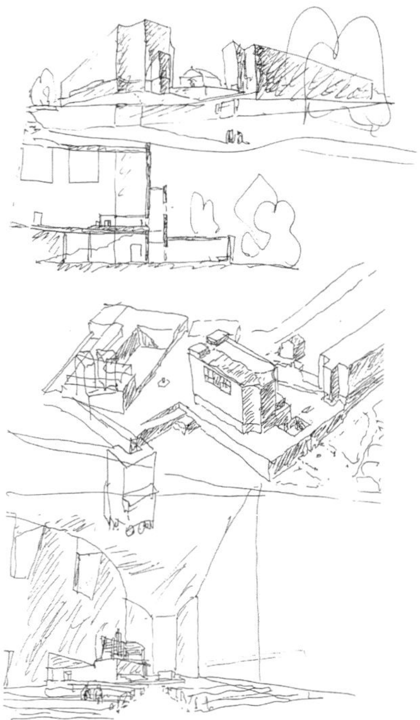

Avant-projet d'une église à Marco de Canavezes (Portugal), par Álvaro Siza. Quatre croquis réalisés selon divers points de vue.

Les croquis d'avant-projet aident à l'élaboration d'un projet. Il existe les avant-projets sommaires (APS), constitués de simples croquis de premier jet, et les avant-projets définitifs (APD), qui permettent d'exposer le projet à des tiers. La différence entre les deux réside dans le degré d'achèvement et de précision des dessins.

EXPRESSION DU PROJET

Le dessin d'APS permet à la fois d'exprimer des idées et de vérifier leur faisabilité. Il s'agit d'abord d'un simple croquis imprécis, où se superposent divers schémas d'organisation ; les repentirs se chevauchent, différentes annotations viennent compléter le dessin jusqu'à ce que l'ensemble ressemble enfin à un tout quasi organique. Il s'agit là d'un travail de recherche personnel, à l'usage exclusif de son auteur.

Lorsque le projet a pris forme, on le décline en plans, coupes, élévations et vues plus générales. Dans ces différents croquis, on s'attache à rendre aussi les ombres et la texture des matériaux – sans oublier toutefois qu'il ne s'agit que d'un dessin technique. Ce type de dessin est aussi un outil de communication, qui doit donc pouvoir être compris par d'autres personnes : cela demande une grande rigueur.

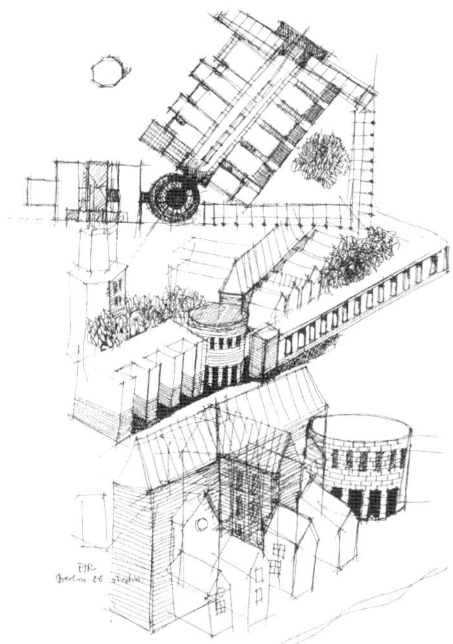

Plusieurs croquis du même projet d'Aldo Rossi vu sous différents angles.

Deux croquis d'avant-projet en perspective conique frontale pour la bibliothèque Kansai-Kan, à Kyoto (Japon), par Dominique Perrault. Les personnages donnent l'échelle.

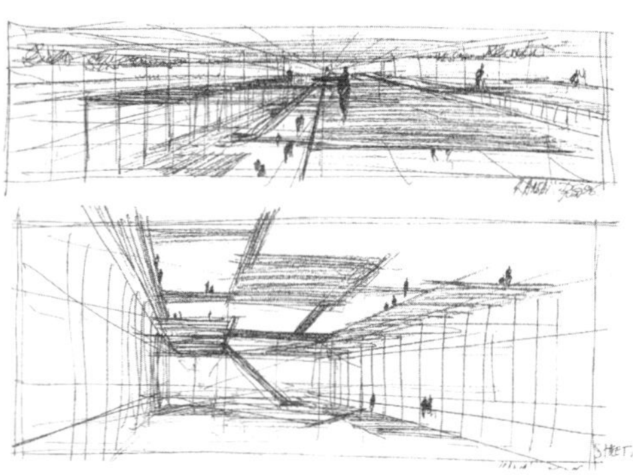

Ce croquis en perspective conique aérienne du musée des Beaux-Arts de Houston (Texas), dû à Rafael Moneo, insère le projet dans l'ensemble du tissu urbain.

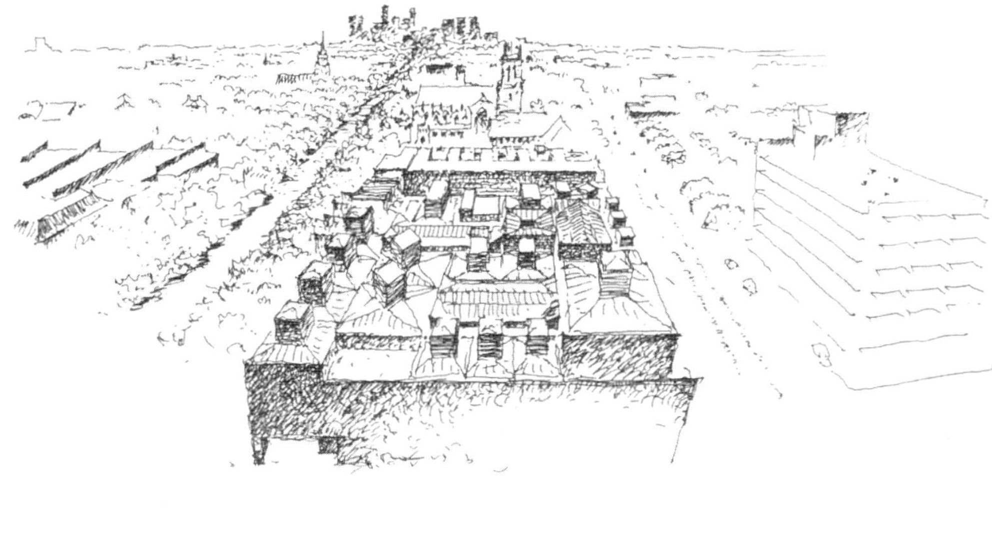

Le dessin de présentation ou d'APD est plus réaliste ; il permet de donner davantage de consistance au projet.

USAGE DU DESSIN À MAIN LEVÉE DANS LES AVANT-PROJETS

On trouve facilement des dessins à main levée relevant des deux premiers types de croquis d'avant-projet sommaire dont nous venons de parler, notamment dans les ouvrages consacrés à divers architectes de renom ; il s'agit de pratiques très répandues dans les agences d'architecture.
Les avant-projets définitifs sont en revanche de moins en moins souvent réalisés à main levée : aujourd'hui, on utilise plus volontiers les techniques digitales. Entre les dessins de création et les dessins de présentation on pourrait placer les avant-projets schématiques, utilisés pour analyser et décrire des bâtiments existants. Ils ne cherchent pas à montrer l'apparence des ouvrages, puisque ceux-ci peuvent être vus, mais tentent de décrire ce qui n'est pas immédiatement perceptible. Ces dessins rhétoriques, qui s'adressent à un public avisé, sont axés sur des aspects bien particuliers de l'architecture, comme la structure, l'organisation, les relations entre les diverses parties... Il s'agit donc de vues schématiques et non pas réalistes, qui suivent davantage des principes d'analyse que des modalités de perception.

Photo retouchée au graphite et à l'encre de l'Expo Wien 1996 (concours), par Jean Nouvel. C'est le support photographique de cette représentation qui lui confère tout son réalisme.

Avant-projet, au crayon, de la maison CSH n° 13 de 1946, par Richard Neutra. Le rendu du sol permet de mieux traduire l'atmosphère de cette demeure.

Avant-projet, au crayon et au lavis, de la villa Berkowitz-Odgis, 1983-1987 (Massachusetts, États-Unis), par Steven Holl. La végétation et les dunes sont ombrées pour faire ressortir le bâtiment au premier plan.

l'Avant-projet
analytique, description architectonique

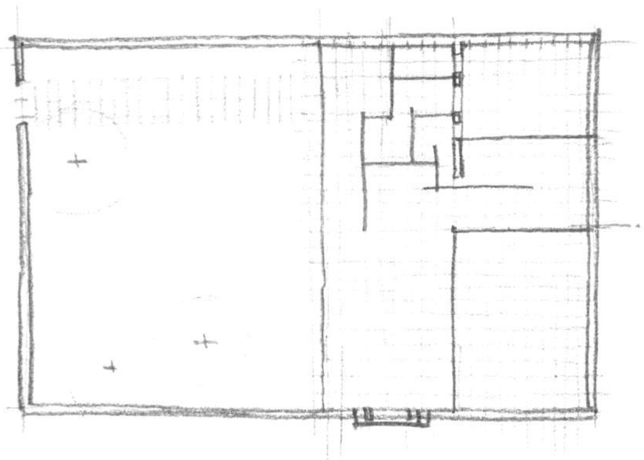

Croquis schématique d'une maison à trois patios, par Mies van der Rohe. De hauts murs isolent la maison de l'extérieur : c'est un exemple d'architecture ramassée.

Analyser un élément architectonique consiste à décrire son apparence et sa composition en s'appuyant sur des conventions communément admises. Il en va de même pour le dessin : on élabore un ensemble de principes qui permettront de représenter l'architecture.
Le dessin est l'outil idéal pour enseigner l'architecture ; il est couramment pratiqué dans les écoles d'architecture et de design, et complété par un enseignement théorique. Le dessin est aussi une technique de base irremplaçable pour toutes sortes de recherches liées à l'analyse des formes architectoniques.
Il peut être pratiqué de plusieurs manières différentes. Le dessin à main levée, rapide et monochrome, permet d'exécuter des croquis d'avant-projet schématiques décrivant différents concepts architectoniques.

APERÇU DES PRINCIPAUX CONCEPTS ARCHITECTONIQUES
Nous n'allons pas exposer ici une théorie de la composition architectonique, mais les connaissances minimales qu'il faut posséder dans ce domaine pour mieux le comprendre et saisir toute la portée des dessins d'architecture.

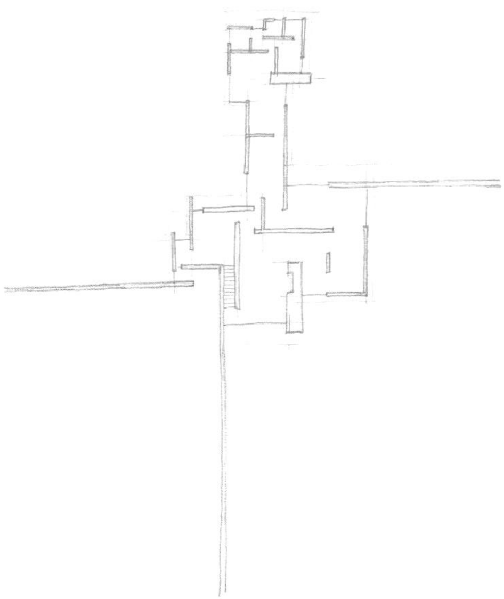

Croquis d'une maison aux murs de brique, par Mies van der Rohe. Les murs se prolongent à l'extérieur de la maison, l'ouvrant sur son environnement : c'est un exemple d'architecture expansive.

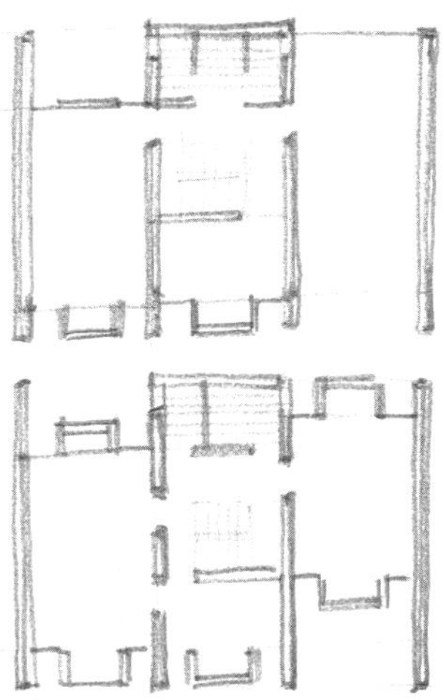

Plan schématique d'un projet regroupant plusieurs maisons d'habitation à Ahmadabad (Inde), par Louis Kahn. Les murs porteurs, très présents, ne laissent guère de fluidité aux espaces intérieurs.

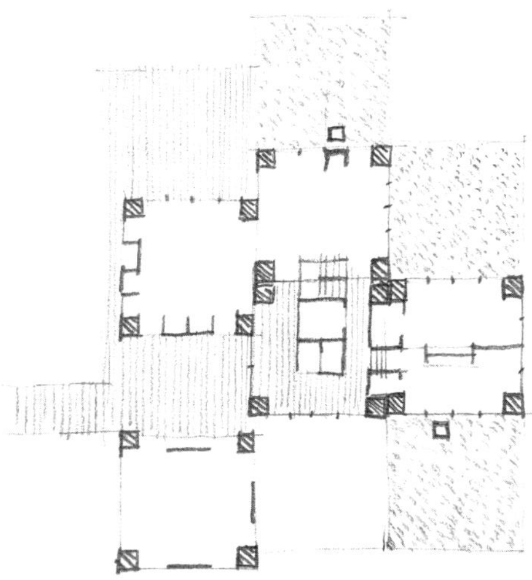

Croquis schématique de la villa Adler, non réalisée (Philadelphie, États-Unis), par Louis Kahn. Des pièces sur plan carré, avec quatre colonnes robustes dans les angles, permettent de créer des espaces moins rigides.

Quand on conçoit un bâtiment, il faut garder à l'esprit trois choses : il s'agit de créer un lieu fonctionnel d'habitation, de réunion ou de travail, mais aussi un édifice où l'on est à l'abri des intempéries et qui s'intègre bien à son environnement.
On définit pour cela un cahier des charges, puis on présente un projet accompagné de divers schémas exposant les formes retenues et l'articulation des volumes, ainsi qu'un premier devis estimatif.
Un bâtiment peut être compact ou en expansion, présenter une géométrie claire ou s'insérer dans une structure réticulaire complexe, résulter de la combinaison de plusieurs volumes ou présenter une forme dite libre – ou organique –, ou bien encore être encadré par une structure enveloppante.
L'espace est délimité par des plans horizontaux et verticaux, dont le plus important est la couverture, supportée par des murs porteurs ou des piliers ; qu'elle soit plane ou inclinée, portée par des poutres ou voûtée, elle est liée au système constructif vertical, qui délimite l'espace latéralement. Selon leur importance pour la structure même de l'édifice, les parois peuvent être percées d'ouvertures – fenêtres, portes –, plus ou moins nombreuses, qui permettent l'accès des personnes et de la lumière aux espaces intérieurs, délimités par les cloisons.
L'espace peut être plus ou moins fluide, fermé ou ouvert. C'est le revêtement de sol qui assure la liaison entre les différents espaces.

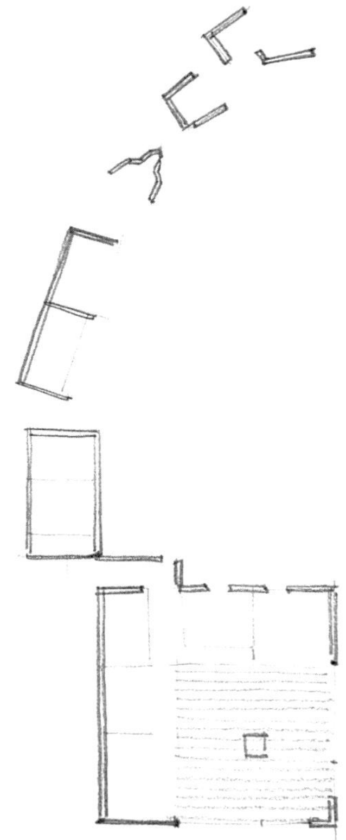

Avant-projet schématique présentant, en plan, l'organisation organique des différentes dépendances d'une maison d'habitation à Muuratsalo (Finlande), par Alvar Aalto.

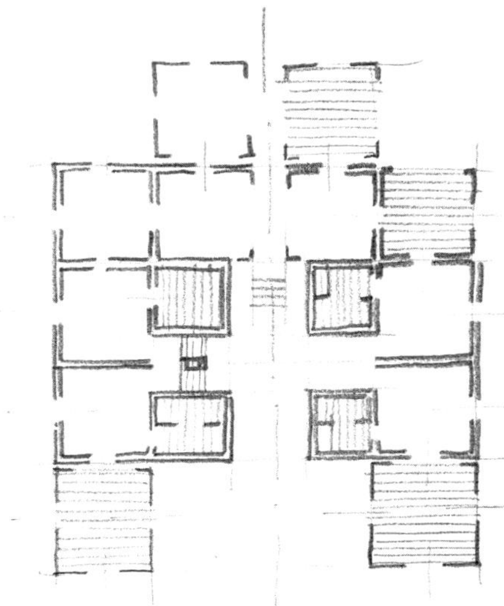

Plan schématique de la villa Fleiser (Pennsylvanie, États-Unis). Ce projet de Louis Kahn, non réalisé, est basé sur la symétrie.

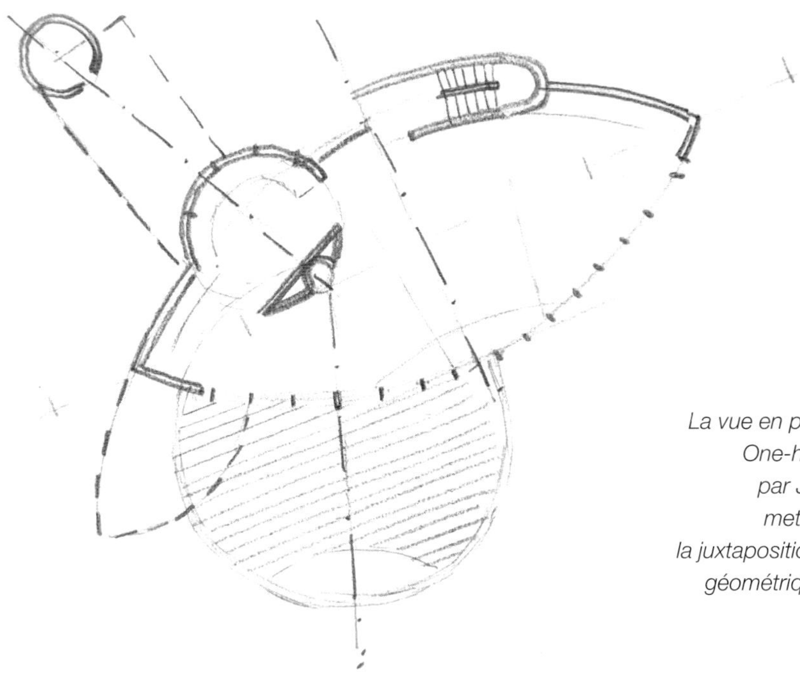

Le plan de la villa R. Wright, de Frank Lloyd Wright, est basé sur la combinaison de formes dérivées du cercle.

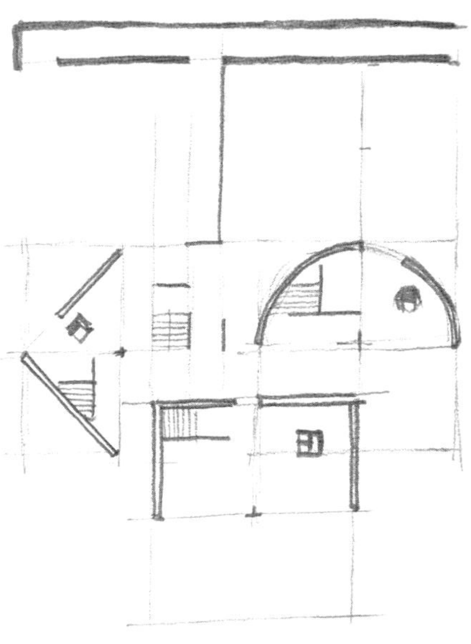

La vue en plan de la villa One-half, dessinée par John Hejduk, met en évidence la juxtaposition de formes géométriques simples.

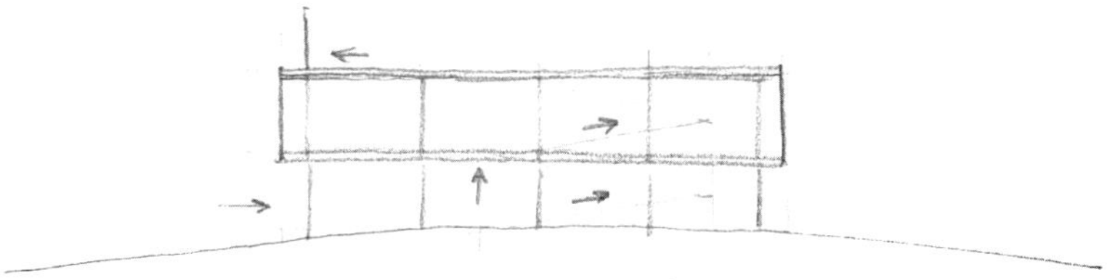

A

Coupe schématique montrant les circulations verticales, d'après le projet de la villa Savoye de Le Corbusier.

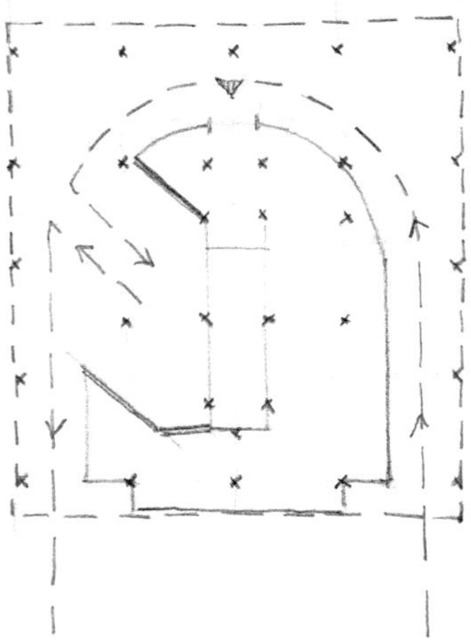

B

Schéma montrant comment les lignes du rez-de-chaussée s'adaptent à une contrainte majeure : laisser assez de champ pour que les automobiles puissent manœuvrer sans problème.

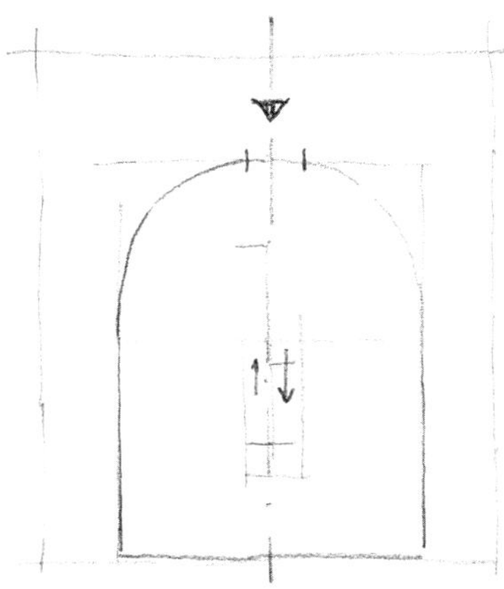

C

Ce schéma fait apparaître la symétrie qui régit tant la forme cintrée du rez-de-chaussée que le rectangle qui compose l'étage.

ANALYSE FORMELLE D'UN PROJET

Pour comprendre les grands principes de l'architecture, le plus simple est d'analyser un ouvrage au moyen de différents croquis. On a choisi pour cela un bâtiment singulier : la villa Savoye de Le Corbusier, réalisée près de Poissy (Île-de-France) entre 1929 et 1931. Cette maison individuelle, isolée au milieu d'une prairie, qui domine les alentours depuis le sommet d'une colline, est un véritable manifeste de l'architecture moderne et contemporaine.

Pour tirer le meilleur parti de cet emplacement, le programme architectural se divise en deux niveaux : au rez-de-chaussée se situent l'accès à la villa, le garage et les espaces annexes, au premier étage les espaces d'habitation (A). Cette division se retrouve dans la géométrie du bâtiment : les formes sont à la fois géométriques et fluides au rez-de-chaussée pour s'adapter aux mouvements des véhicules (B), et plus statiques, compactes, au premier étage.

Un axe de symétrie horizontal, le long duquel sont disposés la porte d'accès, la rampe et l'escalier, unit les deux niveaux (C).

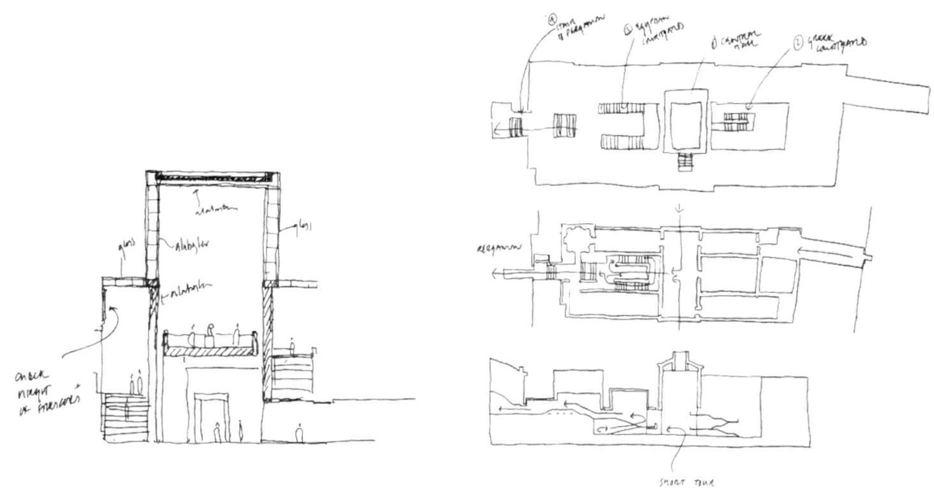

Analyse des circulations dans l'extension du Neues Museum de Berlin, par David Chipperfield (1994-1997). Pour l'architecte, les nouveaux bâtiments doivent respecter la logique de ce qui existe déjà.

La villa Savoye de Le Corbusier.

Les avancées de façade sont portées par un réseau de fins piliers de béton à section circulaire, qui permet de distribuer les différents espaces de façon très libre. Les murs cintrés élargissent l'espace vers l'extérieur (D et E). Cette liberté et cette flexibilité de l'espace se retrouvent dans la façade de l'étage, avec ses longues baies vitrées qui ouvrent totalement les espaces intérieurs sur le paysage et mettent en évidence le caractère non structurel de la construction (F).
Un jeu de lignes géométriques, parfois interrompu, ordonne les espaces. Au premier étage, par exemple, une diagonale imaginaire sépare les espaces conviviaux (salle à manger, salon et terrasse) des espaces plus intimes (chambres) (G).
Le simple fait de s'approcher de la maison et de monter au dernier étage est une véritable expérience architectonique : après avoir pénétré au cœur du volume de la villa, on est conduit à une fenêtre, ménagée dans la couverture, qui encadre le paysage comme un tableau (H).

Cet avant-projet en perspective axonométrique de l'extension du musée du Prado, à Madrid, dû à Rafael Moneo, met l'accent sur les relations qu'entretiennent les différentes parties du bâtiment.

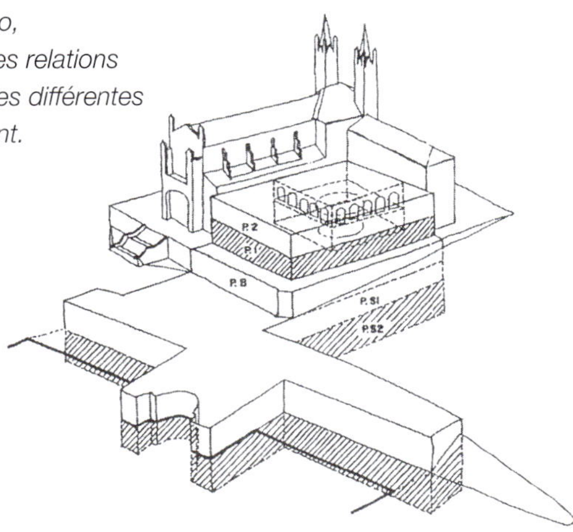

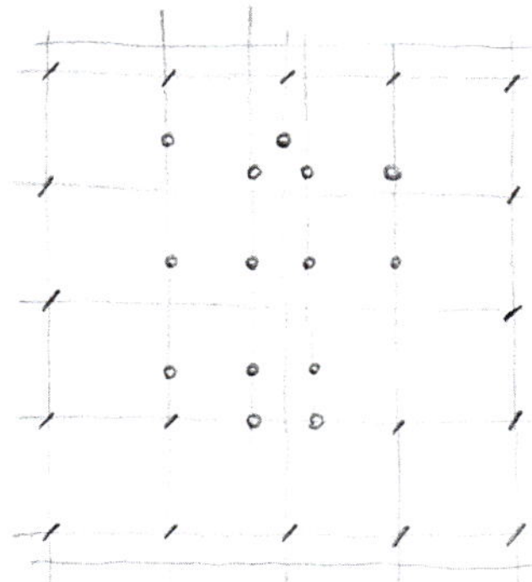

D

Sur ce schéma du réseau de piliers du rez-de-chaussée, on se rend compte que leur régularité n'est qu'apparente : des ruptures de rythme permettent de répondre aux exigences du programme.

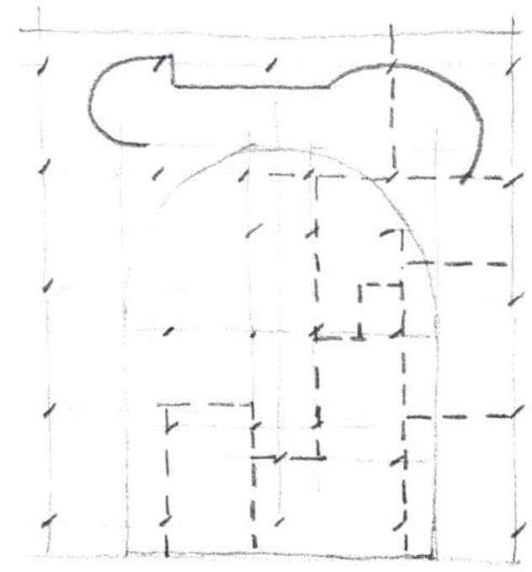

E

Schéma structurel du réseau de piliers avec les différents niveaux de la villa et le détail de l'organisation intérieure : l'implantation des piliers donne une grande liberté formelle.

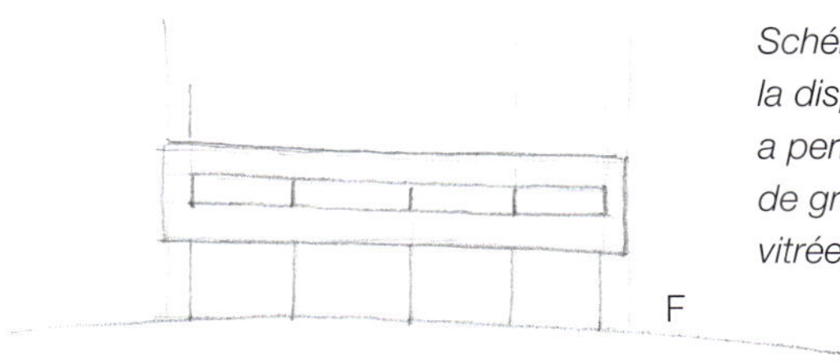

F

Schéma d'une façade : la disposition des piliers a permis de ménager de grandes baies vitrées.

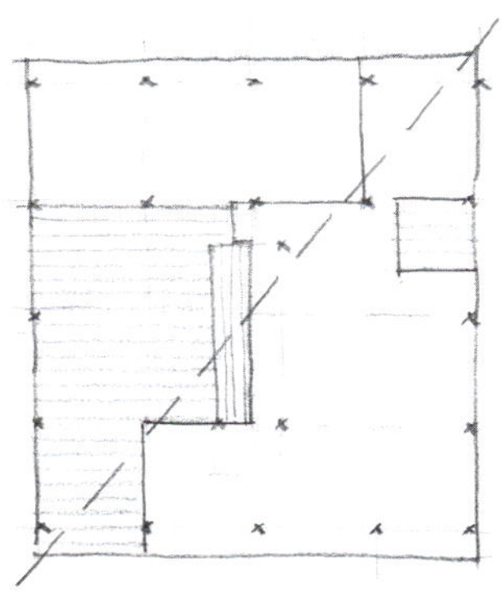

G

Schéma de l'organisation spatiale du premier étage, basée sur la géométrie : une diagonale sépare les espaces de convivialité (salon, terrasse) des espaces privés (chambres et toilettes).

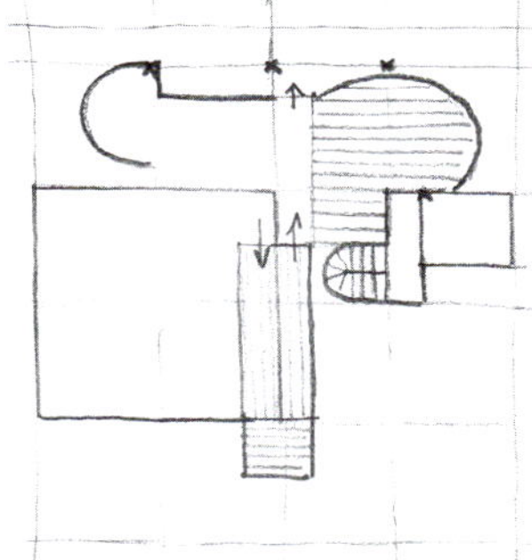

H

Vue en plan de la couverture, montrant le point d'aboutissement du parcours initié dès le rez-de-chaussée de la villa.

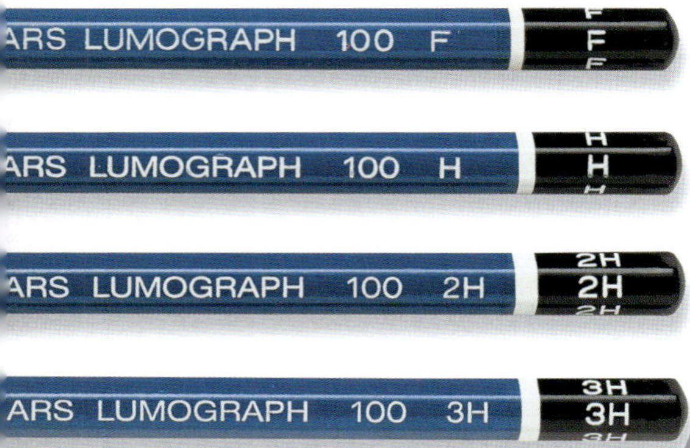

les Applications du croquis

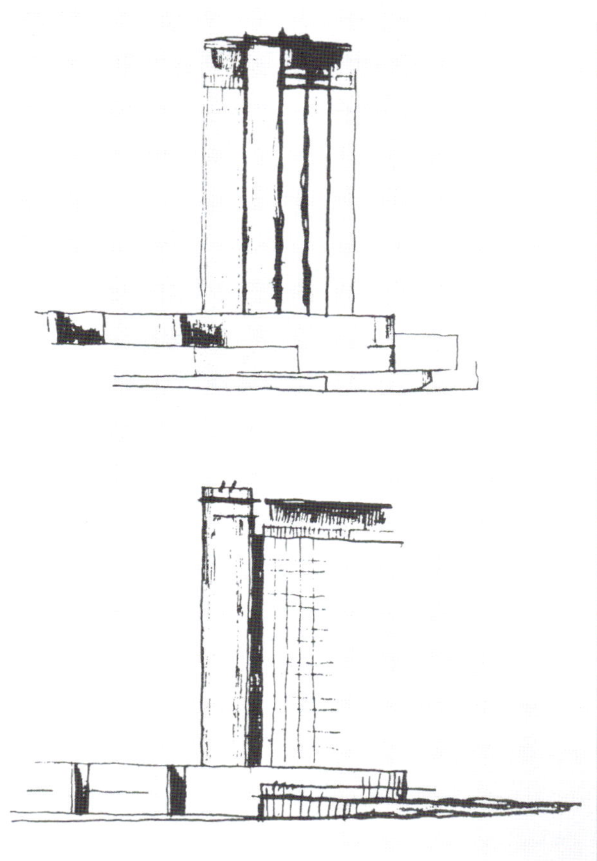

JOSEP ANTONI CODERCH.
Deux élévations de l'École technique supérieure d'architecture de Barcelone, mise en relation avec les constructions préexistantes.

d'avant-projet

Quand le projet s'est précisé, on réalise un dessin plus élaboré, plus académique – et plus facile à comprendre.

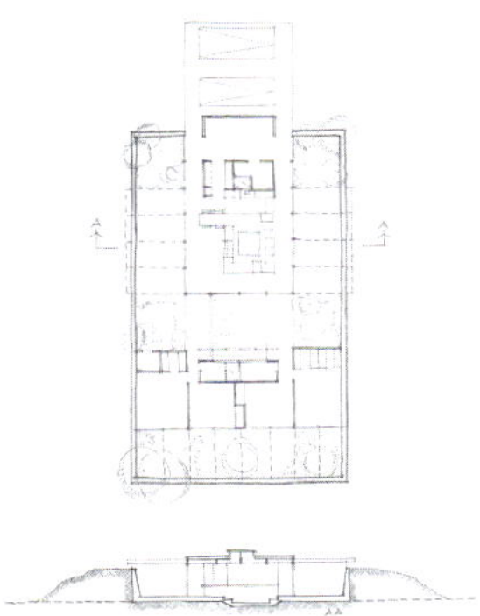

Cette présentation des applications du croquis à main levée dans les avant-projets est axée sur l'aspect le plus concret de cet exercice, car l'invention des formes architecturales, que nous n'aborderons pas dans cet ouvrage, relève davantage de la pratique professionnelle.
Nous avons pris pour exemple une série de projets de logements (la plupart d'entre eux n'ont pas été construits) faisant partie d'un programme architectural américain, le CSH (*Case Study House*). Ce programme, né au lendemain de la Seconde Guerre mondiale, visait à proposer des habitations signées de grands architectes, de grande qualité mais à bas prix. Il était placé sous les auspices de la revue *Arts and Architecture*.

Suggérer
le volume par les ombres

On a choisi un projet (non réalisé), datant de 1945, d'un logement de prix modique destiné aux familles de la classe moyenne sur la côte Ouest des États-Unis. Il est l'œuvre de Richard Neutra et appartient au programme CSH.

La parcelle sur laquelle cette maison devait être construite comportait un grand arbre, autour duquel s'organisait la vie à l'air libre, également régulée par les ombres portées de l'ouvrage. La solution retenue, que l'on retrouve dans d'autres bâtiments construits par le même architecte durant cette période, est basée sur une structure de piliers et de poutres de bois habillée de panneaux dans le même matériau et ajourée de grandes fenêtres. Le pavement extérieur en pierres naturelles se poursuit à l'intérieur de la mai-son, de façon à mieux intégrer l'architecture à son environnement.

1

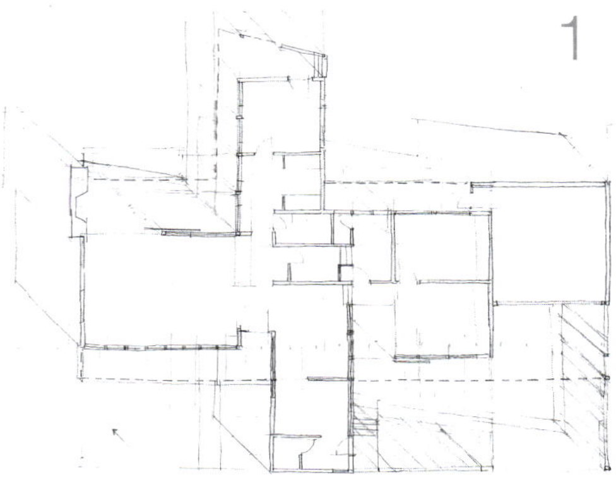

1. À partir du plan, on détermine (au moyen d'un trait légèrement esquissé) le profil des ombres portées des murs extérieurs et de celle du toit, qui dépend de l'inclinaison de ce dernier.

2

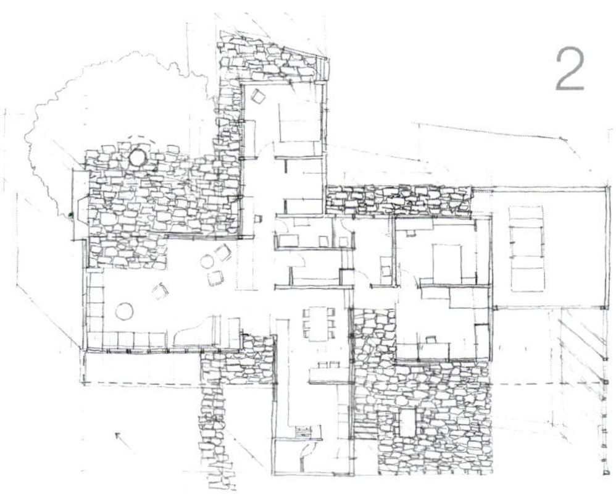

2. On a représenté la texture de la pierre pour donner un équivalent graphique à l'interpénétration de l'intérieur et de l'extérieur.
On a dessiné aussi les meubles pour mieux caractériser chacune des pièces.

3

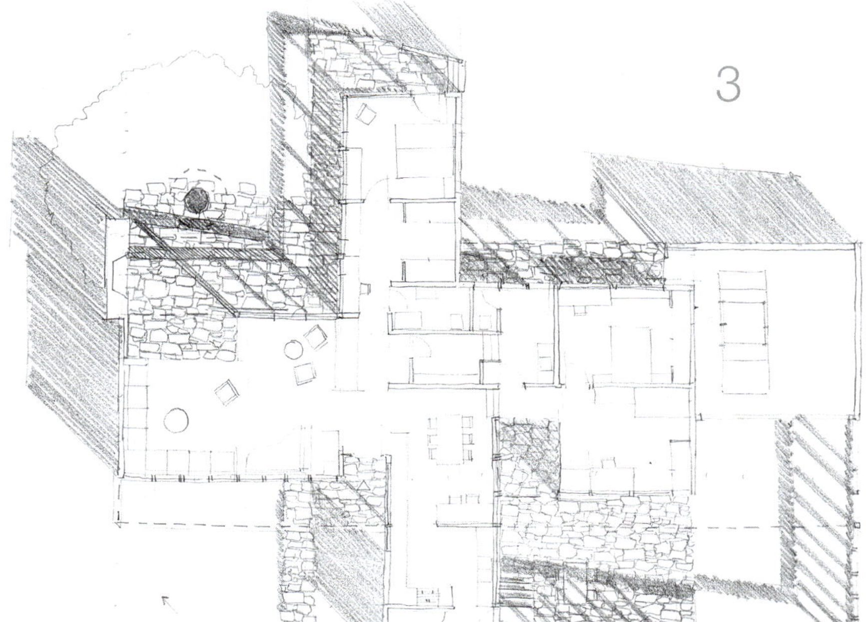

3. Sur le croquis achevé, les ombres sont tracées à l'aide de hachures dont l'orientation suit la direction supposée de la lumière.

On dessine toujours les ombres après avoir défini les textures. Si nécessaire, on renforcera leur tracé pour le différencier de celui des textures et ne pas rendre le dessin confus.

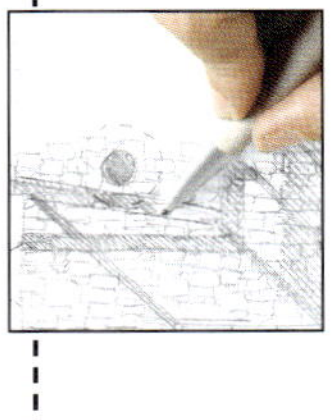

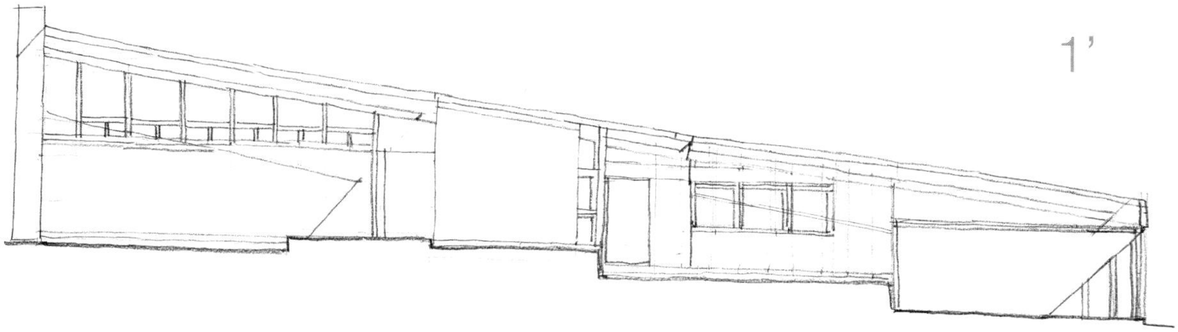

1’

1’. On définit le tracé des ombres sur une élévation du bâtiment.

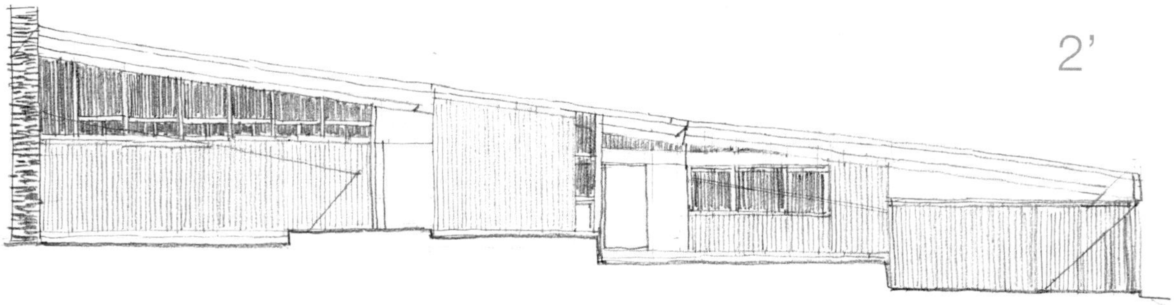

2’

2’. On représente ensuite les différentes textures (bois et verre).

OMBRES DES PLANS

Pour suggérer la troisième dimension dans la représentation en plan d’un bâtiment, on indique les ombres projetées par les parois verticales extérieures (en imaginant que l’on a retiré la couverture) au moyen de hachures.

On ne trace pas les ombres de l’intérieur du bâtiment : le dessin, qui doit déjà montrer clairement la distribution des espaces intérieurs, parfois exigus, deviendrait inintelligible.

Par convention, on imagine que le Soleil est à 45° du sud (sud-ouest). L’inclinaison du tracé des ombres sera donc elle aussi de 45°. Cette convention permet, une fois déterminée la hauteur de chaque élément, de donner une extension cohérente au tracé de toutes les ombres.

On trace tout d’abord le plan, d’après une échelle graphique dont la mesure de référence serait un lit de 2 m de long. On met alors en place, au moyen d’un trait légèrement esquissé, le profil des ombres portées, que l’on détermine au moyen de la même échelle graphique (**1**).

On représente ensuite le mobilier et la texture du sol de pierre (**2**).

On dessine enfin les ombres au moyen de hachures tracées selon la méthode expliquée plus haut. Elles viennent prendre place au sein des espaces esquissés et laissés en réserve à l’étape 1 (**3**).

OMBRES DES ÉLÉVATIONS

Pour l’élévation ouest présentée sur cette page, on applique le même principe. L’échelle graphique adoptée a pour mesure de référence non plus un lit, mais la porte d’entrée, dont la hauteur est elle aussi de 2 m. Les ombres portées sont celles qui atteignent le débord du toit.

3’. La finalisation du dessin passe par le rendu des ombres : on tiendra compte des différents matériaux en présence, en ombrant plus intensément les zones les plus sombres.

3’

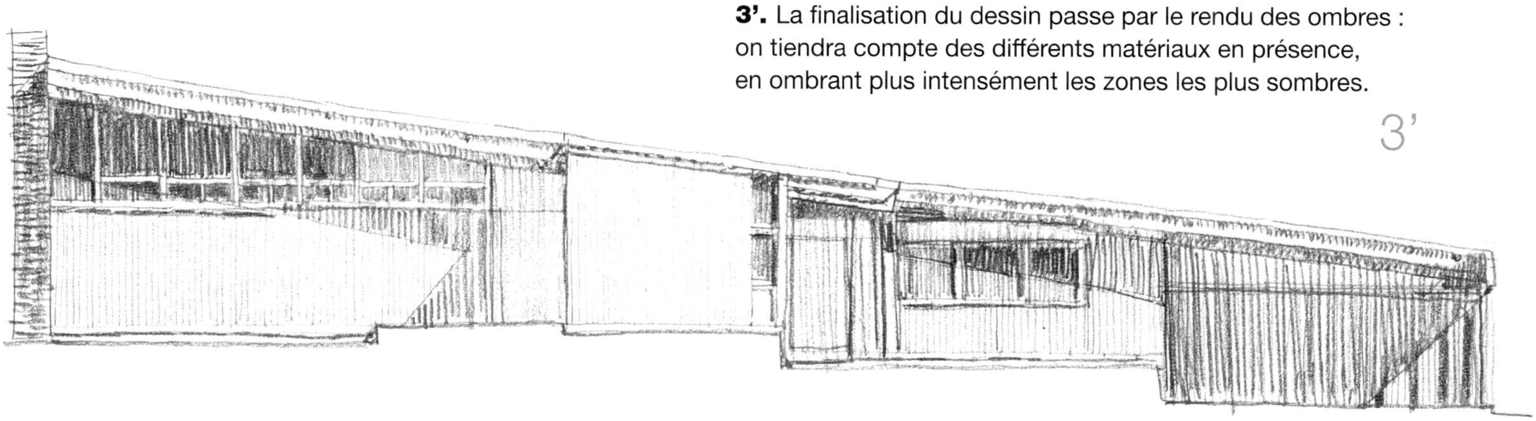

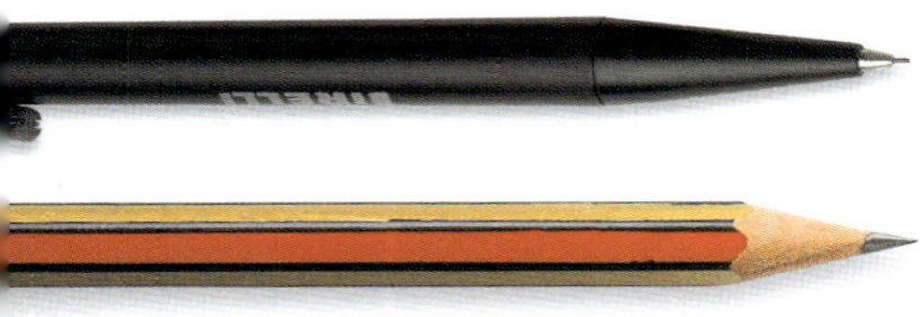

les Vues d'ensemble

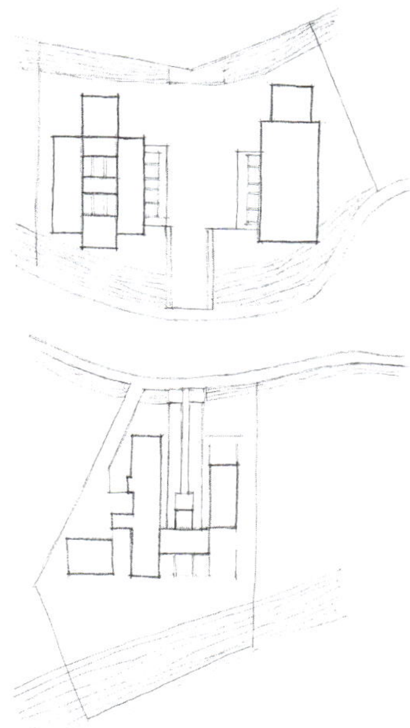

Plan d'ensemble des trois maisons étudiées ici.

Le meilleur moyen de représenter de façon claire l'ordonnancement d'un ensemble de bâtiments est de le dessiner vu depuis un point élevé. On a alors le choix entre l'axonométrie et la perspective conique. On optera pour l'axonométrie, qui permet de définir les distances et les proportions de façon plus rigoureuse.

EXEMPLE D'UN ENSEMBLE DE TROIS LOGEMENTS

On a choisi un groupe de trois habitations (les maisons n° 23 A, 23 B, 23 C) construites dans le cadre du programme CSH à La Jolla (Californie), en 1959-1960, par Killingsworth, Brady & Smith. Ces trois maisons au toit plat sont constituées de fins poteaux métalliques et de cloisons très légères réalisées à partir de panneaux de bois ou de verre. L'implantation de l'ensemble repose sur un axe général et le plan de chaque maison sur un axe propre de même direction. Dans le cas de la maison A, ces deux axes coïncident : les deux ailes de cette maison sont coupées par un axe qui sépare aussi les espaces occupés par les maisons B et C (voir le dessin ci-dessous). L'articulation des deux niveaux des maisons autour d'un axe propre ne génère pas de vraie symétrie, mais donne une impression d'ordonnancement rigoureux.

On réalise à main levée une perspective cavalière de l'ensemble, après avoir déterminé avec soin l'orientation de la projection. L'échelle graphique qui sert de référence a pour unité la valeur d'une des dalles du pavement. On estime que chacune de ces dalles mesure 1 m.

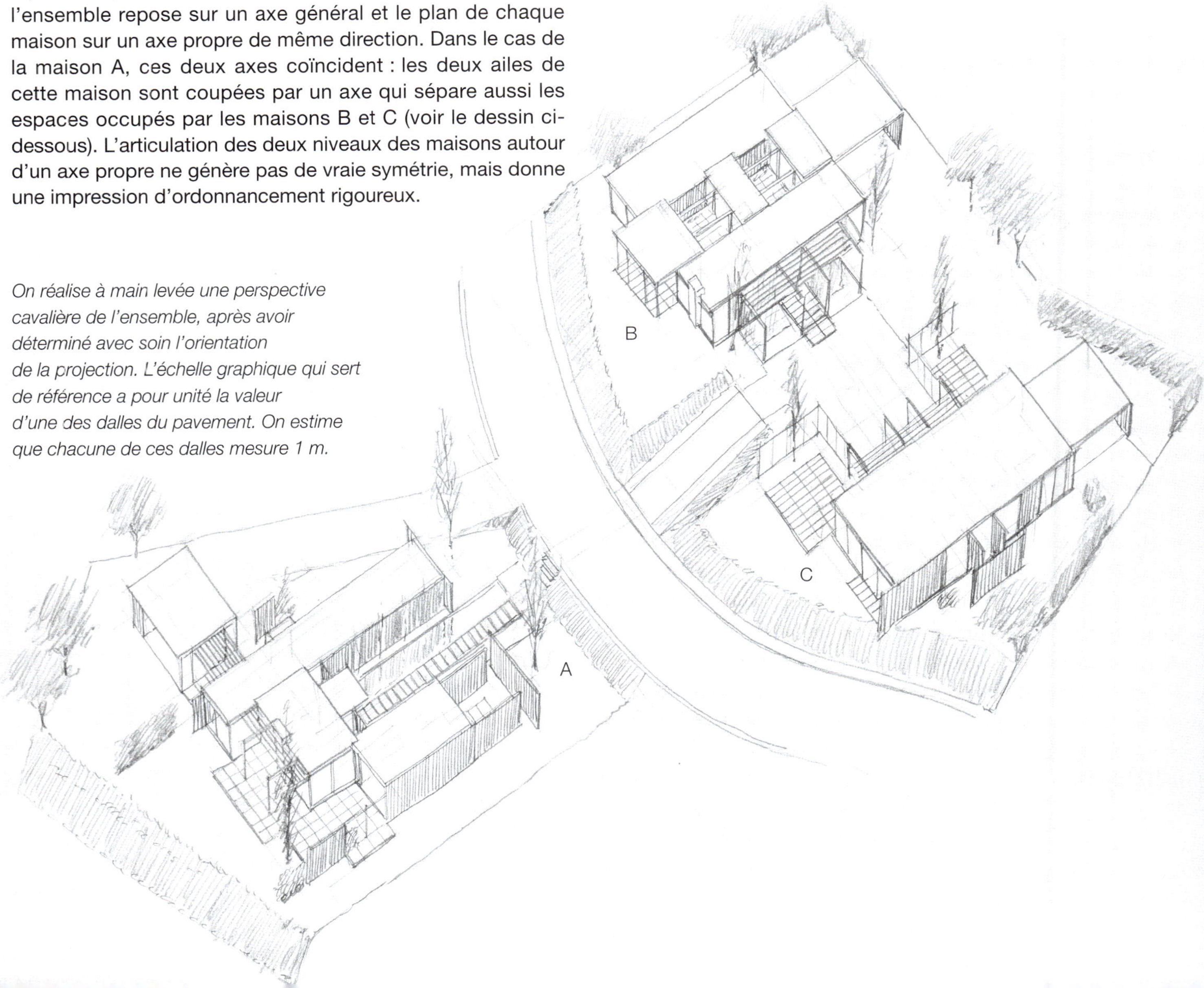

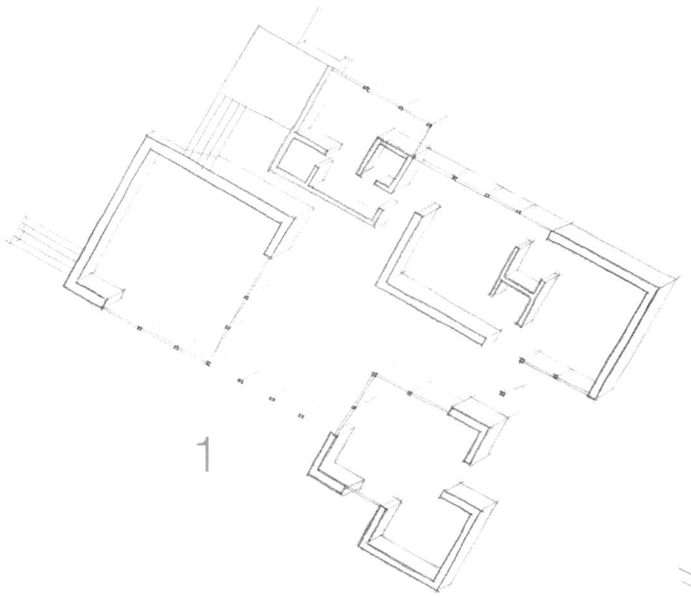

1

1. On met en place, sur un plan, le contour des ombres d'après l'angle d'incidence des rayons solaires que l'on a retenu et d'après l'orientation du plan, choisie en fonction de ce que l'on veut montrer.

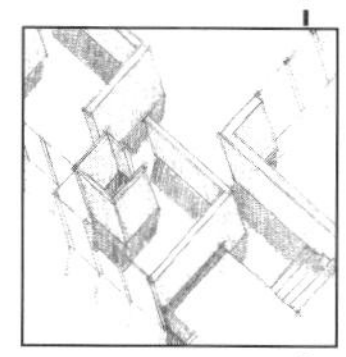

Il faut avant tout définir l'orientation du plan et la direction des ombres, pour éviter qu'une partie trop importante de la représentation se retrouve dans l'ombre.

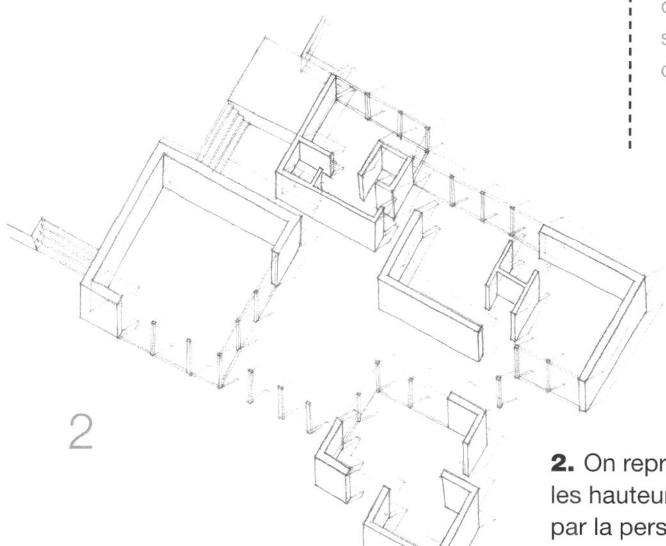

2

2. On représente sur le plan les hauteurs déterminées par la perspective axonométrique militaire. On les projette vers le bas de la feuille en prenant garde à n'occulter aucun élément du plan. On reporte ensuite le dessin des profils des éléments de l'ouvrage sur la nouvelle projection.

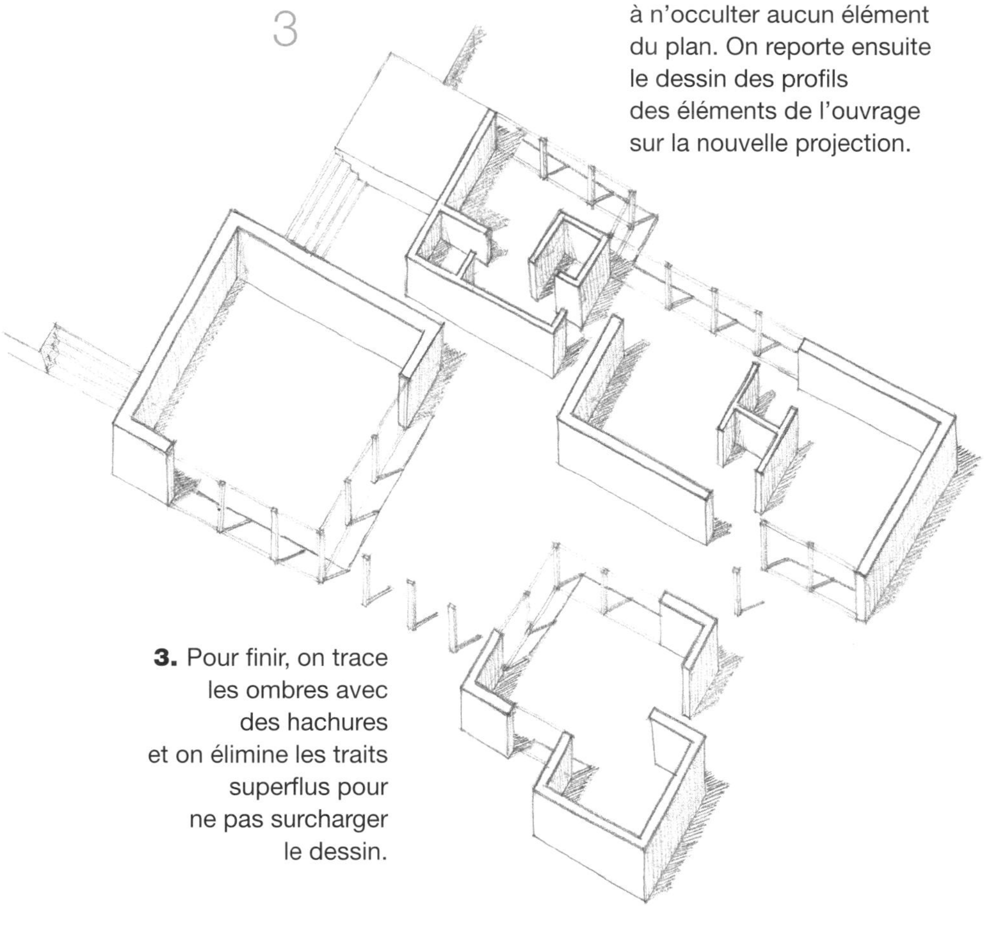

3

3. Pour finir, on trace les ombres avec des hachures et on élimine les traits superflus pour ne pas surcharger le dessin.

La maison A est située plus bas que les maisons B et C : son toit est au niveau du sol des deux autres. L'importance de l'axe principal est soulignée par le traitement de l'accès à cette maison, qui paraît enfermé dans une sorte de long fossé. On retrouve cet élément dans l'accès aux maisons B et C : il donne de la majesté à l'entrée et peut devenir un élément de confort quand il fait très chaud, car il est facile de le couvrir d'une pergola.
De grandes baies vitrées montant du sol au plafond gomment la frontière entre intérieur et extérieur.
On finalise l'avant-projet en hachurant les parements verticaux (en prenant garde à la direction d'où vient la lumière) et en suggérant les abords du bâtiment.

ANALYSE VOLUMÉTRIQUE D'UN PLAN

L'exemple choisi est celui d'un projet (non réalisé) de maison à bas prix du programme CSH n° 5, œuvre de Whitney R. Smith. Cette maison pourrait être construite sur n'importe quel type de parcelle. Les différents espaces de cet ouvrage sont séparés par des murs porteurs. Le toit est plat. Une loggia très ouverte sur l'extérieur sert de pièce à vivre.
On suit le même procédé que celui décrit cidessus pour dessiner la projection axonométrique de l'ouvrage. On représente cette fois les ombres propres et les ombres portées de chacun des murs, tantôt du côté extérieur, tantôt du côté intérieur. Cette nuance confère à ce dessin plus d'expressivité et permet par ailleurs d'unifier la représentation des différents espaces définissant l'ensemble de l'ouvrage.

Les fondations et les parties enterrées d'un édifice ont plus ou moins d'importance selon le type d'activité qui doit s'y dérouler. Une coupe présentant à la fois le terrain et l'édifice permet de mettre en évidence cet aspect de la construction.

le Terrain
et le niveau des constructions

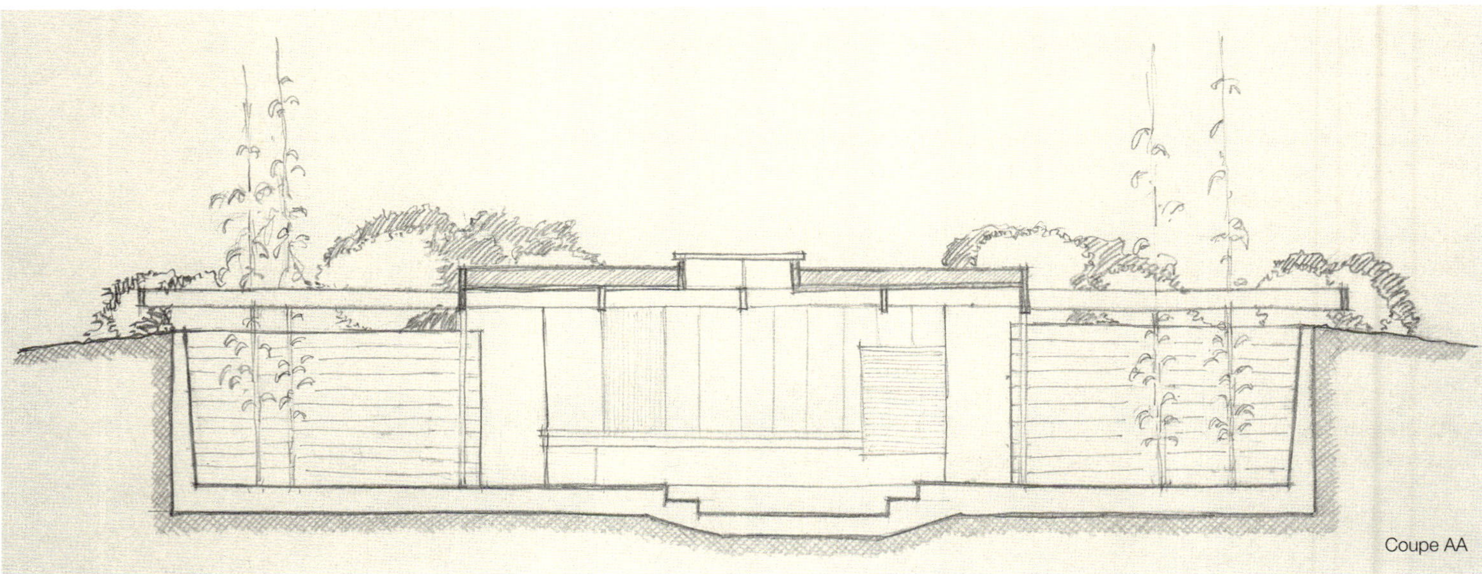

Coupe AA

Après avoir étudié le plan, on trace la coupe du bâtiment. La représentation de quelques croquis de végétaux permet de suggérer le cadre naturel, et on définit le niveau du sol attenant par des hachures.

Schéma du plan général et coupe de la maison

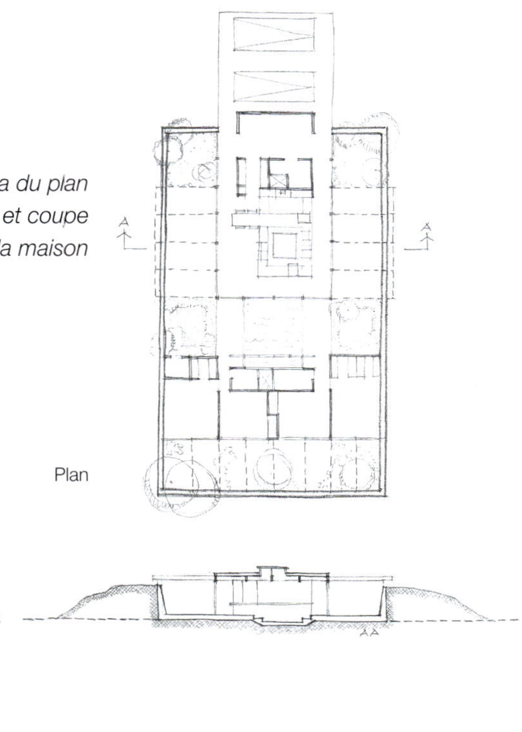

Plan

Coupe AA

HABITAT ENTERRÉ

L'exemple le plus caractéristique est celui des maisons construites à mi-pente, comme la villa Guardiola conçue par Peter Eisenman (voir page 17). Le cas d'une maison presque totalement enterrée est plus rare : il faut imaginer un habitat troglodytique clos, protégé tant des regards que de l'environnement, et ne prenant le jour que grâce à de larges puits de lumière qui créent des espaces assimilables à des cours intérieures.

La maison n° 24 du CSH, projetée par A. Quincy Jones en 1961 mais jamais construite, est particulièrement intéressante. L'architecte voulait créer un ensemble de cent maisons partiellement enterrées : le lotissement aurait consisté en une suite de dunes artificielles couvertes de gazon, d'où l'on n'aurait vu surgir que les couvertures plates des habitations et les pergolas recouvrant les cours intérieures.

1

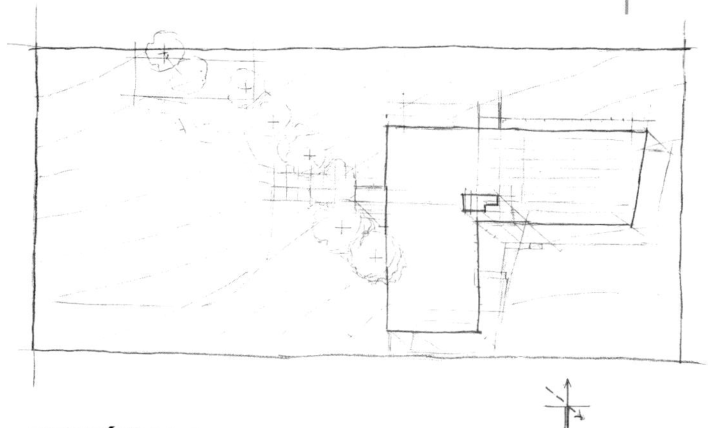

2

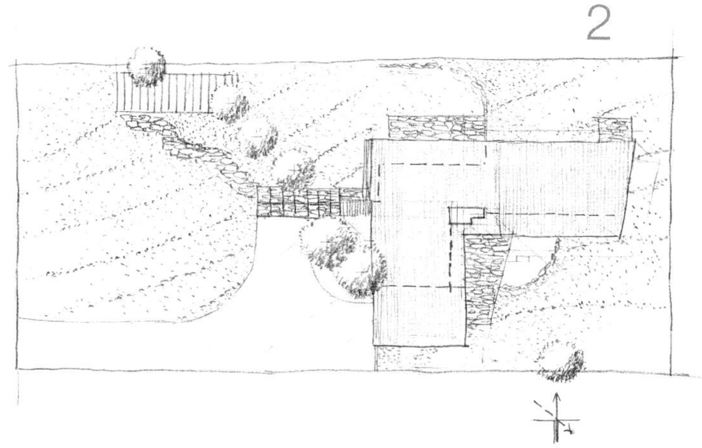

REPRÉSENTATION DU TERRAIN

Notre exemple est le projet de logement n° 13, non réalisé, dessiné dans le cadre du programme CSH pour une parcelle proche de Los Angeles. Il est daté de 1946 et dû à Richard Neutra. Comme pour le bâtiment précédent conçu par Neutra (page 122), on a dessiné ici les ombres portées, mais en incluant celle de la couverture. L'édifice est vu de plus haut, les ombres relient le bâtiment au terrain, dont elles montrent les irrégularités.

Pour les souligner encore davantage, on met aussi en place l'ombre des arbres que l'architecte a voulu conserver. Si cette maison avait été construite, elle aurait été d'emblée parfaitement intégrée à un environnement paysagé.

On a tracé les ombres selon une orientation logique étant donné l'emplacement du projet, à 45° par rapport au nord (nord-ouest). Leur inclinaison est aussi de 45°. Une fois que l'on a mis le plan en place, d'après une mesure de référence définissant l'échelle graphique, on constate que la hauteur des ombres portées correspond exactement à la hauteur des différents parements.

Pour rendre ce dessin moins abstrait, on s'attache aussi à traduire les différentes textures : la pierre des terrasses et du sol, le métal de la couverture, les arbres et la pelouse.

1. On commence par définir, d'un trait fin, les courbes de niveau, la position des arbres, le plan de la couverture et le contour des ombres.

2. On dessine ensuite la texture du sol et de la couverture, puis on donne du volume aux arbres.

3. On termine par le tracé des ombres, en veillant à respecter le sens de la lumière et en les renforçant là où elles risqueraient de se confondre avec le rendu des textures.

3

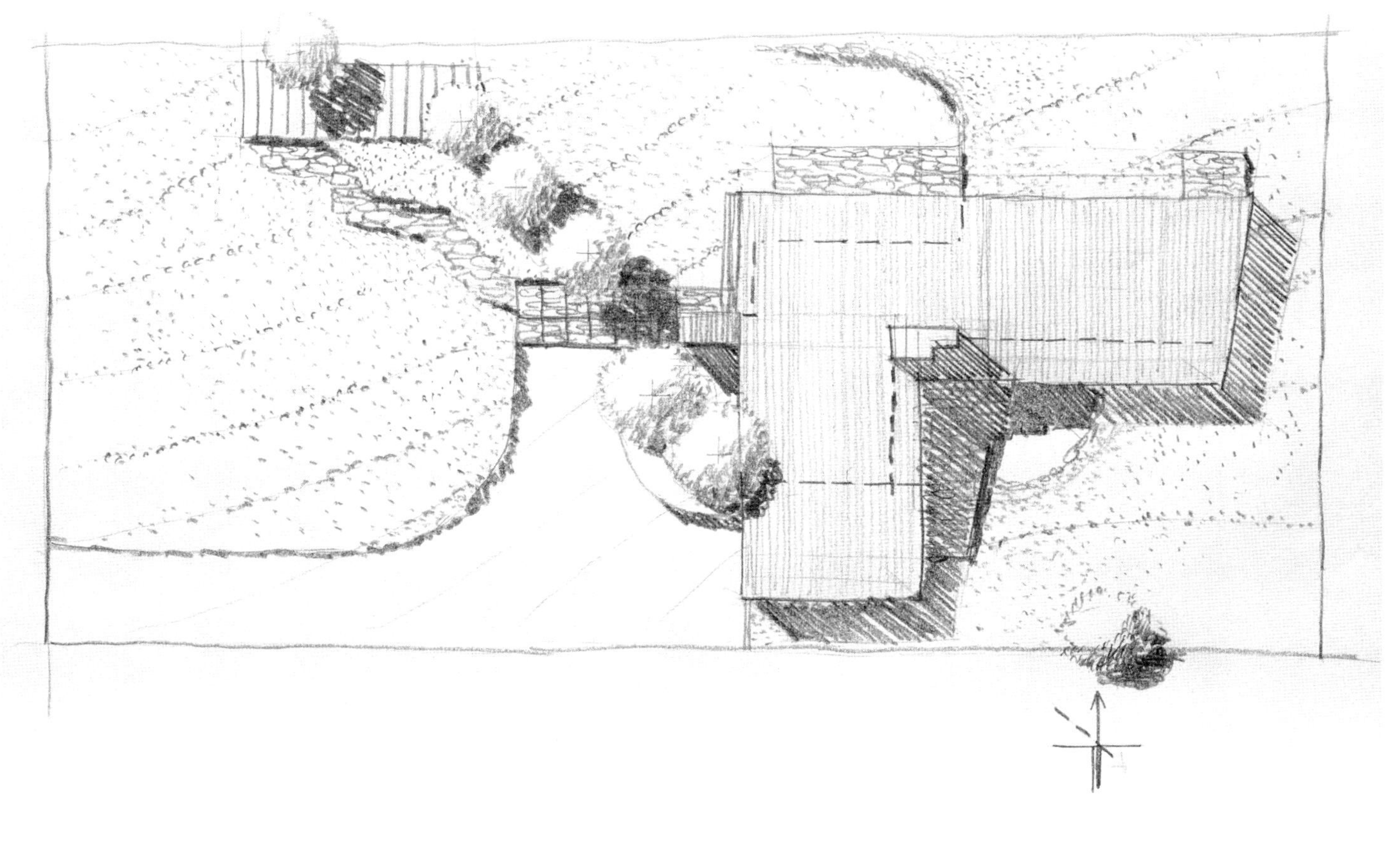

la Représentation
de différents niveaux

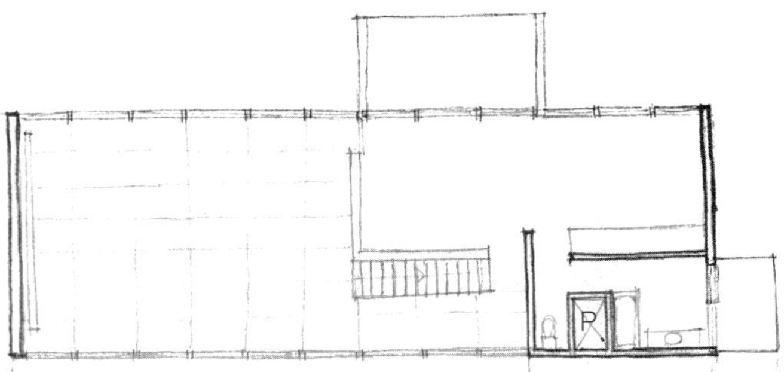
Étage

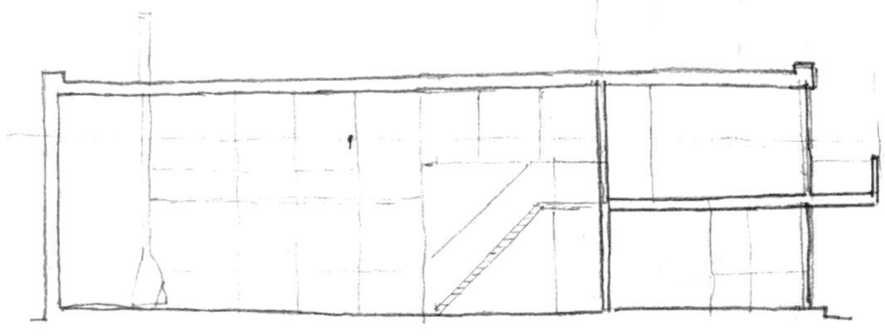
Coupe AA

Lorsqu'un bâtiment se développe sur plusieurs niveaux, on peut tenter de le dessiner en faisant en sorte que la vue plonge depuis les espaces supérieurs vers les espaces inférieurs : cette percée visuelle relie les représentations des différents espaces entre elles. On les représente sur une coupe pratiquée selon un plan vertical qui traverse tous les niveaux à la fois.

L'exemple choisi est la coupe en perspective frontale d'un projet non réalisé du programme CSH (le n° 19), dû à Don Knorr. Cette maison est articulée en trois volumes simples, à partir d'une structure modulaire métallique très légère, de cloisons de bois, de planches métalliques et de verre. Deux zones sont situées au rez-de-chaussée : la première accueille chambres d'enfants et chambre d'amis, l'autre le garage. Le corps de logis principal est constitué par la cuisine, le salon et, au-dessus, la chambre-bureau des parents, qui donne sur le salon en duplex.
L'ensemble s'ouvre sur les espaces libres adjacents grâce à de grandes baies vitrées, et les divers corps de bâtiment sont reliés par des passages couverts.

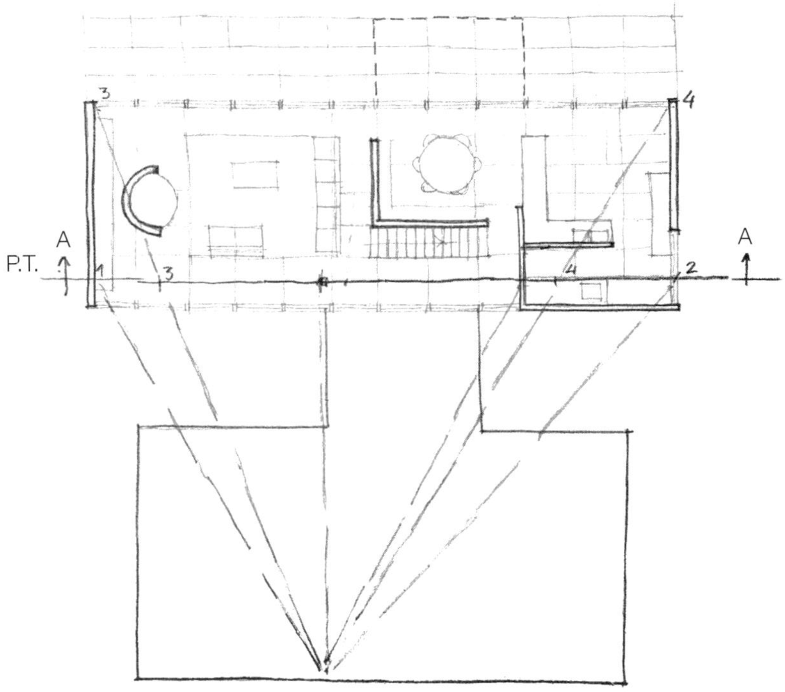

Rez-de-chaussée

Plan de l'étage, coupe et rez-de-chaussée avec le schéma de la perspective frontale choisie.

1. À partir d'une coupe – par souci de simplification, on a omis de représenter la gaine d'aération –, on projette les différentes parois. On représente les marches de l'escalier en plan et en élévation ; puis on les projette en perspective en appliquant le théorème de Thalès.

1

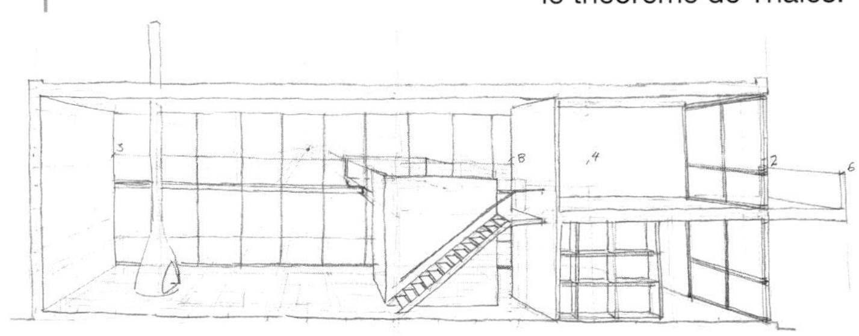

COUPE EN PERSPECTIVE

Pour dessiner la coupe en perspective, on trace le plan scrupuleusement quadrillé selon une échelle graphique préalablement déterminée. On y place l'observateur et le plan du tableau que l'on fait coïncider avec le plan de coupe, là où les différentes hauteurs peuvent être appréciées selon leur importance relative.
L'observateur est placé très haut, entre les deux espaces. Cette position n'est absolument pas réaliste, mais elle permet d'embrasser tous les espaces depuis un point de vue unique.
On projette ensuite les points qui définissent les arêtes de la paroi du fond et on les reporte sur le dessin représentant l'édifice en coupe, réalisé sur une autre feuille de papier. On projette les arêtes perpendiculairement à l'observateur, qui occupe le point central, ou point de fuite. On répète l'opération pour chacune des représentations des différents murs qui ferment les pièces apparaissant sur la coupe.
Pour obtenir un quadrillage du sol en perspective, sur le dessin ci-dessous, on a appliqué le théorème de Thalès en prenant pour point de référence le mur de la bibliothèque.

2

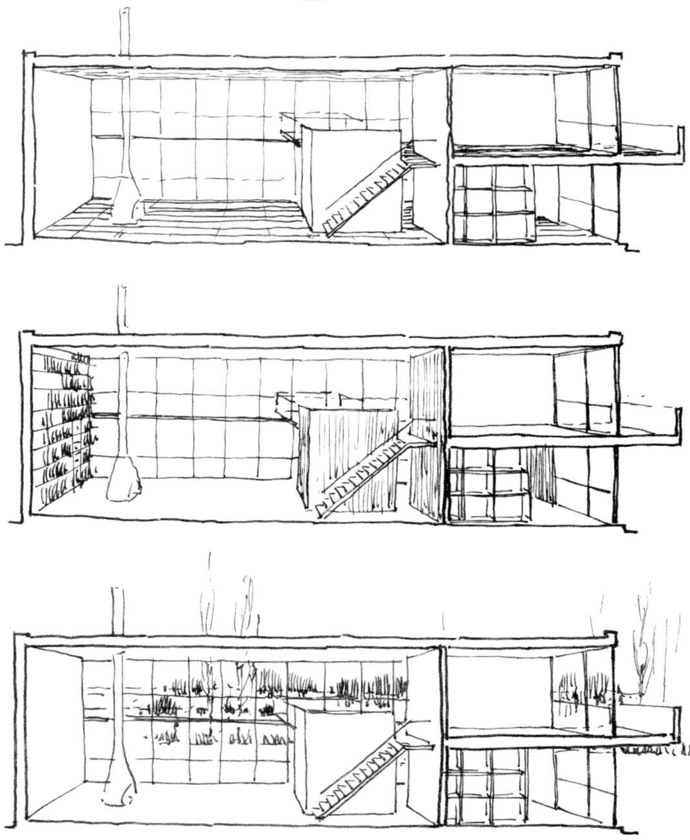

2. Pour renforcer l'impression de profondeur, on peut représenter le sol sur une première feuille de papier calque, la texture des parois de bois sur une autre, et sur une troisième le fond paysagé.

3. On met la dernière main au croquis en superposant les trois essais préliminaires, en complétant le dessin avec quelques meubles et des silhouettes.

Cette technique peut s'appliquer à bien d'autres types de représentation : tramer un mur sur un croquis de relevé, traduire la texture d'une paroi pour un avant-projet, ombrer un dessin à vue. Avant de se lancer, mieux vaut se livrer à quelques essais préalables.

3

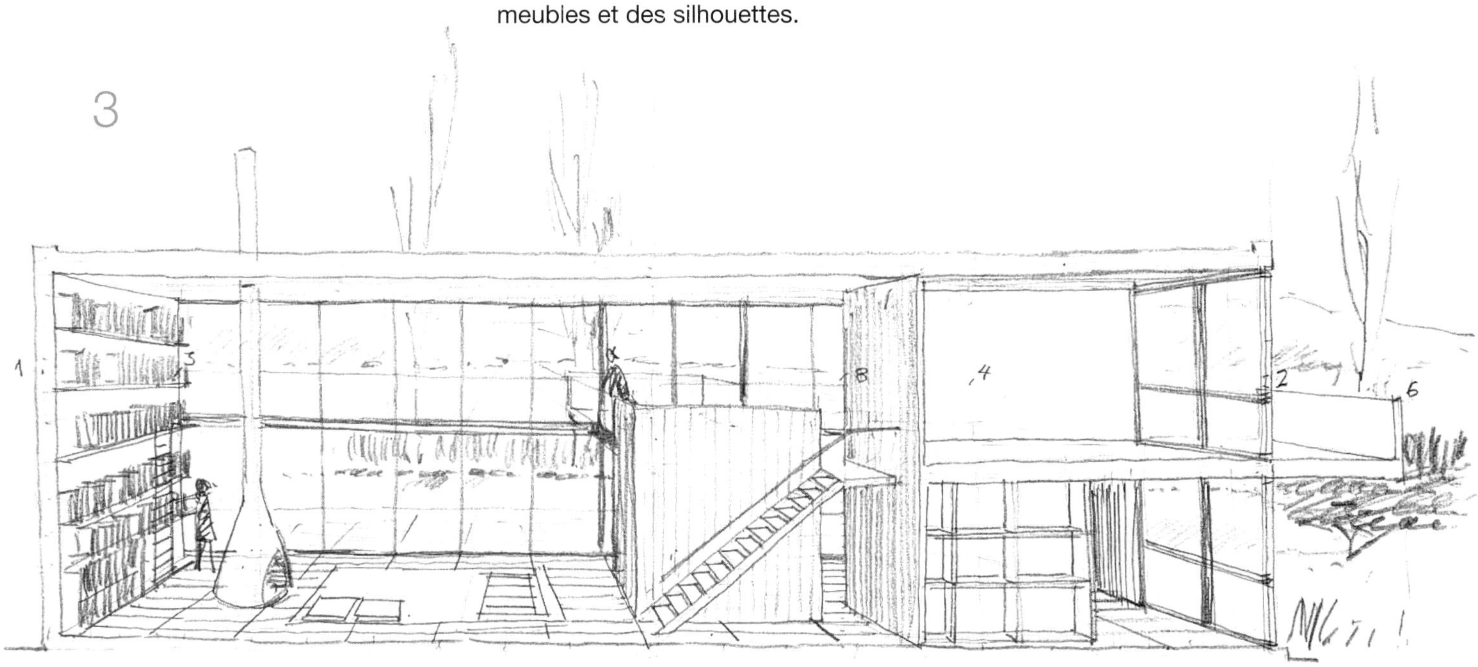

les Visions frontales de l'espace

L'exemple choisi est le projet CSA #1, construit à Phoenix (Arizona) en 1963 par A. Beadle et A. Dailey dans le cadre du programme CSH. Il s'agit d'un ensemble de trois petits appartements de plain-pied, développés à partir d'une structure métallique tridimensionnelle.

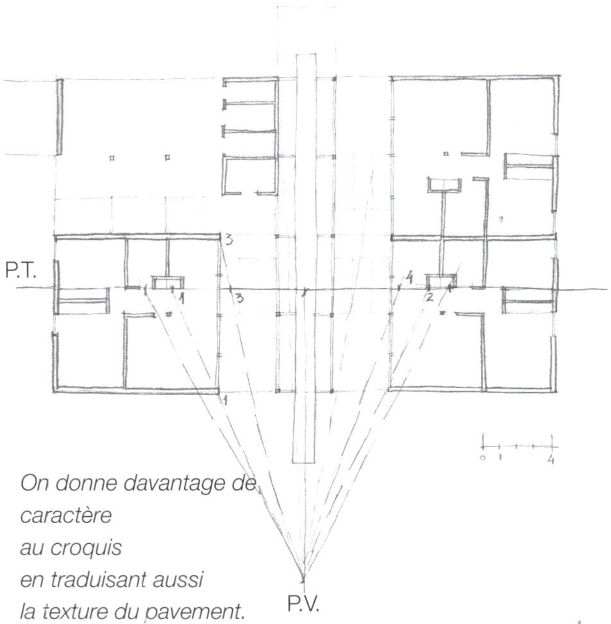

On donne davantage de caractère au croquis en traduisant aussi la texture du pavement.

1

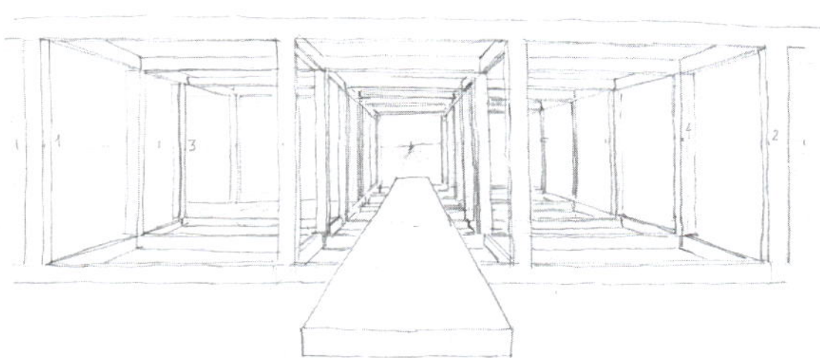

VISION FRONTALE D'UN ESPACE SYMÉTRIQUE

Les accès à ces appartements sont des zones profondes et symétriques dans lesquelles l'espace est resserré en raison de la présence des piliers et des poutres.

Une perspective frontale met l'accent sur la profondeur de l'espace. Lorsque le bâtiment à représenter est symétrique, il faut se placer au centre pour en réaliser la vue frontale, afin de mettre en évidence les caractéristiques de l'ouvrage ; c'est le parti adopté dans cet avant-projet. On détermine l'emplacement, sur le dessin du plan, d'un point de vue en coïncidence avec le plan du tableau et un angle ou une arête de l'ouvrage clairement identifiable. On projette sur ce dernier les piliers des extrémités de la façade principale pour qu'ils délimitent le champ de vision. On reporte la ligne d'horizon sur une autre feuille de papier, comme dans les pages précédentes, et on complète le croquis.

1. Il est préférable de commencer la mise en place du dessin par la représentation du premier plan, de façon que le dessin des piliers et des poutres les plus proches de l'observateur occultent petit à petit les piliers et poutres les plus éloignés.

2. On donne davantage de caractère au croquis en traduisant aussi la texture du pavement.

2

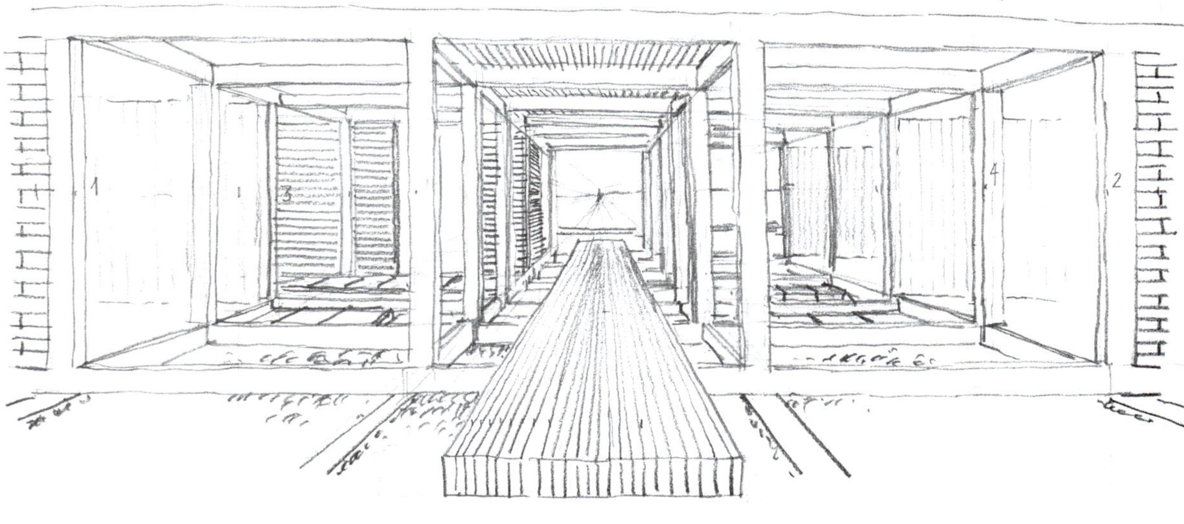

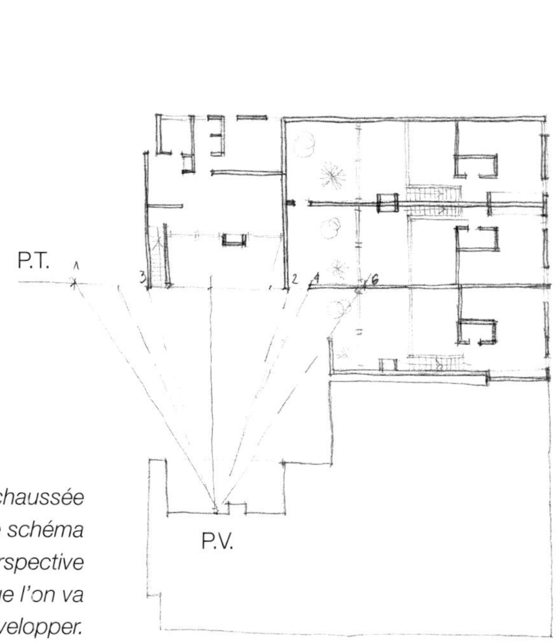

Rez-de-chaussée avec le schéma de la perspective que l'on va développer.

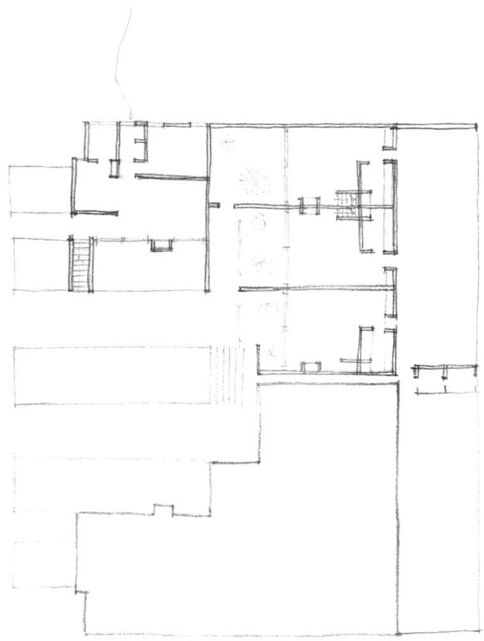

Plan de l'étage supérieur, nécessaire à la réalisation du travail.

VISION FRONTALE ASYMÉTRIQUE ET REFLET D'UN BASSIN

Le second exemple correspond à un projet non réalisé de Killingsworth et Brady, CSA#2, qui date de 1964. Il est composé d'un ensemble de 10 logements sur deux niveaux, organisés de façon symétrique autour d'un bassin.

Le procédé est le même que précédemment, mais on part d'une vue frontale asymétrique, prise depuis le côté, afin d'étudier les reflets sur l'eau du bassin. On représente ces reflets en prolongeant vers le bas et en préservant leur dimension, mais en les inversant, les différentes arêtes verticales ; elles viennent ainsi se superposer aux tracés évoquant la surface de l'eau contenue dans le bassin. On trace ensuite de la même façon les reflets des arêtes horizontales.

Pour donner plus d'importance aux reflets, on efface en partie les arêtes projetées sur l'eau, et on enrichit le dessin grâce à quelques plantes aquatiques et des lignes légères qui représentent l'eau.

1

2

1. On met d'abord en place la perspective conique frontale.

2. On termine en quadrillant le sol de la zone centrale et en dessinant schématiquement quelques arbres dans le fond.

le Rendu d'un intérieur : perspective oblique rythmée

Nous étudions maintenant le projet n° 26 de Killingsworth, Brady et Smith, datant de 1962. Il s'agit d'une grande maison individuelle possédant un accès très original et entourée sur plusieurs côtés par un étang peu profond.

Une succession de fins piliers quadrangulaires monumentalise et rythme un espace que se partagent un vaste porche d'accès, un grand salon et un patio intérieur. L'angle de vue choisi pour cette représentation se situe près de la cheminée du salon (C), en regardant vers le porche d'entrée à travers les baies vitrées.
À partir du plan, et après avoir choisi pour mesure de référence la plus petite des dalles composant le pavement, dont on estime la longueur à 1 m, on mesure le schéma en plan de la perspective et on le reporte sur une autre feuille de papier. On place sur cette nouvelle feuille les arêtes des extrémités de l'ouvrage, puis on subdivise l'espace restant entre ces deux arêtes selon l'échelle graphique que l'on a déterminée.

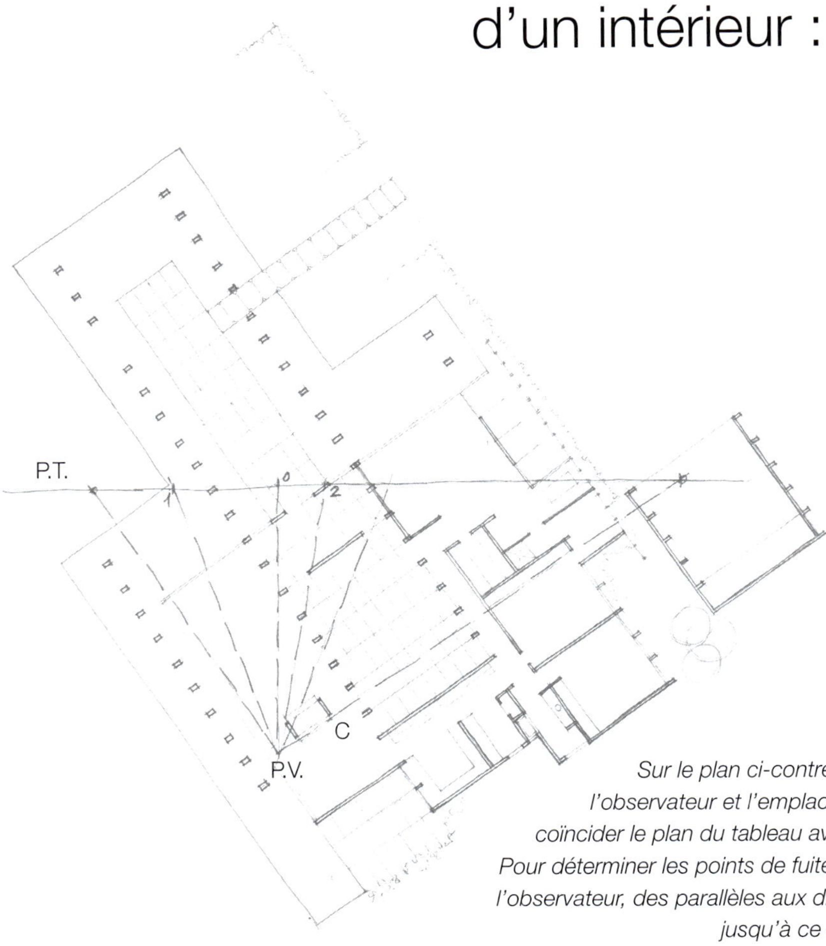

Sur le plan ci-contre, on a déterminé l'emplacement de l'observateur et l'emplacement du plan du tableau. On a fait coïncider le plan du tableau avec l'une des colonnes du vestibule. Pour déterminer les points de fuite, on trace, à partir de la position de l'observateur, des parallèles aux directrices du plan et on les prolonge jusqu'à ce qu'elles coupent le plan du tableau.

1. Mise en place initiale de la perspective oblique. Les arêtes principales sont répertoriées par des numéros.

2. Pour renforcer la profondeur et traduire l'aspect des colonnes, on dessine la texture des briques de béton.

1

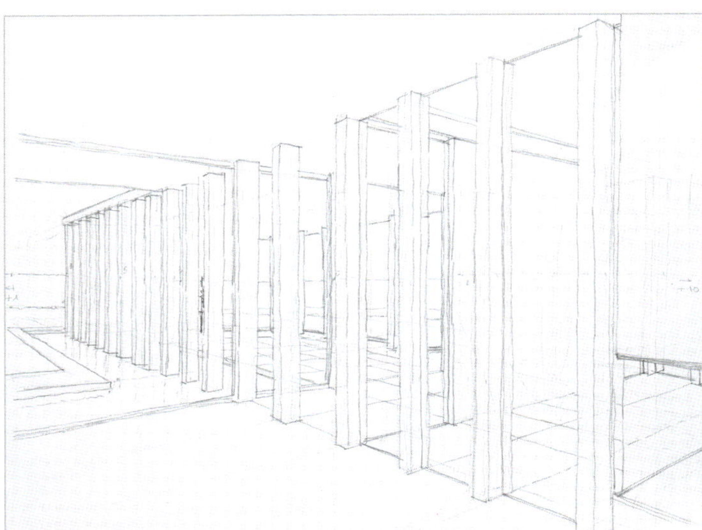

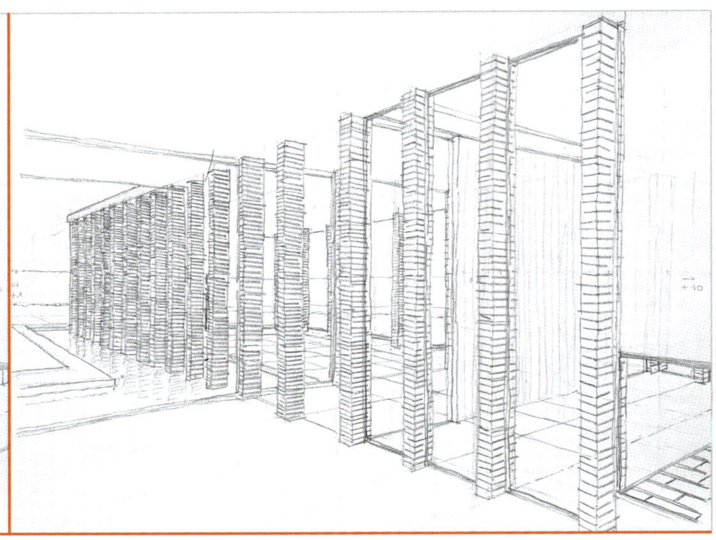

2

Dans le cas présent, on tracera autant de subdivisions que l'on a, sur le plan, compté d'unités. Enfin, on représente intuitivement sur le dessin de la ligne d'horizon la distance approximative séparant les points de fuite.

On trace les lignes verticales qui passent par ces arêtes et définissent les extrémités de l'ouvrage, notamment la ligne coïncidant avec le plan du tableau. Sur cette dernière, et en utilisant une nouvelle échelle graphique, on définit la hauteur de l'observateur (1,5 m) et celle du plafond (3 m), que l'on a pu estimer grâce à la documentation fournie.

On trace les arêtes horizontales et, sur ces dernières, on situe la position de toutes les arêtes verticales intermédiaires que l'on désire représenter, en projetant leur position au ras du sol jusqu'à ce qu'elle coïncide avec la projection verticale.

Une fois que l'on a représenté la plupart des colonnes au premier plan, on positionne les plus éloignées ; l'application du théorème de Thalès permet de calculer la position des colonnes intermédiaires en commençant par celles du premier plan.

Il est important de représenter avec exactitude les dimensions de chacune des deux faces des colonnes sur le dessin. La diminution progressive de leur largeur doit être harmonisée et échelonnée d'un bout à l'autre de leur représentation en perspective.

On dessine le joint horizontal de chacune des briques de béton qui composent les colonnes : avec la mise en perspective, les traits ont tendance à se toucher et donc à assombrir le dessin, ce qui renforce l'impression de profondeur.

Pour traduire la superposition des blocs de béton qui composent les colonnes, on peut tracer les joints (une simple feuille de papier servira de règle) tous les 5 ou 10 éléments : ces traits serviront de repères pour dessiner les joints restants.

3

3. Le reflet dans l'étang est réalisé de la même façon que dans l'exemple précédent. Pour suggérer la fonction de chacun des espaces représentés, on dessine schématiquement un ou deux meubles. On termine en ajoutant quelques plantes d'ornement et la texture du sol le plus proche.

la Représentation d'un espace mixte

L'exemple retenu ici est un projet, non réalisé, de logement-serre (CSH n° 4), dû à Ralph Rapson et daté de 1945. Il s'agit du prototype d'un logement écologique de l'époque.

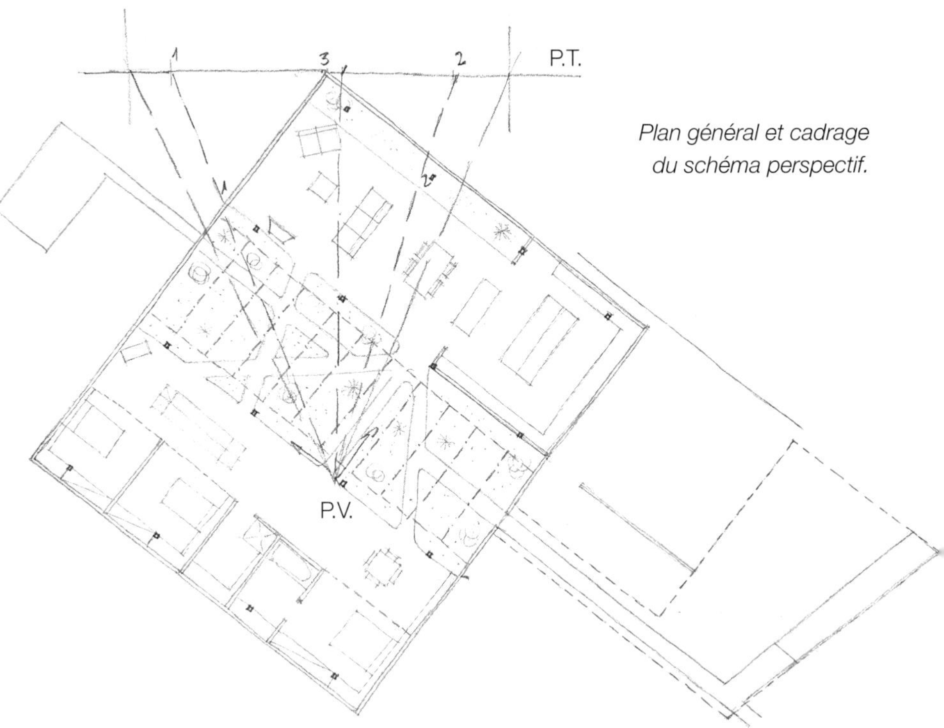

Plan général et cadrage du schéma perspectif.

Le logement comprend deux corps parallèles composés d'une structure métallique et de cloisons en panneaux de bois et de verre armé. Ils sont séparés par un jardin intérieur couvert d'une pergola. Des parterres, qui empiètent sur l'espace de la maison, prolongent ce jardin qui sert à la fois de vestibule et de salle de jeux. Un système de tuyaux d'eau chaude et froide court sur tout le sol et permet de réguler la température du bâtiment. Un jardin intérieur largement baigné de lumière naturelle, des espaces laissés dans la pénombre et tournés vers le jardin potager d'où l'on a vue sur le paysage désertique qui s'étend à l'extérieur : ces partis pris originaux font tout l'intérêt de ce projet.

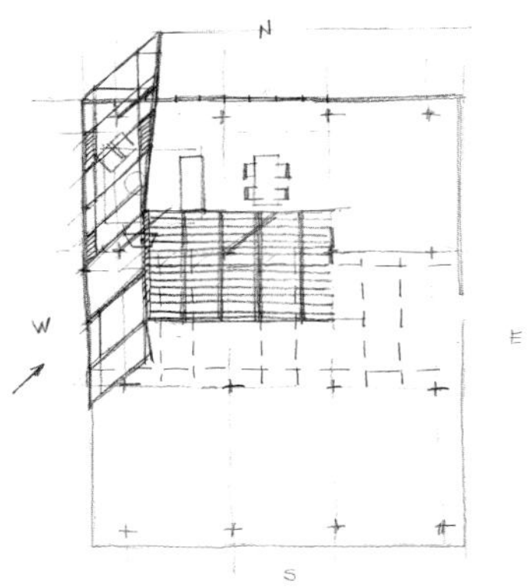

Calcul en plan des ombres dans la zone de la vue sélectionnée.

1

PERSPECTIVE OBLIQUE

Sur le schéma du plan quadrillé à main levée, en prenant pour mesure de base l'un des lits, on choisit un point de vue pour la perspective oblique, de façon qu'au premier plan se trouvent le jardin et ses allées. Le plan intermédiaire est occupé par le salon dans la pénombre, avec le paysage extérieur comme toile de fond.

On situe le plan du tableau sur l'arête extérieure la plus éloignée (n° 3) et l'on projette deux arêtes supplémentaires, une de chaque côté du point principal, afin de déterminer la mise en place générale du dessin et les extrémités de l'angle de la vision, avec ses points de fuite respectifs.

1. Cadrage initial de la vue à base de lignes.

2

3

On transpose ensuite ces données sur une autre feuille de papier, sur laquelle on dessine la perspective de façon qu'elle occupe la plus grande partie de la feuille afin de bien représenter le paysage du fond.

OMBRES ET MISE EN AMBIANCE

On détermine l'emplacement de l'observateur à 1,5 m et la distance entre le sol et le toit en fonction de ses différentes inclinaisons selon les parties de l'ouvrage. On calcule sur le plan les ombres intérieures que projettent le toit, la pergola et les cloisons latérales sur la serre et le salon. On suppose que le Soleil est situé au sud-ouest de la maison, avec une inclinaison de 45° : les divers éléments projettent alors au sol une ombre dont la longueur est égale à leur propre hauteur.

2. L'ajout de détails vient enrichir progressivement le dessin.

3. On suggère l'atmosphère en ajoutant des plantes et quelques meubles. On encadre la scène de quelques arbres. On rend par des hachures différentes les panneaux de bois, le sol du jardin intérieur et la pergola.

4. Une fois que l'on a représenté les ombres, on renforce le caractère pictural du croquis en revenant sur les lignes du plafond et celles qui définissent les divers éléments du paysage et du salon : en insistant sur les éléments situés dans le fond du dessin, on fait venir le jardin au premier plan.

4

Le projet retenu ici est un logement, non réalisé, de Richard Neutra. Il s'agit du lot CSH n° 6, daté de 1945 et destiné à une parcelle située à Omega (Californie). Un énorme eucalyptus occupe le centre du terrain : pour l'architecte, c'est autour de lui que s'organise, l'été, la vie des habitants. Situé dans le quart nord-ouest de la parcelle, il occupe l'un des quatre espaces qui composent le plan en forme de croix.

l'Avant-projet définitif ou de présentation

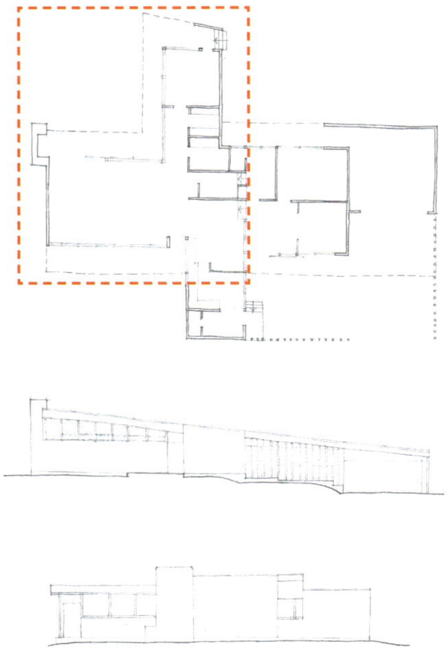

Plan et élévations nécessaires pour réaliser l'exercice proposé. On délimite la portion de plan que l'on a retenue, on l'agrandit et on la fait pivoter de 180°.

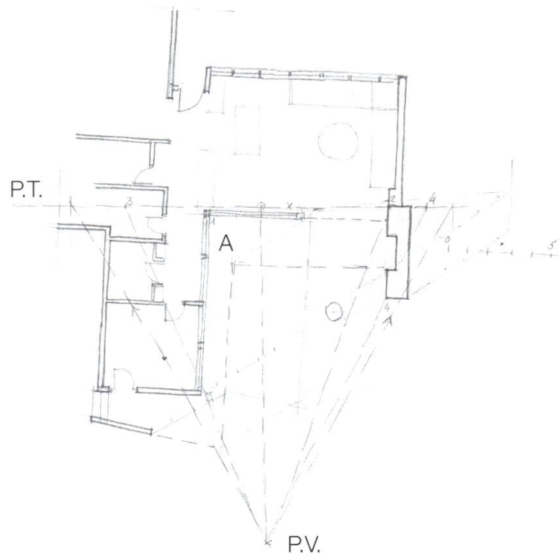

On définit le point de vue de l'observateur face à la portion de plan choisie et on détermine le schéma perspectif et le tracé des ombres.

Le bâtiment, en bois, porte une énorme couverture inclinée dont l'avancée protège les murs extérieurs, sur lesquels on devra représenter les ombres portées, en l'occurrence très étendues, du toit. L'architecte fait de la pierre ou du bois un usage très particulier. La représentation de cet ensemble, avec l'évocation de l'atmosphère, le rendu de l'ombre du grand eucalyptus et des meubles que l'on aperçoit à travers la baie vitrée du salon, est un excellent exercice synthétique pour clore ce chapitre. On commence, comme toujours, par dessiner un plan. On définit le point de vue, et l'on fait coïncider le plan du tableau avec un angle du patio (A), de façon à ce que la perspective oblique se rapproche le plus possible d'une projection frontale, c'est-à-dire d'une projection perspective dans laquelle l'ouvrage serait vu de face. L'un des points de fuite se trouve sur la feuille, mais l'autre est placé très loin : le tracé des lignes qui convergent vers ce point se fait donc de façon totalement intuitive, sans aucune référence visuelle.

1. Mise en place du dessin (correspondant au « cadrage » signalé en pointillés rouges sur le plan ci-dessus). Les poutres sont inclinées : elles fuient en dessous de la ligne d'horizon, elle-même placée sur la ligne verticale sur laquelle se trouve situé le point de fuite.

2. Il est important de traduire aussi la texture de la pierre, qui souligne l'interpénétration des espaces extérieur et intérieur.

1

2

3

Un dessin à main levée doit rester très soigné. Pour ne pas risquer d'estomper malencontreusement avec son poignet le dessin déjà réalisé, on place sous la main une feuille de papier propre.

3. On affine ensuite la représentation en ajoutant des détails qui la rendent plus « habitée » : le mobilier du salon, la texture des murs et du sol, la cheminée de pierre et le tronc de l'eucalyptus.

On projette deux arêtes supplémentaires et on définit à l'œil nu les extrémités de l'angle de vision, après avoir adopté une échelle graphique intuitive. On transpose ce schéma sur une autre feuille de papier. On adapte le schéma ainsi transposé aux dimensions de ce nouveau dessin, en redéfinissant les hauteurs de l'observateur et du toit.
On définit la position des ombres sur le plan puis on les transpose sur la perspective après l'avoir mise au carreau. On dessine à l'œil nu les ombres portées sur les murs et les zones qui seront dans la pénombre ou à contre-jour.

4

4. On finalise le croquis en tramant les ombres, que l'on renforce dans les espaces intérieurs.

le Dessin d'observation, transcrire l'intention de l'architecte

« DESSINER, C'EST PREMIÈREMENT REGARDER AVEC LES YEUX, OBSERVER, DÉCOUVRIR. DESSINER C'EST APPRENDRE À VOIR NAÎTRE, CROÎTRE, S'ÉTENDRE, MOURIR LES CHOSES ET LES GENS. IL FAUT DESSINER POUR INTÉRIORISER CE QUE L'ON A VU, ET QUI DEMEURE ALORS ÉCRIT DANS NOTRE MÉMOIRE POUR LE RESTE DE NOTRE VIE. »

Le Corbusier, Suite de dessins.

le Dessin d'analyse

Rafael Moneo.
Dessin représentant l'auditorium Kursaal, à Saint-Sébastien (Espagne), photographié page ci-contre.

en architecture

La finalité première du dessin d'observation, ou dessin à vue, est de mettre en évidence un ou plusieurs aspects essentiels d'un bâtiment existant.

Ce type de dessin à main levée, d'ordinaire réalisé en perspective, est axé davantage sur l'intention que sur la précision. Une personne étrangère au domaine de l'architecture le trouvera sans doute imprécis, mais pour un expert il peut au contraire être très parlant. Plus l'idée qui sous-tend le projet architectural est puissante et plus le dessin peut être abstrait, surtout lorsqu'il est exécuté par le concepteur du bâtiment en personne. Un bon dessin d'observation fait preuve à la fois d'une grande rapidité d'exécution et d'une grande simplicité ; on ne parvient à ce résultat qu'avec de la pratique et de l'expérience.

l'Expression
des concepts architectoniques

La définition qui vient d'être donnée du dessin d'observation d'architecture implique qu'il est toujours tracé de façon très libre : l'habileté nécessaire est le fruit d'une longue expérience. C'est pourquoi nous consacrons la dernière partie de cet ouvrage à ce type d'exercice graphique, dernier stade de l'apprentissage des divers modes de représentation architecturale.

Ce sont les intentions de l'architecte qui doivent sauter aux yeux dans ce type de dessin. Il faut mettre l'accent sur certains aspects particuliers de l'ouvrage, ou tout au moins énoncer quelques caractéristiques particulières de la forme de l'édifice que l'on souhaite représenter, et expliciter clairement sa conception spatiale. Les pages qui suivent ne proposent pas une théorie de l'architecture mais une approche systématique, et objective, de la théorie, par le biais d'un vocabulaire intelligible par tout un chacun.

Relevé, au crayon de couleur, par Carlos Conesa, du palais de la Danse à Valence (Espagne), construit par Santiago Calatrava.

Relevé, au crayon de graphite, d'un quai de Rotterdam, œuvre de Bolles et Wilson.

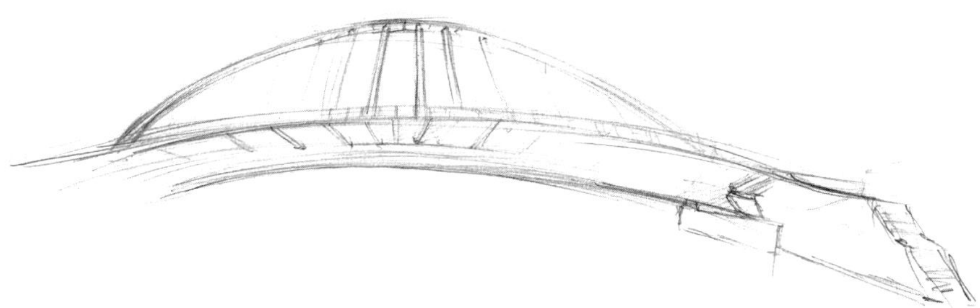

Relevé, au crayon de graphite, par Carlos Conesa, du pont d'Alameda à Valence (Espagne), œuvre de Santiago Calatrava.

L'ESPACE INTÉRIEUR. PRINCIPES ARCHITECTURAUX ÉLÉMENTAIRES

On se concentre généralement sur l'aspect extérieur du bâtiment que l'on a à représenter, au détriment de sa structure interne ou d'autres paramètres géométriques dont la représentation exigerait une formation d'architecte plus avancée.

Ce que l'on met en avant dans un dessin à vue reste très basique car il s'agit avant tout de représenter tout ou partie du caractère général d'un bâtiment : celui-ci peut être symétrique, géométrique ou organique, intégré à son environnement ou bien refermé sur lui-même ; il peut être un édifice indépendant ou bien appartenir à un ensemble ; les différentes parties qui le composent sont soit spacieuses soit étroites, hautes ou basses ; les relations qu'elles entretiennent peuvent être claires ou plus diffuses… Le bâtiment s'organise-t-il en séquences ? Y a-t-il des éléments, comme des couloirs, qui invitent à se déplacer ? Les espaces sont-ils statiques, comme dans le cas des grandes pièces circulaires ?

On observe la façon dont les éléments qui constituent tout espace bâti – les murs, le plafond et le sol – s'articulent et l'aspect qu'ils ont emprunté – plan, incurvé, etc. Y a-t-il des éléments qui soulignent la structure, comme des colonnes ou des poutres ? Tout cela devient plus parlant encore quand on représente les ouvertures, qu'elles donnent sur l'extérieur ou d'une pièce à l'autre, car ce sont elles qui font pénétrer la lumière dans le bâtiment. Il faut donc comprendre comment l'espace est éclairé et la texture, lisse ou rugueuse, des matériaux et des murs.

Il est capital de parcourir au préalable l'ensemble du bâtiment, afin de sélectionner pour son dessin l'angle de vue qui donnera l'idée la plus synthétique et la plus caractéristique de l'architecture.

Relevé, réalisé au crayon, de la villa Laurent, dans l'Illinois (États-Unis), par Frank Lloyd Wright.

L'ESPACE EXTÉRIEUR. CONCEPTS FONDAMENTAUX

L'environnement immédiat d'une architecture doit lui aussi figurer sur le dessin d'observation. Il faudra donc prendre en compte la végétation, la nature du sol, les dénivellations éventuelles, les haies et tous les éléments qui viennent clore le terrain où se dresse le bâtiment, la façade des édifices voisins… Un paysage, inspiré de la réalité ou bien imaginaire, viendra compléter la représentation.

Le caractère de cet environnement a une extrême importance. Par exemple, une avenue ornée d'arbres n'a rien de commun avec une prairie ou une forêt. Il est tout aussi évident que l'impression produite par un patio andalou n'est en rien semblable à celle d'un jardin japonais.

Il faut déterminer l'échelle du dessin en fonction de l'emplacement de l'observateur. Selon ce dernier, le rendu sera très différent.

Le premier élément à considérer est d'ailleurs celui du point de vue : en choisissant tel point de vue plutôt que tel autre, rendra-t-on compte de l'accessibilité de l'espace, de la nature du lieu ?

Le cadrage et la composition sont eux aussi très importants : c'est la succession des plans qui guide le regard du spectateur jusqu'au sujet principal du dessin.

On a pris pour modèle la Bibliothèque nationale de France, de Dominique Perrault. On place d'abord le carnet de croquis (qui matérialise le plan du tableau) à bout de bras, devant l'édifice.

On positionne la ligne d'horizon (LH), et sur cette dernière, avec le bord du carnet, les points de fuite (PF1 et PF2), en suivant la ligne des corniches.

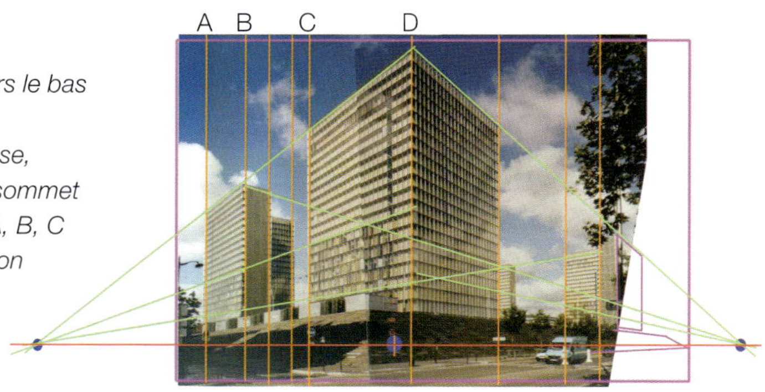

On déplace le carnet vers le bas jusqu'à ce qu'apparaisse, en haut, le sommet des tours (A, B, C et D), que l'on indique sur le papier.

On indique de la même façon les extrémités 1 et 2 de l'arête verticale la plus proche de nous (D). On déplace ensuite le bloc vers un bord en suivant la ligne LH, et l'on répète le procédé pour deux autres arêtes. À partir de ces repères de base, on peut commencer, grâce à un cadrage à l'œil nu, la mise en place du reste de la scène. Ci-contre, le dessin résultant du procédé ici décrit.

Dessin, au crayon de graphite, de la terrasse de la villa Savoye, à Poissy (Île-de-France), œuvre de Le Corbusier.

Dessin, au crayon de graphite, de la villa Stahl, à West Hollywood (Californie, États-Unis), de Pierre Koening.

La traduction du contexte, ou ambiance, dans lequel un bâtiment vient s'insérer (elle inclut la représentation de personnages, de meubles...) doit rester très sobre et allusive. Son rôle est avant tout de donner une échelle à la représentation : pour traduire un environnement de façon réaliste, une photographie serait en effet beaucoup plus efficace. Il faut donc faire l'impasse sur l'anecdotique et concentrer son attention sur les valeurs strictement architectoniques du sujet.

Le sol est un élément capital : il peut révéler la façon dont l'architecte a su tirer parti de l'espace en instaurant des ruptures ou une continuité entre les différents lieux. Il faut donc s'appliquer à rendre sa texture et les matériaux dont il est constitué. Les éléments végétaux, arbres et arbustes, tout comme le fond de paysage, qui renforcent l'impression de profondeur, ont eux aussi une grande importance.

Toute idée essentielle qu'un architecte a matérialisée dans un ouvrage doit se refléter en cet unique dessin, par le travail du trait, de la texture, de l'ombre et de la composition.

Dessin, au crayon noir, de la citadelle de Korsula (Croatie).

Dessin, au crayon noir, de Sant Martí Vell (Gérone, Espagne).

LES COMPOSANTES DU PAYSAGE URBAIN

Tout ce qui vient d'être évoqué doit également être pris en compte quand on s'attelle à un dessin d'ambiance en pleine ville : il faut là aussi découvrir l'élément le plus attractif du point de vue architectonique et respecter la proportion générale des éléments de la vue, l'articulation des différents murs entre eux, l'aspect diaphane de la lumière, l'échelle humaine…

La silhouette des édifices qui bornent l'horizon du dessin est fondamentale. La découpe des constructions sur le ciel trace en effet une ligne qui fixe d'emblée l'attention du spectateur. Le dessin d'observation d'architecture fait grand usage des hachures. La végétation sert à délimiter la scène ; elle peut être traitée de diverses façons en fonction de son importance et de sa nature.

Dans la perception d'un paysage urbain, les lieux caractéristiques d'une ville jouent un rôle de premier ordre. Chacun réagit de façon très subjective au pittoresque : c'est pourquoi il convient de s'imposer une certaine objectivité. Cette objectivité peut faire appel à la logique : une ville présente des itinéraires, des limites visuelles, des éléments linéaires, telle la rive d'un fleuve ou le bord de mer, les quartiers limitrophes qui tous ont une atmosphère particulière… Ces éléments définissent la forme d'une ville et la rendent reconnaissable. Ainsi en va-t-il encore des carrefours, des places, des lieux de rencontre, ou bien des hauts lieux historiques, tels les monuments, les sculptures… La découpe des constructions sur le ciel est enfin l'élément le plus typique d'une ville.

On ne dispose pas toujours d'un emplacement idéal, bien ensoleillé, pour réaliser son dessin : il faut parfois se contenter de fixer simplement une silhouette d'ensemble.

Dessin, au crayon noir, du port de Saint-Gilles-Croix-de-Vie (Vendée).

Dessin, à la plume, de Cartagena (Colombie), par Álvaro Siza.

DU CONCEPT AU DESSIN

Les principes qui viennent d'être énoncés doivent rester présents à l'esprit durant toute l'élaboration du dessin.

Le dessin d'observation est l'aboutissement de tout ce qui a été vu précédemment, et il convient donc de réviser les connaissances acquises dans différents domaines : systèmes de représentation, types de perspective, etc. Doit-on opter pour une perspective centrée ou oblique ? Pour un dessin linéaire ou tramé ? L'atmosphère sera-t-elle mieux traduite par des ombres, par des détails ou des textures ? Utilisera-t-on le graphite ou l'encre ?

Le dessin finalisé doit être à la fois expressif et riche. Réalisé en peu de temps et avec une grande économie de moyens, il doit cependant parvenir à suggérer l'atmosphère des lieux.

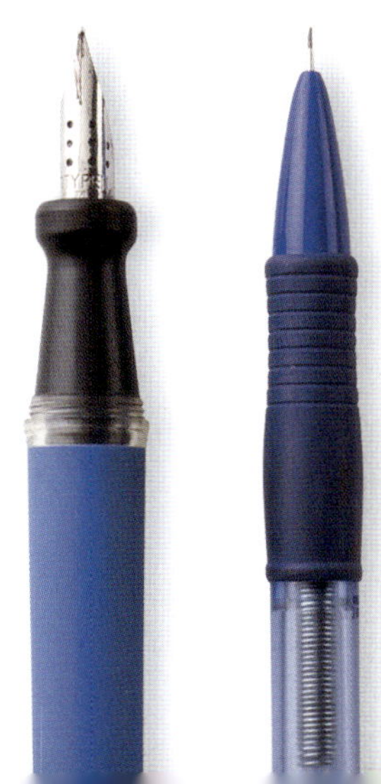

les Notes
de voyage

Les dessins d'observation effectués au cours d'un voyage permettent de conserver le souvenir d'une architecture particulièrement intéressante. Le dessin est préférable à la photographie quand il s'agit de comprendre une architecture, car il oblige à sélectionner les éléments les plus parlants au détriment de ceux qui relèveraient davantage du superflu ou du pittoresque.

Un site qui semble à première vue très photogénique peut se révéler sans intérêt du point de vue architectural. Pour apprendre à faire la différence entre ce qui présente réellement un intérêt et ce qui est plus anecdotique, il faut posséder d'assez bonnes connaissances en architecture et avoir la patience de croquer sur un carnet à dessin les divers lieux que l'on traverse. On s'attachera à fixer les caractéristiques architectoniques du lieu tout en simplifiant la représentation. Il faut apprendre à choisir les éléments, que l'on transcrira sur le papier avec une grande rapidité.

Dessin, au crayon noir, de Sant Martí d'Ampuries (Gérone, Espagne), réalisé au cours d'un voyage.

Dessins, au crayon de graphite, réalisés au cours d'un voyage à Munich.

Avant l'invention de la photographie, des dessins d'observation réunis en albums ou réalisés sur des carnets de voyage permettaient de se constituer une collection d'exemples d'architectures provenant de différents lieux. Le traditionnel voyage d'Italie permettait de faire des relevés de monuments prestigieux.
Aujourd'hui, malgré les progrès de la technique, cette pratique demeure irremplaçable. On ne peut que la recommander car elle permet de vivre des expériences incomparables et très formatrices.
Des architectes célèbres comme Le Corbusier, Alvar Aalto, Arne Jacobsen ou Louis Kahn, pour ne citer que quelques noms, ont d'ailleurs laissé de nombreux carnets de voyage. Pour représenter un édifice observé lors d'un voyage, on utilisera des moyens techniques basiques, compatibles avec le mode de vie un peu nomade de celui qui parcourt un pays étranger, et auxquels on est habitué : il est facile d'emporter avec soi un stylo feutre ou un crayon, ainsi qu'un carnet à dessin à couverture rigide.

Trois dessins extraits d'un carnet de voyage en Grèce, par Arne Jacobsen.

Deux dessins extraits d'un carnet de voyage à Marrakech, par Alvar Aalto.

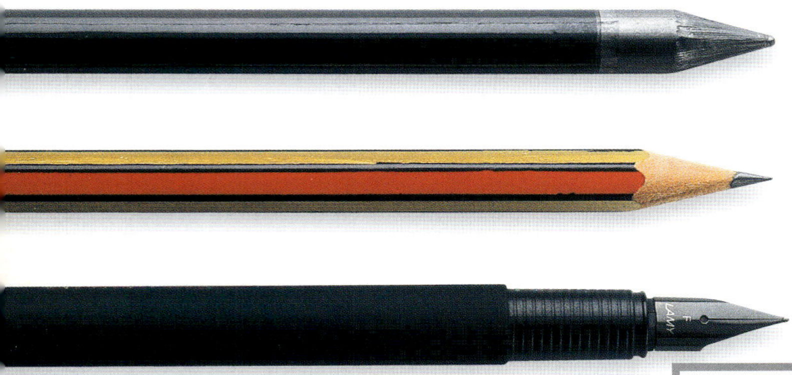

l'Espace dans

ARNE JACOBSEN.
CROQUIS À L'ENCRE DE CHINE.

l'architecture

La perspective conique est la technique graphique qui permet le mieux, dans un dessin à vue, de percevoir l'espace architectural.

Isoler une portion de l'espace grâce à des murs et un système de couverture, de façon à protéger des intempéries ceux qui s'y trouvent et rendre cet habitat agréable à vivre : ces deux impératifs sont à la base de toute architecture. Cet espace architectural peut résulter de l'agrégation ou de la juxtaposition de plusieurs formes ou éléments : on parle alors d'un espace positif, qui donne lieu à des architectures légères et ouvertes. L'espace architectural peut aussi être créé par soustraction, en sculptant des masses et en créant des cavités : on parlera alors d'un espace négatif, qui crée des architectures plus denses et refermées sur elles-mêmes. Le dessin représente ces différents aspects de l'espace architectural au moyen de lignes et de trames.

l'Espace architectonique intérieur

Dessin, au crayon, de la maison-atelier de Rudolf M. Schindler (Californie, États-Unis).

« L'architecture est le jeu magistral, parfait et admirable, de masses qui se réunissent sous la lumière. »
Cette phrase de Le Corbusier traduit une vision particulière de l'architecture, perçue comme l'art d'agencer des volumes simples et de les mettre en valeur grâce à la lumière : c'est elle en effet, par le jeu des ouvertures ménagées dans un bâtiment, qui nous permet de percevoir une architecture, les limites et l'aspect des différents espaces intérieurs.
Les pages qui suivent se proposent d'expliquer ces différents concepts architectoniques à travers le dessin de plusieurs relevés d'architecture.

Nous commencerons par une présentation du rôle que certains architectes de renom ont donné à la lumière, lui permettant d'investir les espaces en y pénétrant par des ouvertures de formes très différentes. Ici la lumière baigne les murs, là elle inonde les pièces en révélant la texture des matériaux utilisés, ailleurs des espaces s'ouvrent sur d'autres espaces…

DESSIN DE L'INTÉRIEUR DU SALON DE LA VILLA KOSHINO, DE TADAO ANDO

Cette réalisation du célèbre architecte japonais à Ashiya (Japon) possède trois caractéristiques principales : une utilisation minimaliste des matériaux – béton, bois, eau des bassins –, une géométrie très simple aux proportions parfaitement étudiées, enfin une utilisation symbolique de la lumière. La simplicité de cette architecture pleine de poésie est assez proche d'une certaine forme de spiritualité.

Salon de la villa Koshino à Ashiya (Japon), conçue par Tadao Ando.

Schéma, au crayon de graphite, préparant les croquis de la page suivante.

1

1. Tracé, au crayon de graphite, des grandes lignes qui définissent l'espace intérieur, et première ébauche d'un rendu de la texture du béton armé.

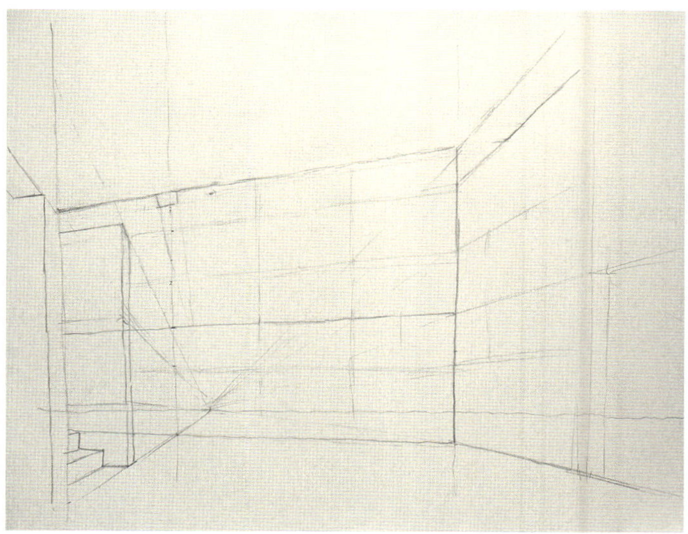

Pour dessiner un tel espace, il faut avoir recours à une technique permettant d'interpréter fidèlement son ambiance : il s'agit en effet de représenter un espace intérieur relativement sombre, en traduisant la texture du béton qui recouvre uniformément les murs.
On utilisera un crayon et une barre de graphite en combinant ces deux outils, qui doivent présenter le même indice de dureté. Une fois que l'on a choisi le point de vue – on s'est assis à même le sol car c'est un point de vue privilégié dans l'architecture japonaise –, on trace la ligne d'horizon dans la partie inférieure de la feuille de papier, et on situe le point de fuite au centre. On trace ensuite les arêtes verticales qui délimitent l'espace et l'on projette les horizontales vers leurs points de fuite respectifs. On emploie une perspective conique légèrement oblique, dirigée vers un des angles de la pièce, afin de souligner l'asymétrie de l'espace.
Les différents parements sont ombrés à la barre de graphite en fonction de la direction de la lumière ; le dégradé doit être subtil et ne pas comporter de parties très lumineuses ou très sombres, car l'espace est éclairé de toutes parts et n'offre pas de grands contrastes de luminosité. On termine le dessin au crayon de graphite en traçant les limites des panneaux de béton. On évoque leur texture en même temps que l'on précise leur forme, on assombrit les zones creuses, qui retiennent forcément davantage les ombres.

Quand on réalise des à-plats de crayon ou de vastes zones ombrées, il faut protéger son dessin avec une feuille de papier vierge.

2

2. La barre de graphite permet de définir, à partir d'un réseau de lignes, les ombres et le tracé des parements de béton.

3. On termine le dessin au crayon, en définissant de façon plus précise le profil des arêtes et les différentes masses.

3

Vestibule de la villa Stretto (Dallas, États-Unis), conçue par Steven Holl.

Dessin schématique, au fusain, du vestibule de la villa.

DESSIN D'OBSERVATION DU VESTIBULE DE LA VILLA STRETTO, DE STEVEN HOLL

L'architecture de cette villa, construite à Dallas, se caractérise par sa grande liberté formelle. Les murs comportent des percements atypiques qui permettent d'ouvrir le bâtiment sur l'extérieur ; ils font entrer largement la lumière dans la maison mais le fait qu'ils soient disséminés dans tout l'espace évite l'effet aveuglant qu'aurait eu une source de lumière unique et très large. Ces différentes ouvertures peuvent être occultées en totalité ou en partie, à volonté, par les occupants.

Le dessin de cette architecture doit être centré sur les ouvertures de la maison. On regardera de l'intérieur vers l'extérieur dans un contexte proche du contre-jour, puisque l'intérieur est très sombre et l'extérieur très lumineux. On emploiera le fusain, qui permet à la fois de réaliser des dégradés et de couvrir rapidement de grandes surfaces. Les espaces sont assez resserrés, ce qui engendre de nombreux dégradés : le fusain est tout à fait indiqué pour ce type de travail, car il peut en outre être estompé avec le doigt.

1. De légers tracés au fusain permettent de cadrer la représentation.

1

2

3

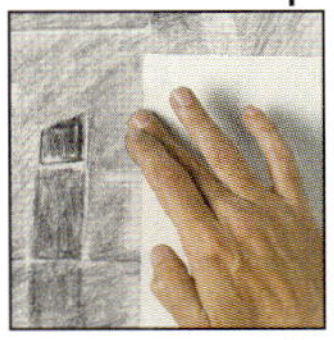

Pour estomper le dessin, on utilisera des caches de papier fin, qu'il est aisé de positionner le long des limites des différents éléments.

4

2. On poursuit le rendu des ombres par des traits de fusain, que l'on estompe ensuite légèrement.

3. Une fois que l'on a traduit les ombres, on insiste sur le tracé des arêtes.

Debout dans le vestibule, face à la porte d'entrée, on trace la ligne d'horizon au milieu de la feuille. Le point de vue se trouve au centre : la perspective conique frontale est tout à fait adaptée pour une étude comme celle-ci. On trace au fusain, sans trop appuyer, les verticales et les horizontales qui délimitent le plan.
On ombre les différents parements, toujours au fusain, en réalisant des hachures irrégulières dans un dégradé allant du blanc du papier (qui représente la lumière au maximum de sa densité, ou bien des reflets lumineux au sol) au noir profond (pour rendre l'ombre de la porte de bois, vue à contre-jour).
On estompe l'ensemble avec le doigt, une feuille de papier servant de cache pour isoler les zones à dégrader. On procède de même sur l'ensemble de la feuille pour ajuster la tonalité générale du dessin.
Enfin, à l'aide d'un crayon bien taillé, on trace les contours des différentes ouvertures, puis on revient sur les zones restées dans l'ombre et sur les détails.

4. Le croquis estompé, finalisé par quelques traits de crayon.

l'Architecture et son environnement

L'architecture est aussi l'art d'adapter l'habitat à l'environnement, et donc de protéger des intempéries. Le même cahier des charges donnera lieu à des réalisations très différentes selon la géographie et le climat de la région, la morphologie du terrain, l'orientation, les vues, la végétation, les constructions voisines, etc.

Un projet peut être élaboré selon deux attitudes esthétiques opposées, le contraste et l'insertion. Le contraste donne lieu à une architecture géométrique, à la fois simple et frappante, désolidarisée du terrain et de son environnement. L'insertion aboutit à des solutions architecturales plus organiques, flexibles et discrètes : le bâtiment semble faire partie intégrante du terrain sur lequel il s'élève. Dans les deux cas, le but est à la fois de satisfaire le commanditaire et de ne pas polluer visuellement l'environnement. Il est très important de capter l'échelle du lieu. Le dessin est un outil précieux pour cela : une représentation du contexte permet de saisir la morphologie du terrain et de sentir dans quelle mesure le bâtiment projeté saura s'y intégrer.

Dessin, à l'encre, d'un restaurant à Leça da Palmeira (Portugal), par Álvaro Siza.

FOLIE DE BERNARD TSCHUMI, DANS LE PARC DE LA VILLETTE

Ce bâtiment est l'une des nombreuses petites constructions, ou folies, disséminées dans tout le parc de la Villette, à Paris. Il s'agit d'une suite de variations sur une base commune simple, composée d'une structure orthogonale métallique de couleur rouge. Ces folies abritent de petits espaces, des bars, ou bien signalent l'accès à d'autres constructions se trouvant dans le parc.

Folie, de Bernard Tschumi, dans le parc de la Villette (Paris).

Schéma, à l'encre, de la folie de Bernard Tschumi étudiée dans cette page et la suivante.

1

1. La mise en place commence par le tracé de quelques lignes très légères, l'encre n'autorisant pas les repentirs.

2

Cette technique, qui permet de suggérer les masses et les ombres au moyen d'une multitude de petits traits fins à l'encre, exige beaucoup de patience.

Le résultat contraste agréablement avec les jardins environnants, composés de grandes zones engazonnées et d'arbres alignés. Cet effet de contraste entre l'environnement et la construction permet de donner une échelle à l'ensemble du parc. Les folies disséminées sur toute l'étendue du parc de la Villette permettent de se repérer, de s'orienter.
Ici, l'idée principale consiste à représenter au mieux la structure métallique du bâtiment, puis la végétation qui entoure la folie. Ce dessin est exécuté au stylo plume, un outil suffisamment précis pour ce genre de tracé. La plume présente assez de souplesse pour suggérer aussi bien la texture du gazon et des arbres que les ombres les plus profondes.
Plusieurs tracés successifs permettent de mettre le dessin en place, puis de définir les masses et les ombres au moyen de hachures, enfin de suggérer la texture des végétaux.

2. Les tracés juxtaposés définissent peu à peu les différents volumes.

3. Le croquis final montre la folie de Bernard Tschumi intégrée à son environnement.

3

l'Espace urbain

Les villes sont par excellence le lieu de rencontre des êtres humains. Au fil de l'histoire, elles ont subi des modifications qui ont modelé leur visage actuel. À l'origine, une ville est un lieu d'échange, une croisée des chemins ; peu à peu viennent s'adjoindre aux habitations, le long des rues et des places, des temples, des palais, des édifices publics, des ateliers... La trame urbaine présente des configurations multiples en fonction de la façon dont elle s'intègre au territoire. Nous avons choisi l'exemple des Pays-Bas, car ce pays est devenu, il y a quelques années, un véritable laboratoire de l'urbanisme, où des architectes de renom élaborent des projets originaux, quoique parfaitement intégrés à leur environnement.

Dessin, au crayon de graphite, d'une place d'Hengelo (Pays-Bas), par Bolles et Wilson.

Habitations donnant sur un canal à Borneo-Sporenburg (Amsterdam), par l'atelier MVRDV.

Dessin schématique des maisons, au crayon de graphite.

MAISON À BORNÉO-SPORENBURG, AMSTERDAM, PAR L'ÉQUIPE MVRDV

Cette agence d'architectes propose un logement minimaliste, très étroit et profond, qui respecte le type de structure resserrée que l'on rencontre fréquemment aux Pays-Bas. La façade donne sur l'un des célèbres canaux d'Amsterdam. Le projet s'insère au milieu d'autres logements récents aux caractéristiques similaires ; il s'en distingue néanmoins car il développe le logement sur plusieurs étages et parvient à faire pénétrer la lumière naturelle dans tout l'espace intérieur.

1

1. Première mise en place du dessin, au crayon de graphite, grâce à un réseau de lignes pratiquement orthogonales, le point de vue choisi étant presque frontal. Remarquez la position de la main, adaptée à cette phase du travail.

2

Le dessin d'oservation est réalisé depuis l'autre rive du canal, de façon à donner du bâtiment une image qui fasse ressortir sa spécificité. Un dessin en perspective frontale, au crayon et à la barre de graphite, permet de transcrire rapidement et avec précision le détail des menuiseries, les zones ombrées et la tonalité des matériaux.
On met d'abord en place, au crayon, la ligne d'horizon à la hauteur de l'observateur, debout de l'autre côté du canal. On définit ensuite les différentes travées des habitations, ainsi que les niveaux ou étages de chacune des maisons, dont on prolonge les lignes de mise en place jusque sur l'eau afin de définir les reflets.
On s'emploie ensuite à ombrer, à la barre de graphite, les parties rentrantes, puis l'eau du canal, le ciel et la texture des matériaux. Enfin, on définit le détail des menuiseries ; on reprend, au crayon, le tracé des ombres portées et l'on traduit les reflets, avec la barre, dans une tonalité plus claire et par un trait plus estompé.

2. La barre de graphite permet de traduire les ombres et les surfaces de valeur uniforme.

3. Le dessin est finalisé par des tracés plus détaillés au crayon.

3

Cette maison, isolée sur une place, a été construite à La Haye par Álvaro Siza.

Dessin schématique, au crayon de graphite, de la maison proposée dans cet exercice.

LOGEMENT DANS LE PARK DER VENNE, PAR ALVARO SIZA

Cette maison-monument est située sur une place récemment aménagée à La Haye (Pays-Bas). Ce projet, caractéristique du style de son auteur, présente une forme simple mais très articulée, qui s'intègre à son environnement grâce à l'utilisation de la brique, matériau traditionnel de l'architecture hollandaise. Cette maison, quoique bâtie au milieu de la place, est isolée des constructions voisines. Son volume est lui aussi très original : une façade principale plane s'oppose à la courbe des façades postérieures, qui confère davantage de fluidité à l'espace enveloppant la maison.

Cette maison peut être représentée par un dessin en perspective oblique depuis le point de vue d'un observateur assis sur un banc de la place, à quelques mètres de distance. On voit ainsi à la fois la maison elle-même et les façades des autres édifices qui ferment la place. On emploie le crayon et la barre de graphite. La mine du crayon doit être émoussée pour représenter les murs de briques. La mise en place et la gamme des valeurs seront exécutées selon les principes décrits dans les pages précédentes.

1

1. On met en place, au crayon de graphite, les arêtes qui définissent les volumes.

2. On définit à la barre de graphite la valeur tonale des éléments et leur texture, en fonction de la distance et de la direction de la lumière, puis le rendu du sol et des ombres.

2

3. Pour finaliser le dessin, on revient au crayon sur les détails de la construction et on ajoute une évocation de l'environnement.

3

LOGEMENTS SOCIAUX À SCHILDERSWIJK WARD, PAR ÁLVARO SIZA

Le troisième dessin d'observation, celui d'un autre ouvrage d'Álvaro Siza, représente une rue du même quartier de La Haye. On utilise la même technique et un cadrage similaire mais un peu moins oblique, car ici c'est la rue qui fait l'intérêt de la représentation : sa largeur, la hauteur des édifices voisins et leur façon d'occuper l'espace, les pans de mur dans le lointain, qui donnent sur une place, ce qui n'est pas le cas des autres logements. C'est tout un quartier, très typique, que l'on souhaite restituer. La représentation de l'atmosphère de cette partie de la ville reprend les principaux points développés dans l'exemple précédent, mais on a ici choisi de la situer par un après-midi un peu couvert : un ciel voilé confère aux ombres portées une plus grande intensité.

Logements sociaux à La Haye, par Álvaro Siza.

Vue schématique, au crayon de graphite, de l'architecture choisie comme exemple.

Une succession de lignes juxtaposées permet de traduire la sensation de la profondeur, à condition de travailler de manière systématique et sans perdre de vue les points de fuite.

1

1. De simples lignes tracées au crayon donnent le contour des arêtes principales et permettent de définir les volumes.

2

2. On précise ensuite le profil de la représentation qui se découpe sur le ciel, ainsi que les vides et le contour des volumes, et l'on suggère le sol et la végétation environnante.

3

3. Un rendu allusif de l'environnement des bâtiments permet de mettre la dernière main à ce dessin.

l'Architecture et la nature

Le dialogue entre l'architecture et la nature peut être abordé selon les deux attitudes opposées que nous avons développées dans les premières pages de ce chapitre : le bâtiment peut contraster fortement avec son environnement ou s'y fondre totalement. On peut aussi s'attacher à traduire l'environnement d'un bâtiment avec les arbres, les arbustes, les rochers, les cours d'eau, tous les éléments qui peuvent constituer des repères par rapport à l'espace architectural.

L'interaction des espaces naturels et des espaces créés par l'architecture permet de tenter de nombreuses expériences perceptives et architectoniques, qui ont donné lieu à des réalisations très intéressantes.
On trouve ainsi des pergolas réalisées à partir de végétaux, des haies vives jouant le rôle de cloisons, des troncs qui s'apparentent à des colonnes, des étangs qui non seulement apportent de la fraîcheur mais délimitent aussi des espaces distincts et reflètent l'ensemble du bâti. La nature peut apparaître de différentes manières : sous la forme d'un jardin ou d'un potager, comme fond dans le lointain, ou comme partie intégrante du bâti en se découpant par l'ouverture des baies.

Dessin à l'encre, de la villa de Fallingwater de Frank Lloyd Wright (Pennsylvanie, États-Unis).

LA MAISON-ATELIER DE CHARLES EAMES

La résidence californienne de l'architecte Charles Eames est basée sur une structure métallique très légère et diaphane qui ouvre l'espace intérieur sur l'extérieur pour mieux intégrer l'architecture au bois d'eucalyptus qui l'entoure. Les espaces intérieurs sont très hauts de plafond, les éléments structurels sont très fins et les murs presque transparents – on reste loin cependant du parti pris de certaines constructions qui réduisent les murs à de grandes cloisons de verre sans éléments de menuiserie. Les fenêtres permettent un contrôle clima-

La maison-atelier de Charles Eames (Californie, États-Unis).

Dessin schématique, au crayon de graphite, de la maison-atelier de Charles Eames.

1

1. On réalise en premier lieu une mise en place au crayon, en prêtant une attention particulière à la végétation environnante.

tique de l'intérieur et rendent le lieu confortable. On a opté pour une combinaison du crayon et de la barre de graphite, qui permet de représenter aussi bien les fins profilés métalliques de la maison, les branches et les feuilles des arbres, que la masse des feuillages et les ombres. Cette technique mixte permet surtout de traduire le fait que la construction est totalement immergée dans la forêt : pour parvenir au même résultat, un travail à la plume serait trop ardu et trop long. Le procédé reste le même que dans les exemples précédents, mais on a choisi un traitement plus expressif des feuilles d'eucalyptus : la feuille de papier est frappée avec la barre de graphite, ce qui laisse des traces allongées variant du foncé au plus clair et suggérant la forme lancéolée caractéristique de la feuille d'eucalyptus.

2

2. On transcrit par des à-plats les différents plans et les grandes masses de végétation.

3. On parachève le dessin en insistant sur l'architecture et en suggérant la forme des arbres à la barre de graphite.

3

la Pratique du dessin d'architecture

« L'HEURE DE VÉRITÉ, C'EST LORSQUE TU DOIS TE CONFRONTER À TOI-MÊME, EN TRAÇANT LA PREMIÈRE LIGNE, OU EN PEIGNANT LA PREMIÈRE TOUCHE SI TU ES UN ARTISTE. IL FAUT SE DÉCIDER, CHOISIR UNE DIRECTION. C'EST ALORS QUE SURGIT LA FORME D'UN ÉDIFICE. »

Frank O.Gehry. *Entretien.*

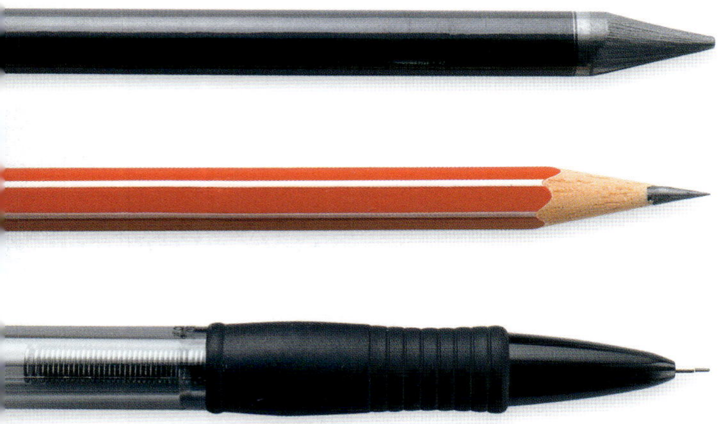

Récapitulation

Álvaro Siza.
Dessin d'avant-projet, à la plume, de la banque Borges et Irmão (Vilado Conde, Portugal).

générale

Différents exemples de dessins à main levée vont nous permettre ici de faire la synthèse de tout ce qui a été vu dans les pages précédentes.

Le dessin d'architecture est un langage graphique dont on a évoqué jusqu'à présent les principes de base, l'alphabet, le vocabulaire, l'orthographe et la grammaire – autrement dit les lignes, les trames, les textures, le croquis, le dessin d'observation… Il nous faut maintenant apprendre à combiner ces éléments pour en faire un véritable langage.
Nous commencerons par des exemples de relevés simples, sous forme de croquis, de bâtiments existants. Nous poursuivrons en développant un premier projet non réalisé qui cite le travail d'autres architectes : l'avant-projet est alors un outil incontournable. On terminera cette étude par la traduction graphique d'une ambiance architecturale, en l'occurrence une vue de Berlin.

les Leçons d'un maître

Le relevé de plusieurs édifices va nous permettre de synthétiser tout ce qui a été dit précédemment sur l'importance du croquis dans le dessin d'architecture.

UNE CONSTRUCTION EMBLÉMATIQUE

L'exemple retenu est le pavillon de l'Allemagne, construit par L. Mies van der Rohe à l'occasion de l'Exposition universelle de 1929, à Barcelone. Ce pavillon, très intéressant du point de vue architectonique, a été démonté à la fin de l'exposition. En 1984, grâce à la mobilisation d'organismes publics et d'institutions comme le Collège officiel des architectes de Catalogne et l'École technique supérieure d'architecture de Barcelone, il a été reconstruit à son emplacement originel.
Ce bâtiment, véritable manifeste de l'architecture moderne, est aussi une synthèse parfaite des idées de Mies van der Rohe, l'un des plus grands architectes de sa génération.

Le pavillon de l'Allemagne à Barcelone, de Mies van der Rohe, vu sous différents angles.

L'ensemble du bâtiment est formé d'une trame de piliers en acier et de parois en verre et en marbre et est en partie couvert d'un toit plat formé d'une plaque et d'un élément métallique. Les différents espaces s'articulent sur un seul niveau, séparés par les parois lisses qui se prolongent, au-delà des pièces qu'elles définissent, à l'extérieur du bâtiment.
Ces murs délimitent différentes ambiances et proposent des parcours. L'un des bassins est intérieur (cerné de parois), mais non couvert ; l'autre est totalement extérieur. Le reflet des bassins dans l'eau et la noblesse des matériaux utilisés (acier chromé, marbre, onyx, etc.) composent un ensemble d'une grande originalité.

1

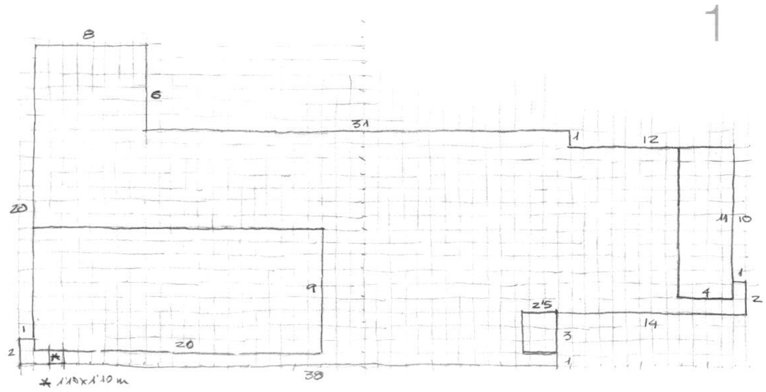

2

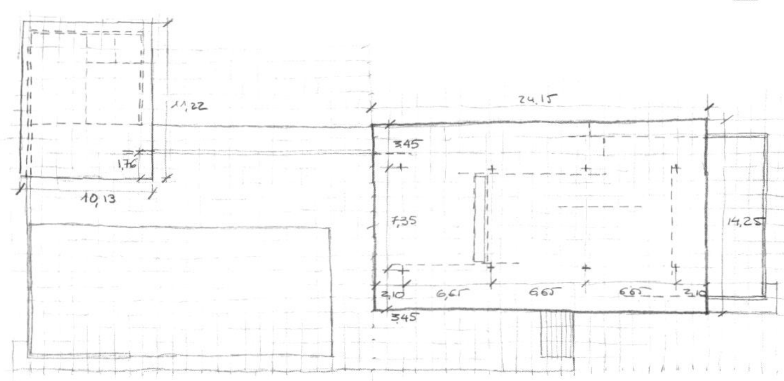

1. On commence par dessiner au crayon, en plan, les contours généraux de l'édifice et le motif du sol dallé qui l'entoure.

2. On trace ensuite le plan des structures internes, en prenant comme référence le module d'une dalle, et l'on indique l'encombrement des couvertures.

3. On complète le plan en y faisant figurer les parois intérieures, l'emplacement des huisseries et les cotes.

3

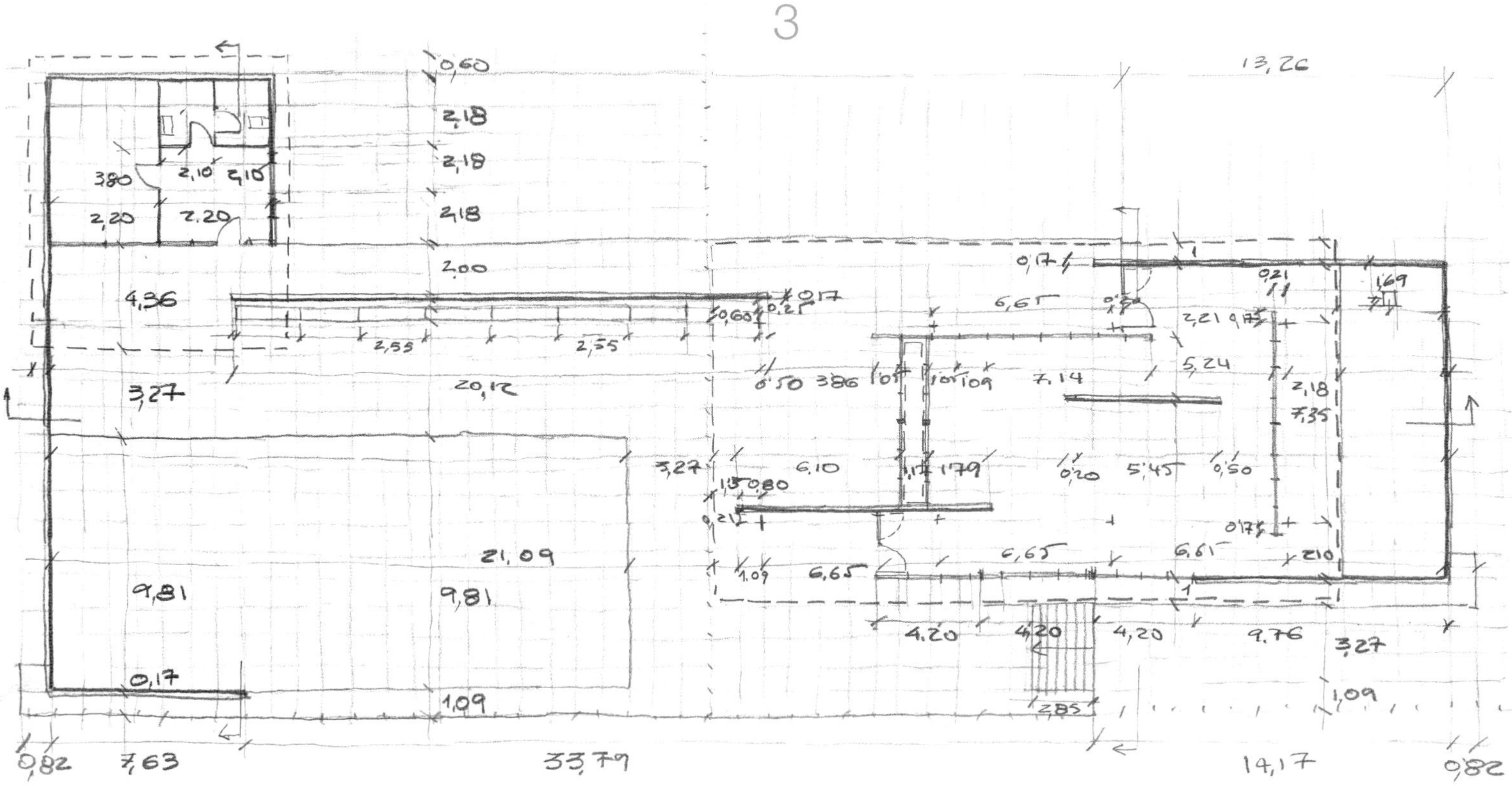

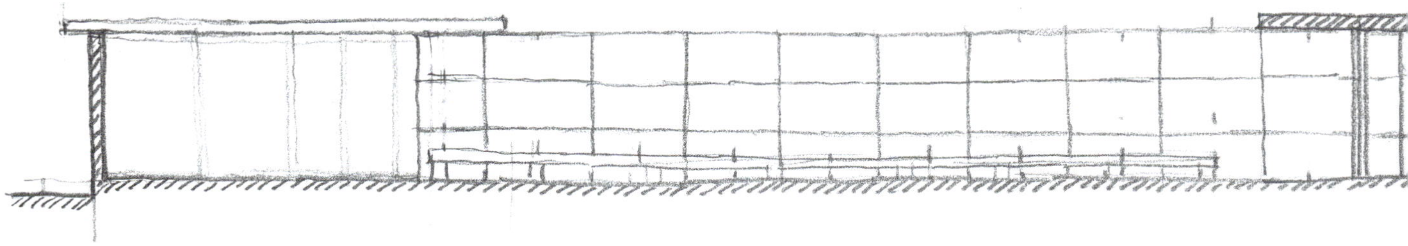

LE PROCÉDÉ

On définit pour commencer une échelle permettant de représenter l'ensemble du bâtiment sur une seule feuille de papier, sachant que l'architecte a utilisé deux modules : un carré de 1,09 m de côté pour les dalles de sol, et des panneaux de 1,03 x 2,18 m pour le revêtement des murs (sauf ceux qui sont recouverts de plaques d'onyx).
Sur la représentation du bâtiment on indiquera successivement le revêtement de sol, puis les éléments de structure et enfin la couverture.
On positionne ensuite tous les éléments qui articulent le plan : murs, cloisons et huisseries. On ajoute les cotes ; le système modulaire utilisé par l'architecte permet ici de faire l'économie de bon nombre de reports de chiffres…
On trace sur une autre feuille de papier les élévations et les coupes en se basant sur ces plans : les modules nous facilitent la tâche encore une fois car ils permettent de passer aisément du plan à l'élévation. Le plan doit être étudié en détail afin de déterminer le plan de coupe le plus parlant, celui qui donne le plus d'informations sur l'édifice : on évite ainsi de multiplier les représentations.
Le relevé des cotes pose un problème : les joints du revêtement de sol ne sont pas dans l'alignement de ceux des panneaux qui recouvrent les murs, ce qui oblige à relever de nombreuses cotes intermédiaires.

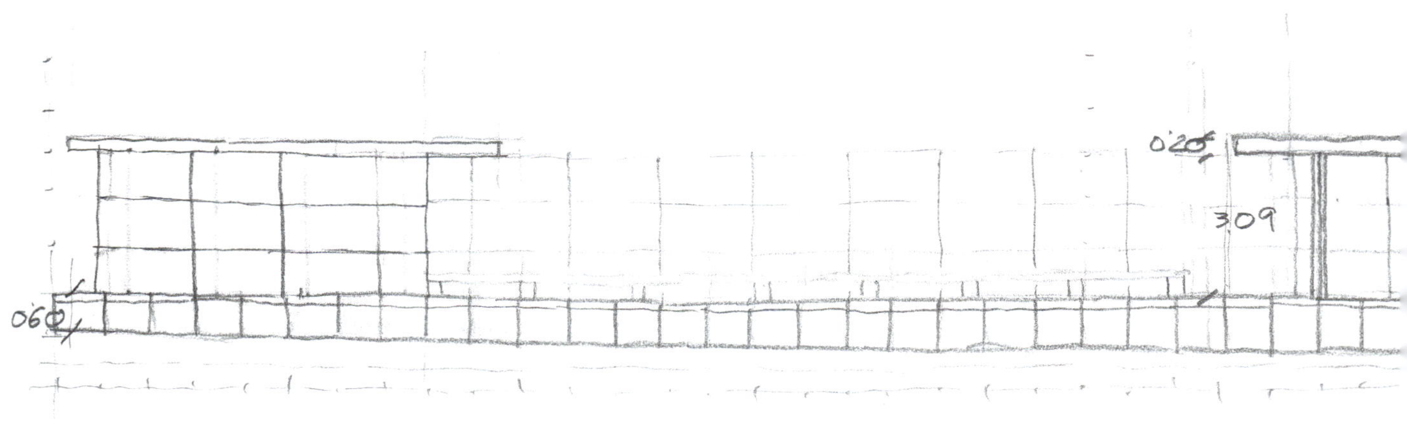

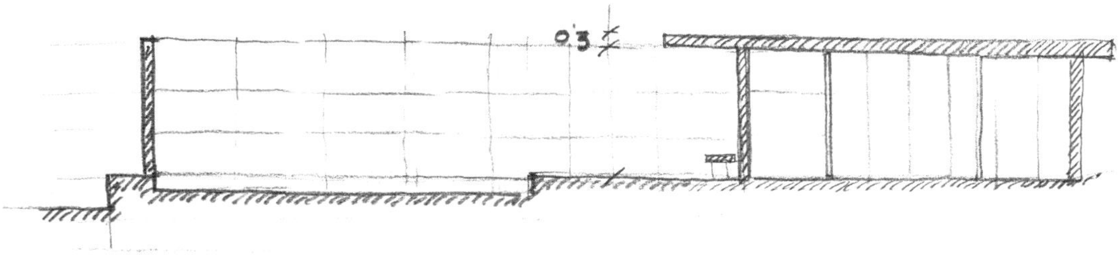

Tracé, au crayon, d'une coupe transversale du pavillon, d'après le plan de la page 169. On choisit le plan de coupe qui permet de transmettre le maximum d'informations sur le bâtiment.

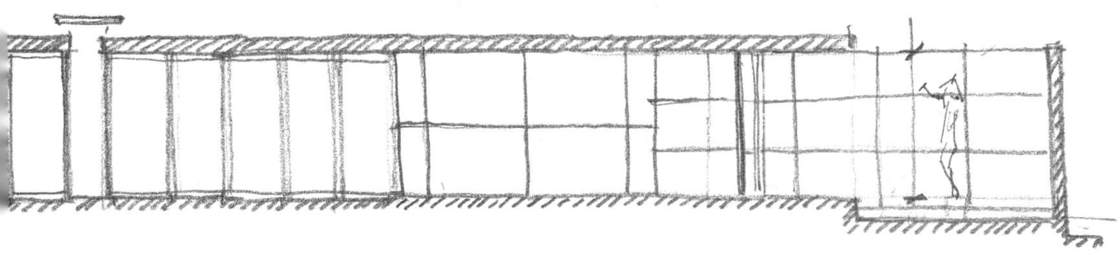

Croquis, au crayon, du pavillon selon le plan de coupe indiqué par les deux flèches situées à droite et à gauche du plan (3) de la page 169 (coupe longitudinale).

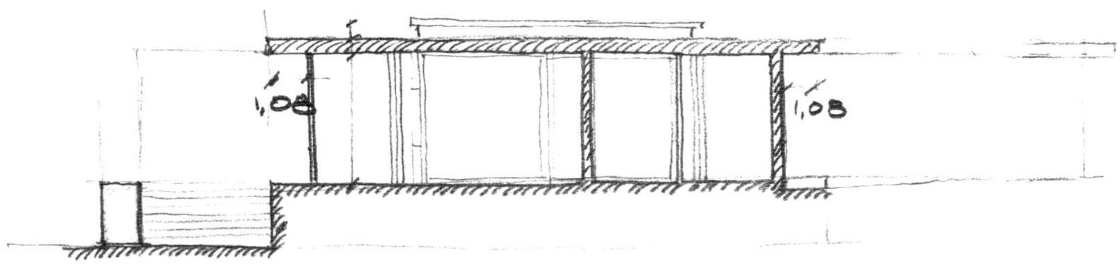

Croquis, au crayon, du pavillon selon le plan de coupe indiqué par les deux flèches situées en haut et en bas du plan (3) de la page 169 (coupe transversale). Il faut la plupart du temps dessiner plusieurs vues en coupe pour donner une bonne idée générale d'un bâtiment.

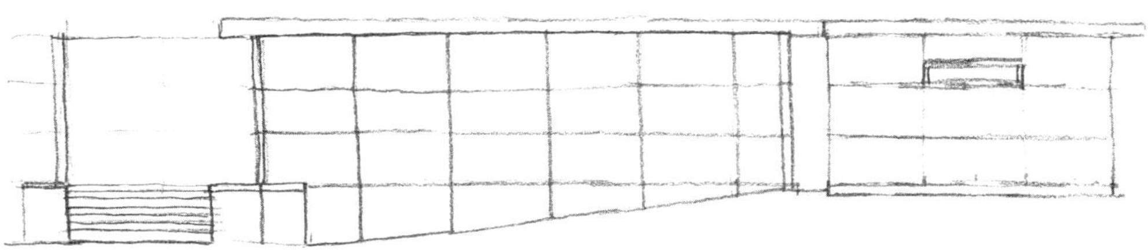

Élévation, dessinée au crayon, d'une façade latérale du pavillon.

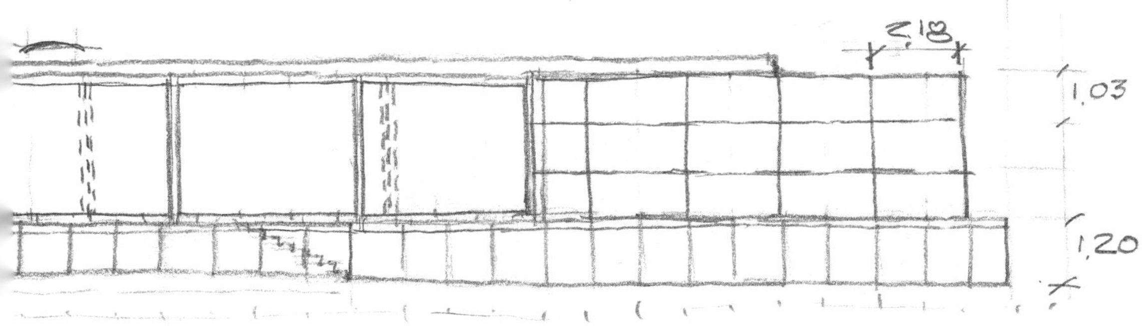

Croquis, au crayon, de la façade principale du pavillon.

Le pilier de section cruciforme du pavillon, reconstruit à l'identique par I. de Solá-Morales, C. Cirici et F. Ramos.

LES DÉTAILS STRUCTURELS ET LE MOBILIER

Mies van der Rohe poussait très loin le sens du détail : il a conçu un pilier métallique d'un dessin très original qui en fait une véritable œuvre d'art. Les éléments purement fonctionnels, comme les profils métalliques, s'enrichissent d'une dimension esthétique avec le revêtement chromé.

Nous avons choisi d'étudier ce pilier original – il est devenu le logotype du pavillon – dans un croquis de détail.

Mies van der Rohe a conçu ce bâtiment selon les principes du néoplasticisme, qui articule différents volumes simples par le jeu de parements verticaux et horizontaux. Les vues en deux dimensions sont donc très insuffisantes pour aborder cet édifice : il faut élaborer une représentation axonométrique de l'ensemble, qui permettra de mettre en évidence la façon dont les éléments de la structure s'articulent entre eux.

Mies van der Rohe a également dessiné pour le pavillon de l'Allemagne un ensemble de meubles qui sont devenus de véritables icônes de la modernité, connues dans le monde entier. Parmi ces meubles figurent le fauteuil Barcelone et le tabouret qui l'accompagne.

Ce fauteuil relève bien sûr davantage de la décoration d'intérieur que de l'architecture, mais nous l'avons fait figurer ici (photo et croquis page ci-contre) car il témoigne d'une préoccupation majeure de Mies van der Rohe, soucieux de concevoir non seulement un cadre architectural mais aussi les meubles qui doivent y figurer.

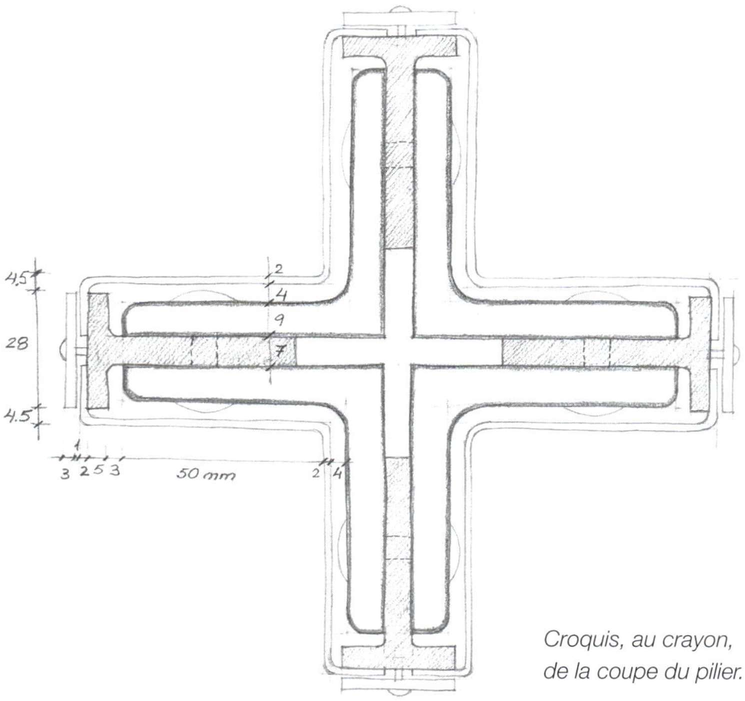

Croquis, au crayon, de la coupe du pilier.

Cette sculpture – copie de celle qui ornait l'un des bassins du pavillon de 1929 – est devenue une image emblématique du pavillon de Mies van der Rohe.

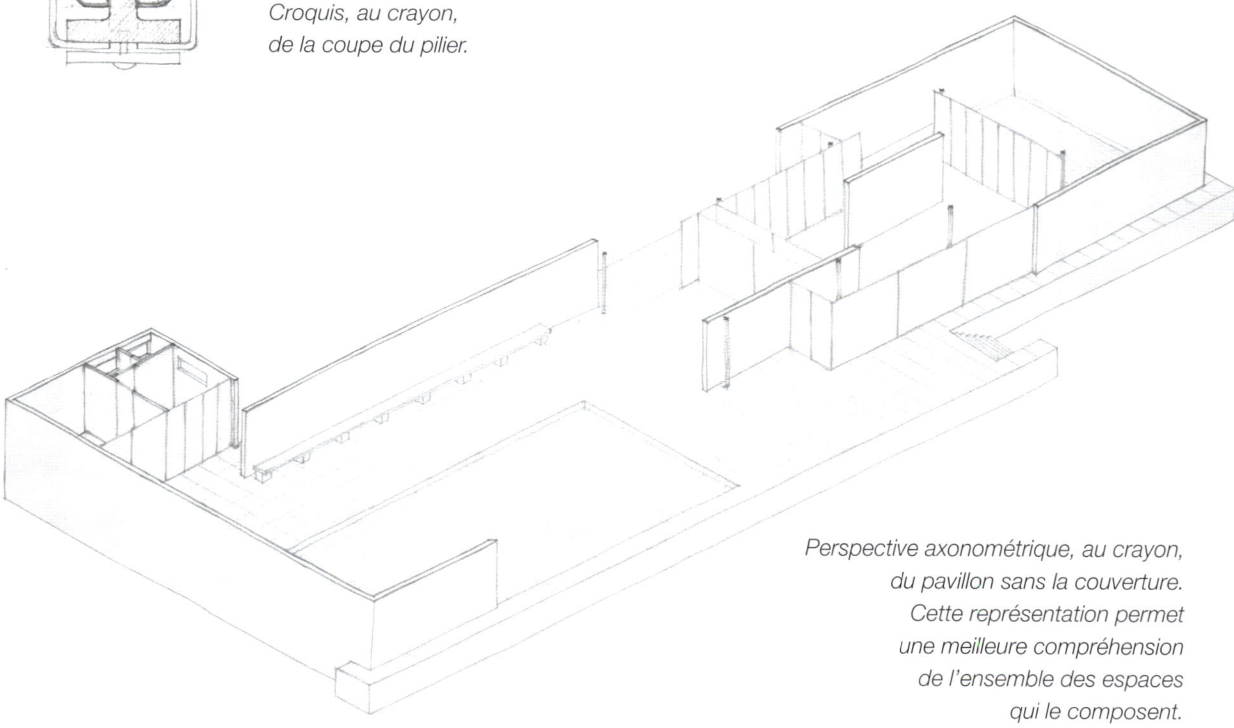

Perspective axonométrique, au crayon, du pavillon sans la couverture. Cette représentation permet une meilleure compréhension de l'ensemble des espaces qui le composent.

Fauteuils Barcelone, dessinés par Mies van der Rohe pour le pavillon de l'Allemagne.

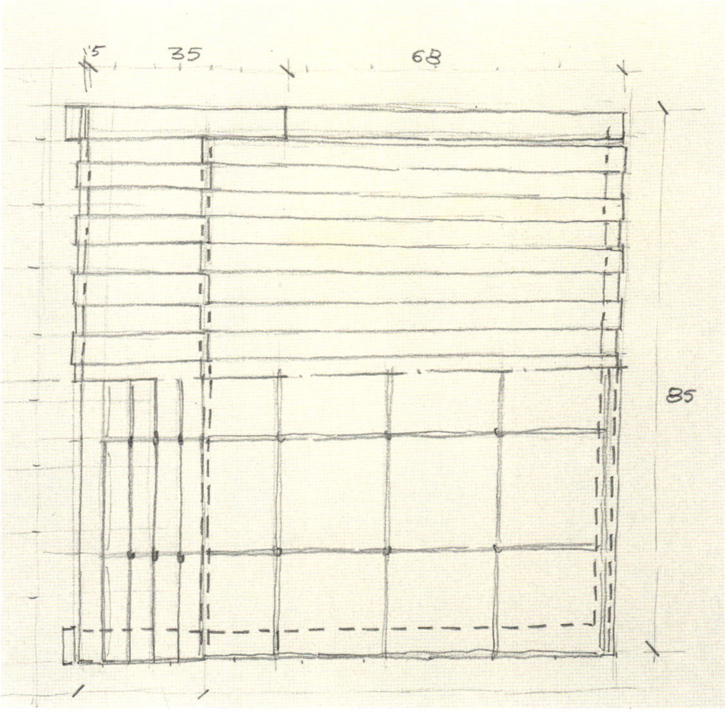

Ce dessin en plan, au crayon, du fauteuil Barcelone, décrit dans le détail à la fois la structure du meuble et le tissu qui le recouvre.

Élévation, au crayon, de l'arrière et du côté droit du fauteuil Barcelone. Les très nombreuses cotes portées sur ces croquis permettent de définir la courbe de l'assise.

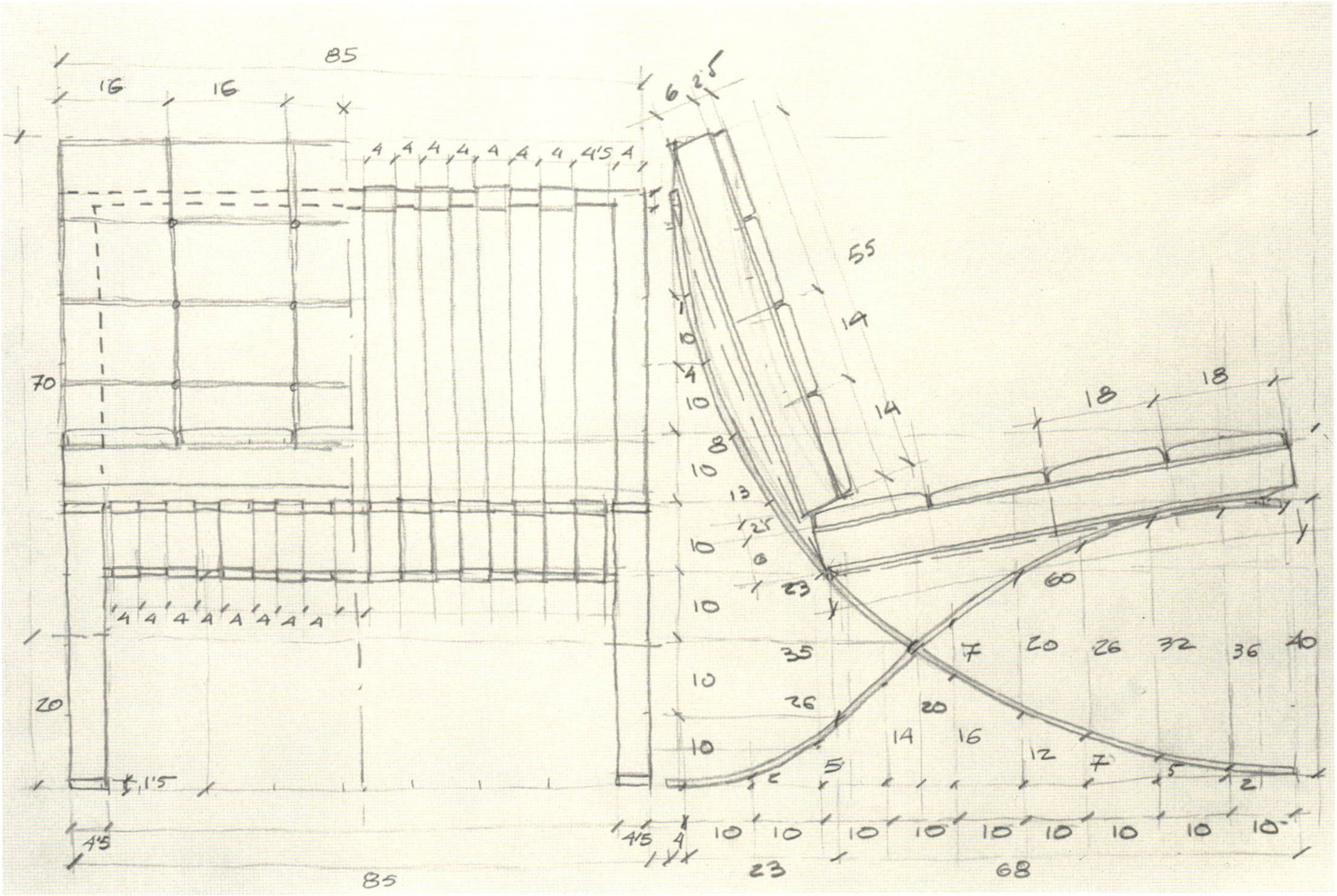

l'Avant-projet, propositions à partir d'une idée

Perspective (état projeté) réalisée à la plume et à l'encre de Chine d'une maison agricole près de Cherchell (Algérie), par Le Corbusier.

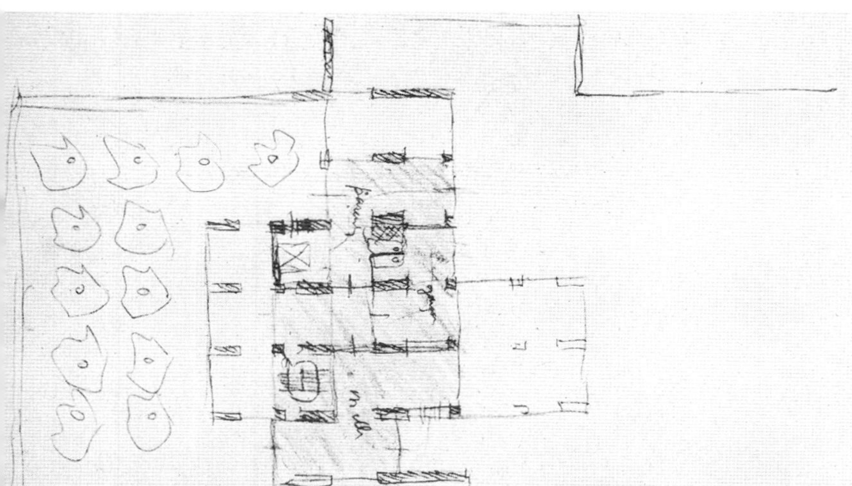

Plan schématique de la même résidence, au crayon, indiquant la répartition des voûtes, par Le Corbusier.

Il est ici question de la phase du travail de l'architecte durant laquelle ce dernier dessine de très nombreux croquis, destinés à affiner son projet. Nous avons pris comme exemples plusieurs projets dus à de grands architectes.

UN EXEMPLE DE STRUCTURE ARCHITECTURALE

De nombreux architectes de renom ont repris à leur compte un système constructif traditionnel, basé sur l'utilisation de voûtes légères en briques. Ce type de maçonnerie est né en Espagne, comme le prouve son nom de « voûte catalane ».
Le succès de ce principe constructif est dû à ses trois qualités essentielles : sa résistance, sa grande économie de moyens et la qualité des espaces qu'il permet de définir.
Cette typologie structurelle a été employée à maintes reprises par Le Corbusier : en 1935 dans une villa de La Celle-Saint-Cloud, près de Paris, en 1945 pour une maison agricole à Cherchell (Algérie), en 1948 pour des projets d'appartements à Sainte-Baume, en 1949 au Cap-Martin, en 1950 à la villa Fueter (Suisse), en 1952 pour les maisons Jaoul, près de Paris, en 1955 dans la résidence Sarabhai, à Ahmenabad (Inde).

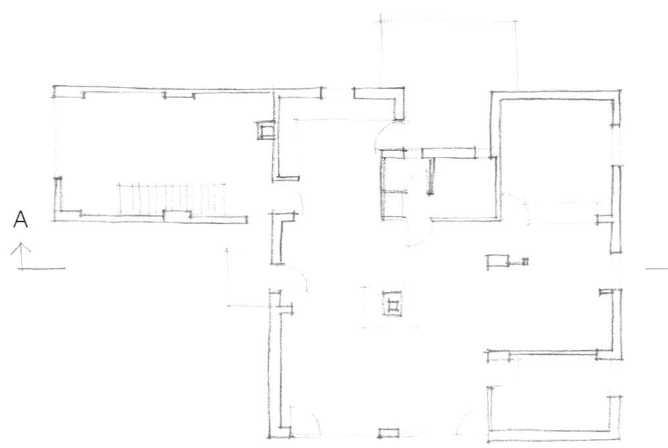

Plan

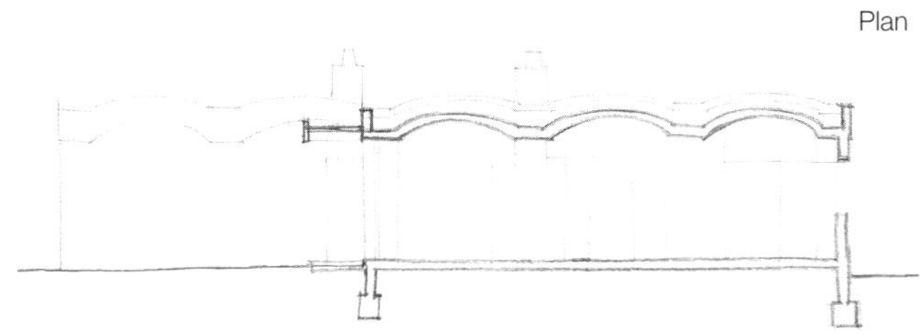

Coupe AA

Plan et coupe de la villa Fueter (état projeté), par Le Corbusier : il s'agit de l'un des nombreux exemples de l'utilisation par cet architecte de la voûte catalane.

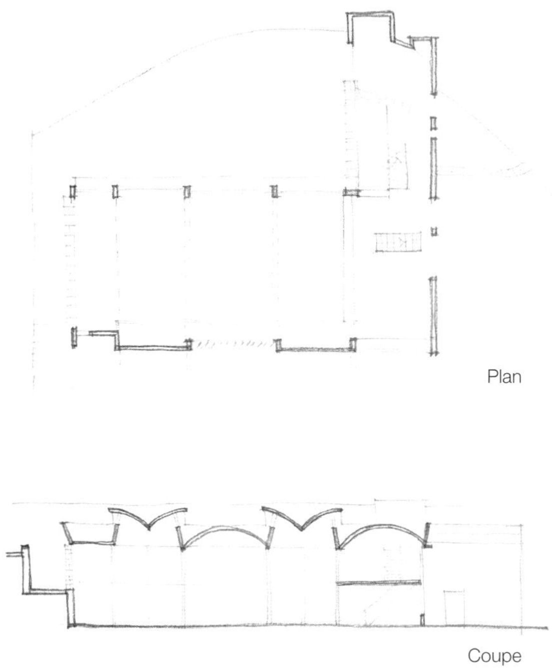

Plan du deuxième niveau et coupe (état projeté), au crayon, de l'atelier de Joan Miró à Palma de Majorque, par Josep Lluís Sert.

Plan et coupe perspective (état projeté), au crayon, d'une série de bâtiments commerciaux construits à Tumaco (Colombie), par Josep Lluís Sert.

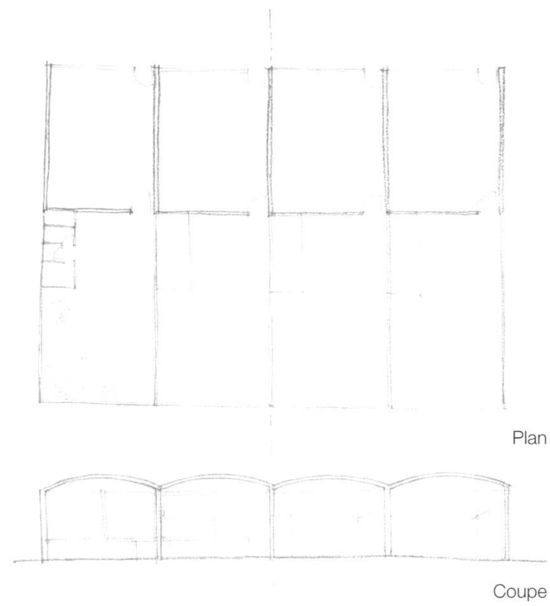

Un des disciples de Le Corbusier, Josep Lluis Sert, emploie entre 1939 et 1953 ce type de voûte dans des résidences à faible coût de construction pour la Colombie, le Pérou, Cuba et les États-Unis ; il l'utilisa aussi en 1955 pour l'atelier du peintre Joan Miró à Palma de Majorque. Après avoir travaillé avec Le Corbusier, l'architecte Bonet Castellana employa lui aussi la voûte catalane en Argentine, dans un ensemble d'habitations réalisé à Martínez en 1940, puis pour la villa Berlingieri à Punta Ballena, en 1947.

En Espagne, berceau de la voûte catalane, ce système constructif a évidemment été largement utilisé. On peut citer, parmi les exemples les plus significatifs, la villa La Ricarda d'El Prat de LLobregat (province de Barcelone), bâtie en 1949, la villa Cruylles à Aiguablava (province de Gérone), en 1967, la villa Raventós à Calella de Palafrugell (province de Gérone), en 1973, ou encore, la même année, la résidence Atamaria (en Murcie). Gaudí, Guastavino et Eladio Dieste sont au nombre des architectes de renom qui ont utilisé ce principe constructif.

Sur cette page figurent quelques croquis d'avant-projet montrant en plan, en élévation ou en coupe plusieurs édifices qui font appel à la voûte catalane.

Plan et coupe (état projeté), au crayon, d'un ensemble résidentiel réalisé à Martínez (Argentine), par Antonio Bonet Castellana.

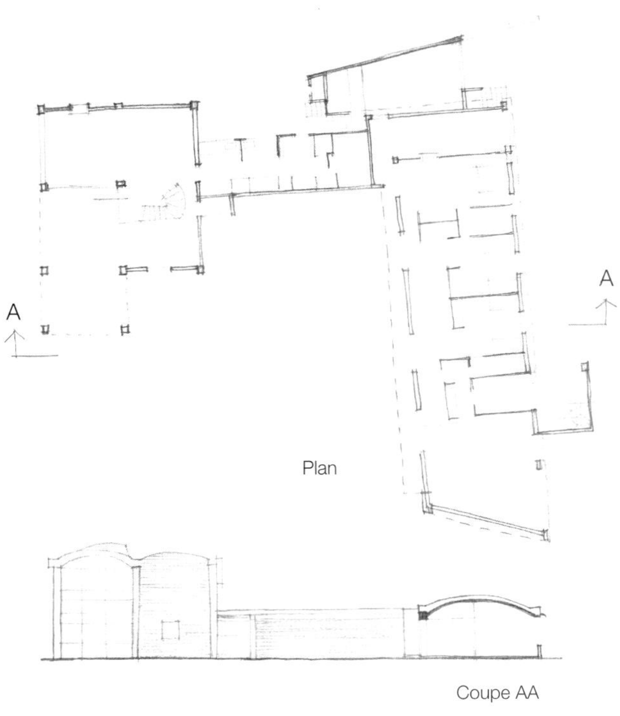

Plan et coupe (état projeté) de l'immeuble La Ricarda, au Prat del LLobregat (Espagne), par Antonio Bonet Castellana.

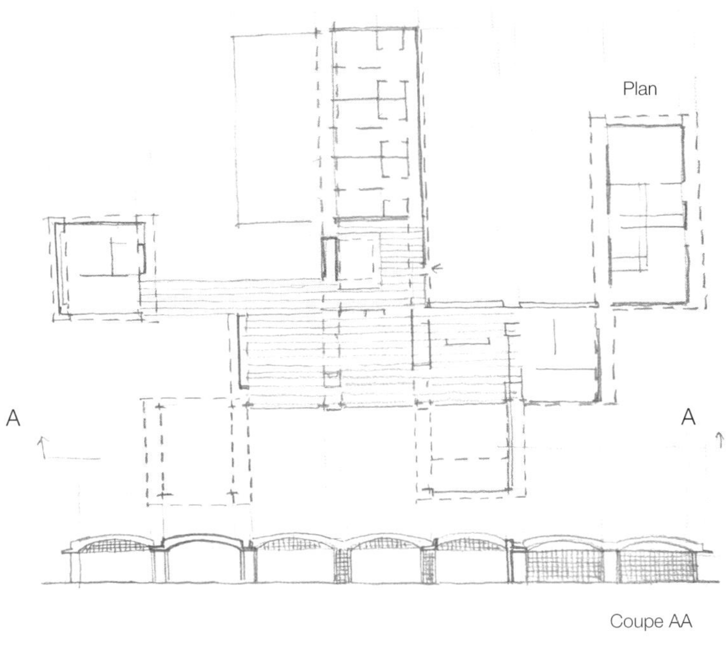

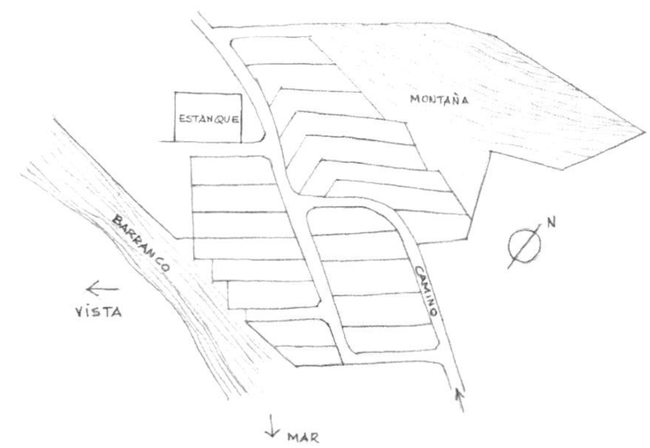

Schéma montrant la situation générale
du terrain pour lequel le projet a été établi.

Esquisses des premiers
essais de définition
du projet.

LES CROQUIS D'AVANT-PROJET

Les pages qui suivent présentent un avant-projet de logement dans une exploitation agricole à Ténériffe, dans les îles Canaries. Il s'agit d'une plantation de bananes et autres cultures à La Punta, Candelaria, au Sud de l'île. Le lieu a été choisi pour sa géologie singulière et son climat.

La voûte catalane y est utilisée comme système constructif mais participe aussi du design de l'édifice tout entier.

Notre projet est inspiré par les architectures vues précédemment. L'habitation, construite sur un terrain en terrasses ceint de murs de pierre qui protègent la plantation, est composée de deux édifices séparés. Le premier constitue le logement proprement dit et se développe sur deux niveaux. L'autre est une loggia sur un seul niveau. Les deux constructions sont reliées par un passage-pergola où coule un ruisseau. L'eau qui l'alimente provient du réservoir général de la plantation et traverse d'abord un étang, puis un canal, avant de se diriger vers une piscine : en périodes de fortes chaleurs, elle rafraîchit l'ensemble du site.

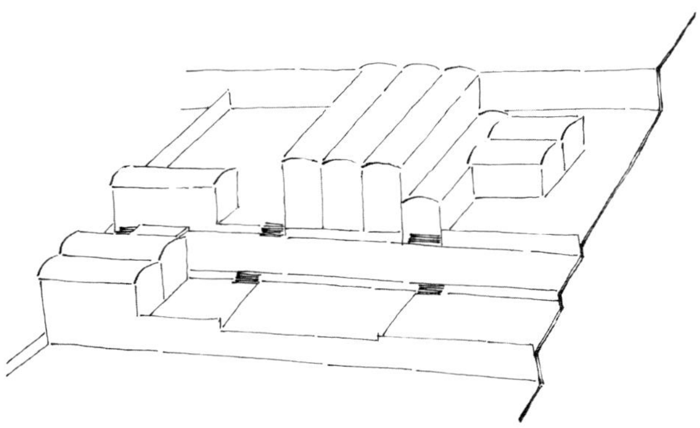

Ce schéma d'avant-projet, à l'encre,
en axonométrie, permet de préciser
l'articulation des bâtiments sur le dénivelé
important du terrain.

Schéma d'avant-projet,
au crayon, du rez-de-chaussée
du bâtiment d'habitation.
On indique les zones pour
lesquelles plusieurs variantes
seront proposées.

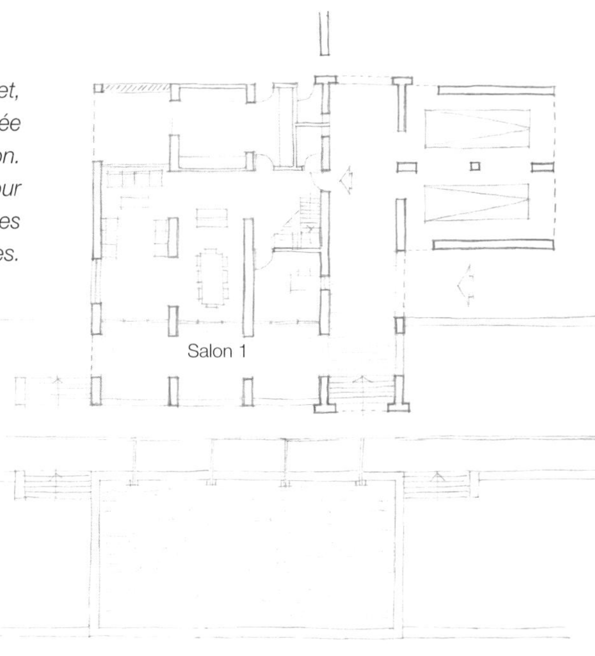

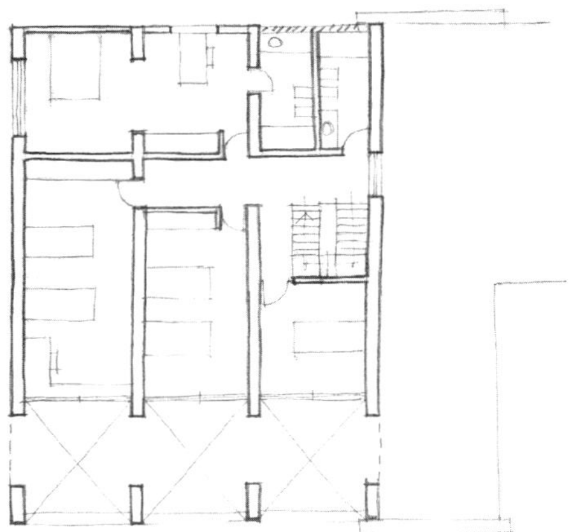

Schéma d'avant-projet, au crayon,
du deuxième étage du bâtiment d'habitation.

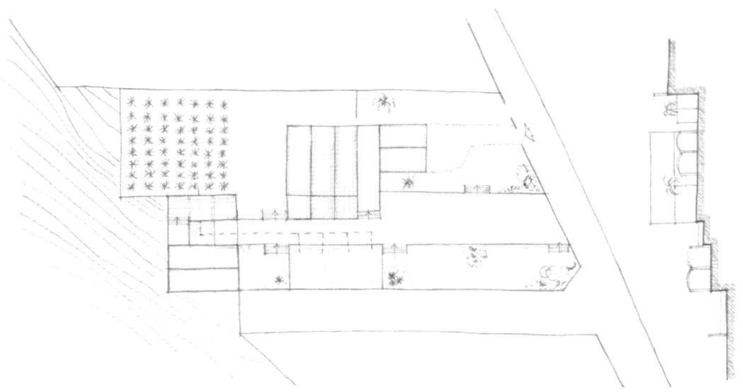

Plan de masse de l'état projeté réalisé au crayon, et coupe servant à expliquer les différents niveaux, existants et à créer.

Pour suggérer la profondeur, on représente les élévations avec plus ou moins de détails selon que les plans sont plus ou moins rapprochés. On peut aussi, dans le même ordre d'idées, réduire le contraste entre zones claires et zones foncées.

REPRÉSENTATION DE L'EXTÉRIEUR

Le plan du logement est axé sur un ensemble de couloirs couverts par des voûtes de céramique ou de béton : ils créent une structure très ordonnée d'espaces parallèles et plus ou moins ouverts les uns sur les autres, en fonction de l'épaisseur et de la longueur des murs porteurs.

La particularité de l'implantation du bâtiment sur un terrain en pente structuré en plusieurs terrasses successives, donne lieu à des élévations et à des coupes qui permettent d'apprécier l'intégration de l'édifice à son environnement, tout autant que le rythme des éléments de couverture et l'importance des baies vitrées.

Croquis, à l'encre, de la façade donnant sur le bas du coteau.

Élévation principale à l'état projeté, réalisée à l'encre. Elle donne une idée des jeux d'ombre et de lumière, de la texture des différents matériaux et du rôle de la végétation.

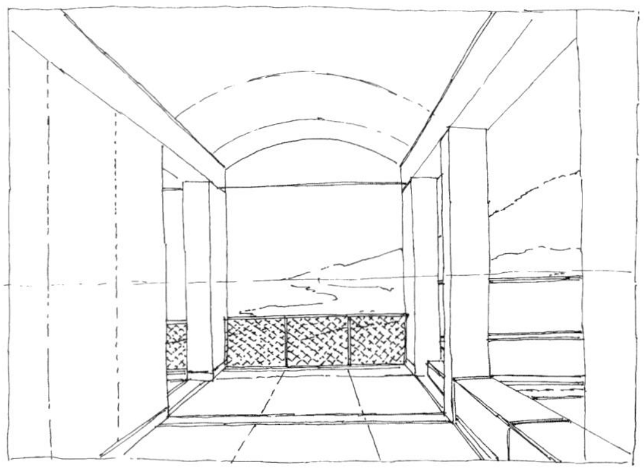

Esquisse, au stylo-feutre, intégrant quelques indications de matières, et les variantes de la loggia 2 (voir ci-dessous).

Quelques lignes tracées au stylo-feutre définissent l'intérieur de la loggia 1 (voir page 176, en bas).

REPRÉSENTATION D'UN INTÉRIEUR

Une série de dessins à main levée va permettre de mieux se rendre compte de l'importance de l'implantation et de l'épaisseur des murs quand il s'agit de définir un espace fermé, ou au contraire largement ouvert sur l'extérieur.

Le premier dessin est celui de la loggia du projet précédent. Sa perception varie selon l'importance donnée aux murs et aux piliers qui supportent la voûte. Pour bien visualiser et donner un équivalent graphique de ce que l'on peut obtenir en faisant varier ces éléments architectoniques essentiels, on a réalisé divers dessins d'avant-projet rapides au stylo-feutre ; ils sont à des degrés d'achèvement divers mais comportent tous un rendu des lignes de l'architecture, des matières et des ombres.

Esquisse, au stylo-feutre, avec un rendu des matières et des ombres, d'une vue extérieure de la loggia 1.

Esquisse, au stylo-feutre, avec un rendu des matières, d'une vue extérieure de la loggia 2.

Variante du plan de la loggia : l'importance des murs est considérablement réduite par rapport à la proposition initiale.

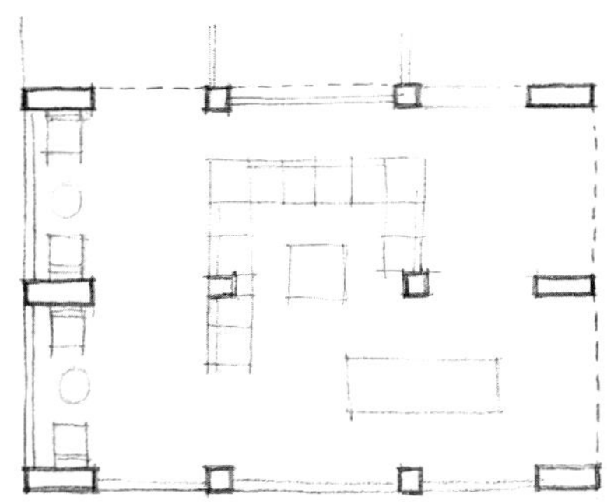

Salon 2

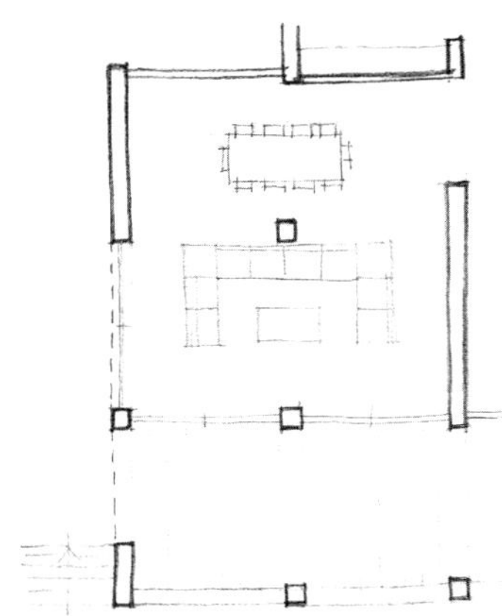

Loggia 2

Variante du plan du salon : ici aussi l'importance des murs est bien moindre que dans la proposition initiale.

Cet avant-projet au crayon comporte quelques indications d'ombre et de texture – de la brique pour les murs, du plâtre pour la voûte. La vue est prise depuis l'intérieur du salon 1.

La deuxième pièce où l'on souhaite vérifier la façon dont les changements apportés à la structure et à l'aménagement transforment l'atmosphère générale est le salon. Différents dessins d'avant-projet permettent de visualiser l'ambiance qui s'instaure suivant que l'on donne plus ou moins d'importance aux parois, aux éléments de soutènement, suivant les matériaux et le type de finition retenus pour les murs et la voûte. La première proposition engendre, comme dans le cas précédent, une plus grande ouverture de la pièce sur l'extérieur : les murs perdent de leur importance au profit de baies vitrées qui laissent entrer le paysage et la lumière.

Le tracé de l'avant-projet commence par la mise en place des volumes, grâce à quelques lignes au crayon.

Cet autre avant-projet propose une vue de la même pièce, vue sous le même angle, mais avec des matériaux différents : un appareillage de pierres sur les murs, un lambris cintré au plafond.

Cet avant-projet au crayon reprend l'esprit du salon présenté dans les dessins de la page 179, mais avec d'autres matériaux – briques pour les murs, et béton pour la voûte – et une largeur de mur réduite.

Les matériaux jouent un rôle déterminant dans notre perception visuelle d'un espace : un plafond blanc crée d'emblée une atmosphère lumineuse et claire, s'il est revêtu de bois l'ambiance sera plus chaleureuse. Le choix de la pierre ou de la brique, pour les murs et les éléments de soutènement, n'est pas anodin non plus.
Ces deux pages présentent différentes solutions pour le même espace. Bien d'autres combinaisons auraient été possibles, mais ces quelques avant-projets, qui font appel à des matériaux très divers, permettent de se rendre compte de l'impact immédiat d'un matériau sur notre perception de la qualité d'un espace.

Variante de l'avant-projet précédent : on a plâtré les murs et revêtu la voûte de briques.

Mise en place, au crayon, des grandes lignes qui permettent de situer le volume de la pièce.

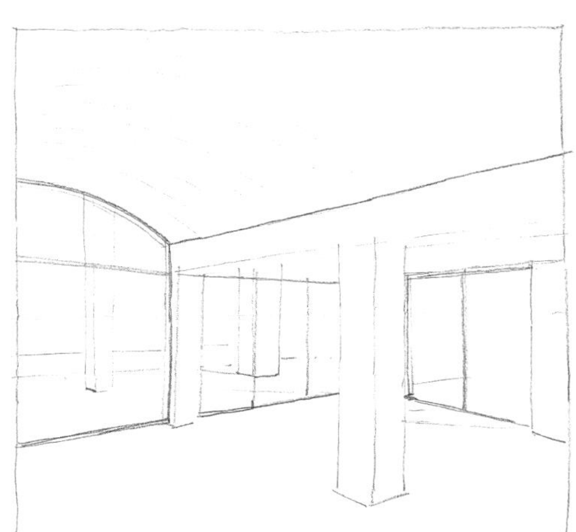

La photographie doit demeurer perceptible sous les tracés : on n'utilisera donc que le crayon blanc, pour indiquer les lumières et les reflets, et le crayon noir pour tout le reste.

Ce photomontage, basé sur une photographie du paysage environnant, donne une idée très parlante de ce que sera la tonnelle une fois construite. Le fusain et les craies donnent toute une gamme de gris qui permettent au dessin de se fondre dans la photographie en noir et blanc.

PHOTOMONTAGES

Pour visualiser avec davantage de précision l'impact visuel d'un projet, on peut combiner le dessin et la photographie : le croquis d'avant-projet devient alors un véritable dessin de présentation. L'intérêt majeur du pho-tomontage est qu'il permet de représenter, de façon naturaliste et parlante, un bâtiment encore en projet, inséré dans l'environnement qui sera le sien – qu'il s'agisse d'un cadre naturel ou d'une ville. On enrichit le croquis, dessiné selon un angle particulièrement intéressant, de photocopies réalisées d'après des photos du site : découpées, elles sont intégrées au dessin et retravaillées au crayon en noir et blanc. Dans un avant-projet, dessin et concept forment un tout indissociable où la technique doit rester un simple outil. La qualité première d'un croquis d'avant-projet est sa spontanéité, mais on ne parvient à cette liberté de l'expression qu'en dominant parfaitement la technique que l'on a choisie. Seule la maîtrise des moyens graphiques permet à une idée d'emprunter le chemin le plus court entre le cerveau de son concepteur et la feuille de papier.

Berlin est une destination idéale pour tous ceux qui s'intéressent à l'architecture. Depuis la chute du Mur, le centre de la ville est devenu un véritable laboratoire où sont mises en place toutes sortes d'expériences urbanistiques ; les plus grands architectes actuels y font montre de leur talent.
Les mutations de Berlin sont un thème d'étude tout à fait indiqué : un ensemble de croquis de voyage réalisés lors d'un séjour dans la ville permet d'aborder toutes les techniques du dessin d'architecture.

Carnets d'un voyage à Berlin

CHRONIQUE DE LA VISITE
Durant quatre jours, nous avons visité les endroits les plus caractéristiques de la ville et la plupart de ses constructions récentes. Nous en avons réalisé différents dessins d'observation, certains très rapides, d'autres plus élaborés. Chacun de ces dessins insiste sur un aspect architectonique précis d'un bâtiment : son originalité, la technologie mise en œuvre ou la façon dont il s'intègre au tissu urbain.

La porte de Brandebourg. La mine de graphite assez épaisse qui a été utilisée ici assombrit la scène et permet de rendre la lumière particulière d'un jour de pluie.

Dans ce dessin au crayon, la végétation est rendue par une succession de volumes clairs qui mettent en valeur, à l'arrière-plan, le bâtiment qui abrite la Philharmonique de Berlin.

Nous n'avons utilisé que le crayon de graphite et un carnet à dessin de format A4. L'exécution de ces croquis – pour la plupart réalisés debout – a pris cinq minutes, pour les plus rapides, et une demi-heure pour les autres. Nous avons d'abord parcouru les alentours du jardin zoologique ; nous nous sommes ensuite rendus à la porte de Brandebourg avant de voir le projet d'ordonnancement de J.-P. Kleihues et enfin le Reichstag, dont la rénovation, tout comme celle de la célèbre Philharmonique de Hans Schaorun, est l'œuvre de Norman Foster.

Croquis préparatoire, très rapide, du même bâtiment.

Dessin rapide du Reichstag, siège du Parlement allemand.

Le dessin à vue peut remplacer une photographie : contrairement à un cliché, un dessin d'architecture assez élaboré peut parvenir à rendre l'atmosphère générale d'un lieu. Il nécessite un temps d'exécution plus long, qui permet à l'auteur de mieux s'imprégner de l'ambiance.

Dessin à vue du Reichstag, au crayon. La profondeur de la scène est traduite par la succession des plans : les arbres à droite, puis l'esplanade et la façade principale, enfin la coupole de verre et les bâtiments que l'on devine à l'arrière-plan.

DEUXIÈME JOURNÉE

Après la visite de la coupole de verre du Reichstag, surprenant mélange d'originalité et de technologie de pointe, les jours suivants ont été consacrés à d'autres lieux tout aussi intéressants : le nouveau quartier des ambassades, près de Klingelhöfer Strasse, et la Potsdamer Platz, qui constitue le centre vital de Berlin.

Dans le premier secteur ont été effectués des dessins des ambassades des pays nordiques, dues à divers architectes dont Berger et Parkkinen ou VIVA Arkkitehtuuri. Dans le second, notre attention a été retenue par l'immeuble Sony, construit par Helmut Jahn et Murphy, et deux immeubles de bureaux particulièrement élégants – dus l'un à Hans Kollhoff et l'autre à Renzo Piano –, qui font désormais partie intégrante du paysage dans le nouveau centre de Berlin.

Ébauche, au crayon, de l'îlot où sont rassemblées les ambassades de différents pays nordiques.

Dessin du même quartier : les différents systèmes de hachures utilisés suggèrent le matériau – bois ou verre – dont sont faits les murs.

Dessin rapide de la Potsdamer Platz.

Dessin des édifices les plus marquants de la Potsdamer Platz. Le format vertical renforce l'impression de hauteur.

Dessin rapide de la coupole du Parlement allemand, le Reichstag.

Dessin, au crayon, de la coupole de verre qui couronne le Reichstag. La mine de graphite épaisse permet d'obscurcir toute une partie de la scène et de faire ressortir, par contraste, les reflets du verre.

Ce dessin, au crayon, du siège de la CDU met en évidence la transparence de la façade de verre, qui permet de percevoir l'intérieur du bâtiment.

Dessin rapide de l'immeuble de la CDU.

TROISIÈME ET QUATRIÈME JOURNÉES

C'est ensuite le siège central de la CDU, œuvre de Petzinka et Pink and Partner, dans la zone des ambassades, qui a été retenu. Ce bâtiment placé à l'angle de deux rues fait dialoguer, par un jeu de transparence et d'oppositions formelles, le tissu urbain environnant et l'espace intérieur.

La promenade se poursuit par le Reichpietsch Ufer et la Schelling Strasse, avec le relevé des architectures de Renzo Piano et de Rafael Moneo, dont le caractère urbain est accentué par la grande échelle de l'ouvrage. En revenant vers la Pariser Platz et la porte de Brandebourg, on a réalisé un dessin de la DG Bank, œuvre de Frank O. Gehry, dont l'une des façades se termine dans sa partie supérieure par une succession de retraits qui citent les mansardes des bâtiments alignés le long des anciennes avenues de la ville.

Dessin des immeubles de bureaux construits le long des rues qui rayonnent depuis la Potsdamer Platz. Le point de vue élevé renforce le caractère urbain de l'ensemble.

Ébauche des immeubles de bureaux.

Ébauche de la façade arrière de l'immeuble de la DG Bank.

Dessin, au crayon, de la façade arrière de l'immeuble de la DG Bank. Cette vue a nécessité un temps de réalisation plus long qu'à l'ordinaire, pour représenter clairement tous les étages et l'articulation de la façade.

Ébauche du Musée juif.

La visite de la ville se termine devant le Musée juif, œuvre de Daniel Libeskind, sur la Linden Strasse. La structure compacte du bâtiment, les lignes brisées qui animent sa façade se veulent un écho des événements dramatiques auxquels le musée est consacré.

Berlin est en perpétuelle transformation ; dans quelques années, un nouveau séjour sera nécessaire pour prendre la mesure des métamorphoses que la ville aura connues et faire le relevé de nouvelles architectures. Le dessin à main levée, qui fixe sur le papier la silhouette et les caractéristiques principales de bâtiments particulièrement intéressants, permet d'entrer toujours plus avant dans la compréhension de l'architecture.

Ce dessin du Musée juif insiste sur le contraste entre la façade métallique, avec son décor de lignes anguleuses, et la végétation du premier plan.

bibliographie

ALLEN Gerard & OLIVER Richard. *Arte y proceso del dibujo arquitectónico.* Editorial Gustavo Gili, Barcelona, 1982.

ARNHEIM Rudolf. *Art and visual perception. University of California press*, Berkeley, Los Angeles, 1965.

AUBERT Jean. *Axonométrie : théorie, art et pratique des perspectives parallèles : axonométrie orthogonale, axonométrie oblique, perspectives cavalières et militaires, complétés d'une brève histoire orientée de l'axonométrie.* Éd. de la Villette, Paris, 1996.

AUBERT Jean. *Cours de dessin d'architecture à partir de la géométrie descriptive.* Éd. de la Villette, Paris, 1996.

BONBON Bernard S. *La perspective scientifique et artistique.* Eyrolles, Paris, 1990.

BOUDON Philippe & POUSIN Frédéric. *Figures de la conception architecturale : manuel de figuration graphique.* Dunod, Paris, 1989.

BOUDON Philippe, DESHAYES Philippe, POUSIN Frédéric & SCHATZ Françoise. *Enseigner la conception architecturale : cours d'architecturologie.* Éd. de la Villette, Paris, 2001.

CALVAT Gérard. *Comprendre les plans de votre maison : permis de construire et devis, dessins d'architecture et d'exécution.* Eyrolles, Paris, 2000.

CALVAT Gérard. *Initiation au dessin bâtiment avec exercices d'application.* Eyrolles, Paris, 2000.

CALVAT Gérard. *Lectures de plans bâtiment : études de dossier : lycées professionnels, lycées techniques, formation continue.* Eyrolles, Paris, 1991.

CALVAT Gérard. *Perspectives coniques et axonométriques : pas à pas.* Eyrolles, Paris, 2000.

CHING Franck. *Dibujo y proyecto.* Editorial Gustavo Gili, México, 1998.

DONADIEU Brigitte. *L'apprentissage du regard : leçon d'architecture de Dominique Spinetta.* Éd. de la Villette, Paris, 2003.

DURAND Jean-Pierre. *La représentation du projet comme instrument de conception : approche pratique et critique.* Éd. de la Villette, Paris, 2003.

ESTEVEZ Daniel. *Dessin d'architecture et infographie : l'évolution contemporaine des pratiques graphiques.* CNRS Éditions, Paris, 2001.

JANNSEN N. *Dessin et modèle d'architecture. K. Krämer,* Stuttgart, 1985.

JANTZEN Éric. *Traité pratique de perspective de photographie et de dessin appliqués à l'architecture et au paysage.* Éd. de la Villette, Paris, 1992.

JUNGMANN Jean-Paul. *L'image en architecture : de la représentation et de son empreinte utopique.* Éd. de la Villette, Paris, 1996.

JUNGMANN Jean-Paul. *Ombres et lumières : un manuel de tracé et de rendu qui considère l'architecture comme une machine optique.* Éd. de la Villette, Paris, 1996.

LEBAHAR Jean-Charles. *Le dessin d'architecture, simulation graphique et réduction d'incertitude.* Parenthèses, Marseille, 1983.

MAYER Ralph. *Materiales y técnicas del Arte.* Editorial Hermann Blume, Madrid, 1992.

PARRENS Louis, *Précis de perspective d'aspect appliquée à l'architecture : tracé des ombres.* Eyrolles, Paris, 1990.

PARRENS Louis. *Traité de perspective d'aspect : tracé des ombres.* Eyrolles, Paris, 1991.

PILLET Jules-Jean. *Traité de perspective linéaire, précédé du Tracé des ombres usuelles (rayon à 45 degrés) et du Rendu dans le dessin d'architecture et dans le dessin de machines.* J. Vrin, Paris, 1953.

PORTER Tom & GOODMAN Sue. *Manual de técnicas gráficas para arquitectos, disadores y artistas.* Editorial Gustavo Gili, Barcelona, 1985.

PRENZEL Rudolf. *Dessin d'architecture et technique de représentation.* Eyrolles, Paris, 1982.

RECHT Roland. *Le dessin d'architecture, origine et fonctions.* A. Biro, Paris, 1995.

VAGNETTI Luigi. *Il lenguaggio grafico dell'architetto.* Editorial Vitali e Ghianda, Genova, 1965.

Pour aller plus loin

COLLECTIF. *Le dessin et l'architecte : excursion dans les collections de l'Académie d'architecture.* Éd. du Demi-Cercle, Paris, 1992.

JACQUES Annie, MIYAKE Riichi. *Les dessins d'architecture de l'École des beaux-arts.* Arthaud, Paris, 1988.

PINON Pierre & AMPRIMOZ François-Xavier. *Les envois de Rome : 1778-1968 : architecture et archéologie.* École française de Rome (n° 110), Paris, 1988.

RABREAU Daniel. *Les dessins d'architecture au XVIIIe siècle.* Inter-Livres-Bibliothèque de l'image, Paris, 2001.

SAINT-AUBIN Jean-Paul. *Le relevé et la représentation de l'architecture, relevés, dessins et photographies, Service de l'Inventaire général.* Monum, Éd. du Patrimoine, Paris, 1992.

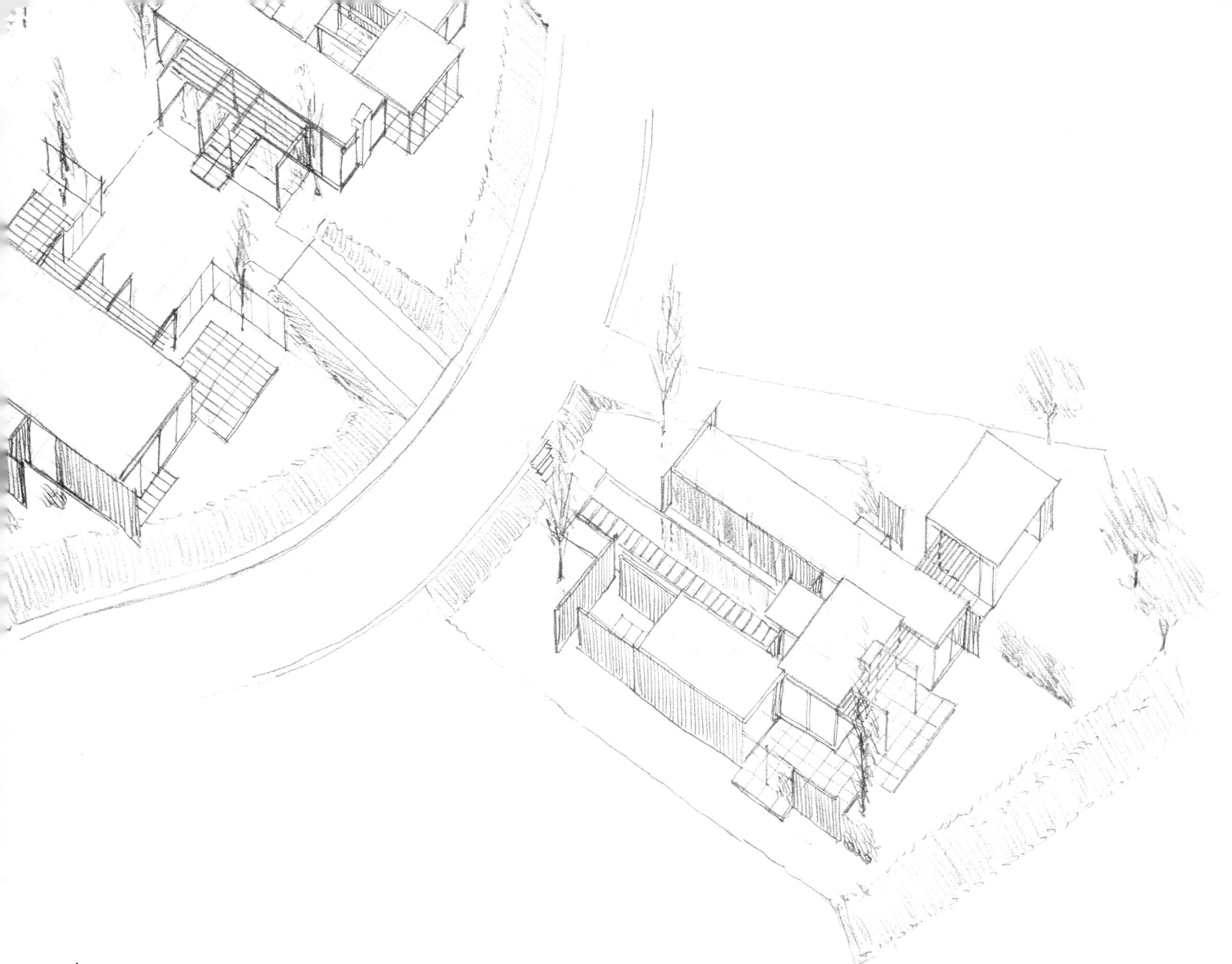

Le dessin professionnel aux Éditions Eyrolles

A. DUCELLIER, *Perspective en architecture intérieure,* 2010.
N. HASEGAWA, *Architecture d'intérieur,* 1 et 2, 2009.
K. MAZEAU, *La couleur en design d'espaces,* 2009.
K. TALLON, *Le dessin de mode avec Photoshop,* 2009.
K. MAZEAU, *Planches tendances en décoration intérieure,* 2008.
K. MAZEAU, *Dessin en décoration intérieure,* 2008.
A. FERNÁNDEZ & G. M. ROIG, *Le dessin pour les créateurs de mode*, 2008.
Ch. TACHA*, Initiation au métier d'architecte d'intérieur – Le croquis d'observation,* 2008.
K. TALLON, *Le dessin de mode avec Illustrator,* 2007.
D. CHELSEA, *Dessin de perspective en BD*, 2006.
F. JULIAN & J. ALBARRACIN, *Design industriel, dessin de conception,* 2006.
G. KRISZTIAN & N. SCHLEPP-ÜLKER, *Croquis au marqueur - De l'idée au rough,* 2006.
K. MICKLEWRIGHT, *Le Dessin : maîtriser son langage*, 2006.
G.-W. REID*, Dessin d'architecture paysagère,* 2006.
Z. TAKAMURA, *Cours de dessin de mode,* 1 et 2, 2006 et 2009.
C. TATHAM & J. SEAMAN, *Dessin de mode*, 2004.
G. CALVAT, *Comprendre les plans de votre maison : permis de construire et devis, dessins d'architecture et d'exécution,* 2000.
G. CALVAT, *Initiation au dessin du bâtiment : avec exercices d'application,* 2000.
G. CALVAT, *Perspectives coniques et axonométriques : pas à pas,* 2000.
G. CALVAT, *Lectures de plans de bâtiment : études de dossier. Lycées professionnels, lycées techniques, formation continue,* 1991.
L. PARRENS, *Traité de perspective d'aspect : tracé des ombres,* 1991.
B. S. BONBON, *La perspective scientifique et artistique,* 1990.
L. PARRENS, *Précis de perspective d'aspect appliquée à l'architecture : tracé des ombres,* 1990.
R. PRENZEL, *Dessin d'architecture et technique de représentation,* 1982.

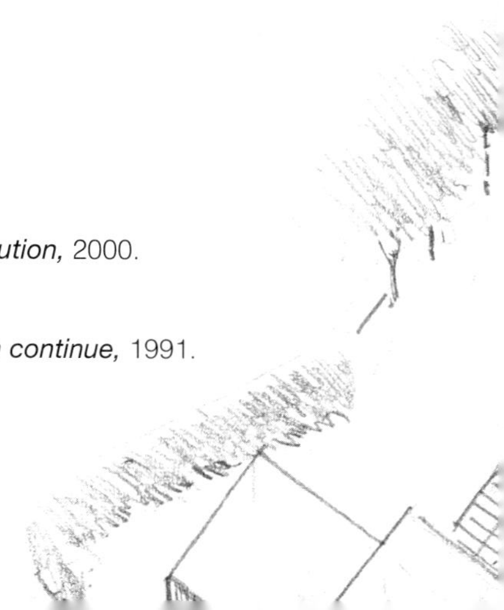

CRÉDITS ICONOGRAPHIQUES

Dessins reproduits avec l'aimable autorisation de :

Álvaro Siza,
Alvar Aalto Foundation,
Birkhäuser Verlag (pour les dessins de Le Corbusier, publiés dans Le Corbusier 1910-65*),*
Arxiu Coderch,
Charlie Conesa,
Emili Donato,
Éditions del Serbal,
Éditions Gustavo Gili,
Revue El Croquis*,*
Fondation Le Corbusier,
Enric Miralles Benedetta Tagliabue, EMBT Arquitectes Associats S.L. et leurs collaborateurs,
Félix Solaguren-Beascoa (pour les dessins de Arne Jacobsen),
Williams & Tsien,
Peter Zumthor.

Remerciements

À nos parents, et aux êtres chers qui nous ont encouragés, et permis de leur voler de précieux moments de leur temps libre ;

À nos collègues de l'université, Lluís Villanueva pour ses conseils et sa révision des textes consacrés à la géométrie descriptive, Javier Monedero, Margarita Galcerán, Manolo Luque et Isabel Ruiz ;

À la Fondation Elsa Peretti, pour nous avoir facilité la réalisation des dessins à Sant Martí Vell (Gérone) ;

À la papeterie de l'École technique supérieure d'architecture de Barcelone, pour nous avoir fourni le matériel graphique photographié dans cet ouvrage ;

À la bibliothèque du Pavillon de la République, de l'université de Barcelone, pour nous avoir facilité le développement dans ces lieux d'un de nos exemples ;

À Charlie Conesa pour son généreux apport à cet ouvrage.

Achevé d'imprimer en avril 2010
N° d'éditeur 7122
Imprimé en Espagne